Tout sur mon MacBook Pro Retina POUR LES NULS

Valéry Marchive

FIRST
Interactive

Tout sur mon MacBook Pro Retina pour les Nuls

Éditions First
12, avenue d'Italie
75013 Paris - France
Tél. 01 44 16 09 00
Fax 01 44 16 09 01
Courriel : firstinfo@efirst.com
Internet : www.editionsfirst.fr

ISBN : 978-2-7540-4932-0
Dépôt légal : janvier 2013
Mise en page : Catherine Kédémos
Imprimé en France par IME, 3 rue de l'Industrie, 25112 Baume-Les-Dames

Sommaire

Présentation

Bienvenue dans *Tout sur mon MacBook Pro Retina pour les Nuls* ! Grâce à cet ouvrage, vous saurez tout sur votre nouvel ordinateur portable.

Tout savoir pour devenir un pro du MacBook Pro Retina

Que vous soyez débutant ou déjà un utilisateur expérimenté, cet ouvrage vous apportera les réponses à toutes les questions que vous vous posez sur votre MacBook Pro Retina, qu'il s'agisse du modèle 15 ou 13 pouces.

Bien démarrer, connaître sur le bout des doigts les manipulations les plus courantes ou d'entretien régulier, adapter au plus juste l'affichage pour profiter pleinement de l'écran Retina, maîtriser OS X Mountain Lion : autant de sujets qui sont abordés en détail dans ces pages.

Des questions sur tout et… toutes les réponses

Cet ouvrage compte parmi ces « *Nuls* » qui ont réponse à tout. Présenté sous la forme de tâches ou de questions-réponses, il vous apportera précisément les informations dont vous avez besoin, quand vous en avez besoin.

Que faire suite au premier démarrage de votre MacBook Pro Retina ? Comment réagir face au blocage d'une application ? Comment profiter pleinement de toutes vos applications et bien ajuster les réglages d'OS X ? Voici quelques unes des questions auxquelles se propose de répondre *Tout sur mon MacBook Pro Retina pour les Nuls*.

Des étapes simples et illustrées

À chaque thème abordé, à chaque interrogation, *Tout sur mon MacBook Pro Retina pour les Nuls* offre une réponse ou une procédure claire, précise, et sans détour.

Des copies d'écran accompagnent chaque manipulation pour que vous ne puissiez ni vous perdre, ni vous tromper : pas à pas, vous êtes guidé dans la mise en œuvre des solutions proposées, simplement et en toute sécurité.

Organisation de l'ouvrage

Cet ouvrage s'articule autour de tâches essentielles, détaillées sous la forme de procédures faciles à suivre. Ces tâches sont elles-mêmes regroupées en chapitres.

Le premier chapitre est consacré aux éléments à connaître à tout prix pour profiter pleinement et durablement de votre MacBook Pro Retina. Le suivant vous accompagnera dans la maîtrise du clavier et, surtout, du trackpad – un outil de pointage précis et efficace, mais qui peut surprendre ceux qui n'ont jamais utilisé qu'une souris.

Le troisième chapitre se concentre sur OS X, le logiciel qui anime votre MacBook Pro et lui permet de donner tout son potentiel en faisant fonctionner vos applications.

Le chapitre 4 porte sur les réglages d'OS X. Ceux-ci sont intimement liés aux particularités de votre MacBook Pro Retina et vous permettront d'en profiter pleinement, ne serait-ce qu'en ajustant précisément les réglages de son écran à vos envies.

Dans les chapitres 5 à 9, vous apprendrez à profiter pleinement de votre MacBook Pro Retina sur Internet : envoyer et recevoir du courrier électronique, échanger des messages instantanés, appeler vos proches en vidéo, partager des informations sur Facebook ou Twitter, surfer sur le Web… Tout cela n'aura plus aucun secret pour vous !

Le chapitre 10 vous aide à bien vous organiser avec votre MacBook Pro Retina. Les chapitres 11 à 13 sont dédiés à vos loisirs numériques : avec son écran formidable, votre MacBook Pro Retina est taillé pour vous émerveiller en vous faisant profiter de vos vidéos et de vos photos comme aucun autre ordinateur.

Cet ouvrage se terminera sur des pratiques de protection de vos données et sur des suggestions d'accessoires et de périphériques pour aller plus loin avec votre MacBook Pro Retina.

L'auteur et les Éditions First vous souhaitent une bonne lecture !

Le MacBook Pro Retina d'un coup d'œil

❶ Connecteur MagSafe. C'est là qu'il faut brancher le chargeur secteur pour alimenter le MacBook Pro Retina en électricité et recharger sa batterie.

❷ Ports Thunderbolt. Ces ports d'extensions à haut débit permettent de connecter des moniteurs externes ou des disques durs, notamment.

❸ Port USB 3.0. Ce port permet de connecter des périphériques compatibles USB, tels que des disques durs, des imprimantes, des scanners, et bien sûr un iPhone ou un iPad !

❹ Port micro/casque. Cette prise remplit à elle seule plusieurs fonctionnalités : on peut y brancher un casque stéréo, des haut-parleurs externes, mais aussi une chaîne Hi-Fi avec entrée numérique optique, ou encore un micro-casque comme celui de l'iPhone pour faire de la vidéoconférence.

❺ Micros. Ces deux petits trous sont des micros utilisables pour enregistrer une conversation ou discuter sur Internet avec ses proches sans micro-casque.

❻ Port SDXC. Ce lecteur permet d'insérer directement une carte SD (par exemple, d'appareil photo numérique) pour en transférer le contenu sur le MacBook Pro.

❼ Port HDMI. C'est avec lui que vous pouvez directement connecter votre MacBook Pro Retina à un téléviseur ou un rétroprojecteur compatible pour profiter de vos vidéos et de vos présentations sur grand écran.

❽ Port USB 3.0. Ce port permet de connecter des périphériques compatibles USB, tels que des disques durs, des imprimantes, des scanners, et bien sûr un iPhone ou un iPad !

1 Écran. 2 Clavier rétro-éclairé. 3 Trackpad.

Chapitre 1

À savoir absolument

Dans ce chapitre :

- Installer et brancher le MacBook Pro
- Démarrer le MacBook Pro
- Que faire suite au premier démarrage ?
- Éteindre son MacBook Pro
- Mettre en veille son MacBook Pro
- Connaître l'autonomie de la batterie
- Se connecter à un réseau Wi-Fi
- Débloquer une application
- Forcer le redémarrage
- Tenir son Mac à jour
- Tenir à jour ses applications

Vous venez de déballer votre MacBook Pro Retina ? Vous découvrirez dans ce chapitre tout ce que vous devez savoir pour faire vos premiers pas avec votre nouvelle merveille et commencer à l'utiliser confortablement, tout en en prenant soin, régulièrement.

Installer et brancher le MacBook Pro Retina

1. Dégagez votre MacBook Pro Retina de son emballage translucide de protection.

2. Ouvrez son capot et retirez le petit film blanc chargé d'éviter les marques de poussières venues du clavier sur l'écran.

3. Déballez à son tour l'adaptateur secteur, ainsi que ses extensions : une prise électrique simple et une prise avec prise de terre et cordon de rallonge.

4. Choisissez l'extension que vous voulez utiliser et branchez-la sur l'adaptateur secteur.

5. Connectez l'embout MagSafe au connecteur *ad hoc* de votre Mac.

Le connecteur MagSafe affiche une petite diode qui s'illumine en vert lorsque la charge de la batterie est terminée, ou en orange lorsqu'elle est en cours.

Démarrer le MacBook Pro Retina

Une fois votre MacBook Pro Retina branché sur le secteur et en charge, vous pouvez aborder son installation initiale en toute sérénité. Pour cela, vous allez simplement le démarrer. Pour la première fois et peut-être même la seule : généralement, on n'éteint pas un ordinateur portable Apple, on se contente de refermer son capot pour le mettre en veille et ainsi pouvoir recommencer rapidement à s'en servir lorsque l'on rouvre le capot. Ce n'est pas tant que le démarrage soit long : la mise en veille suffit largement.

❶ Appuyez sur la touche située dans le coin supérieur droit du clavier. Un petit son caractéristique doit accompagner la mise sous tension de l'appareil.

Que faire suite au premier démarrage ?

Une fois votre MacBook Pro sous tension, OS X se charge et se prépare à la configuration initiale de l'ordinateur. Il s'agit d'un processus visant à régler quelques préférences de base et à activer, si vous le souhaitez, certaines fonctions de sécurité et de confort. Nous allons vous présenter ici les étapes de ce processus dans leurs grandes lignes. Les plus importantes d'entre elles feront, pour ceux qui en ont besoin, l'objet de pas-à-pas plus détaillés dans les pages suivantes.

❶ Votre Mac vous demande tout d'abord d'indiquer le pays dans lequel vous allez l'utiliser. Cliquez sur le pays voulu dans la liste puis cliquez sur le bouton **Continuer**.

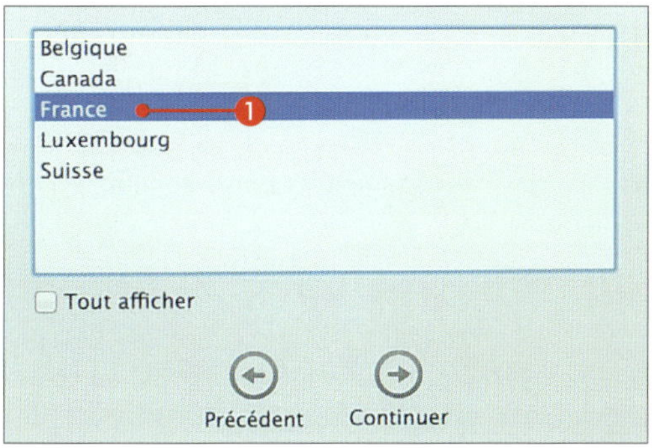

❷ Vient ensuite la sélection du clavier – ou plutôt de la disposition de ses touches –, qui varie d'une langue et même d'un pays à l'autre. Cliquez sur **Français** dans la liste, puis cliquez sur **Continuer**.

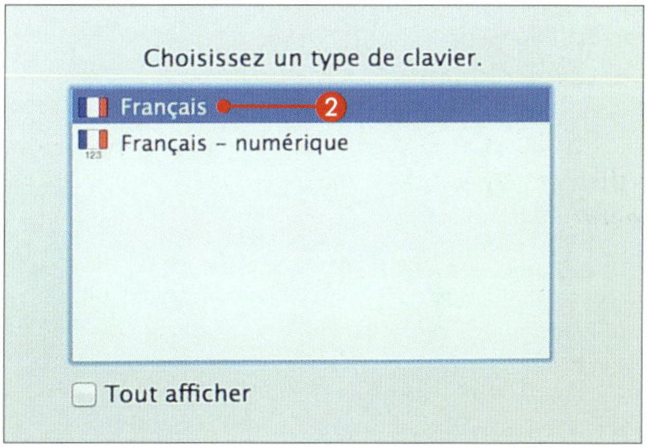

❸ OS X a ensuite besoin de se connecter à Internet, notamment pour l'enregistrement de votre acquisition auprès d'Apple et l'activation de la garantie. Pour cela, vous devez connecter votre MacBook Pro à un réseau Wi-Fi. Sélectionnez le vôtre dans la liste.

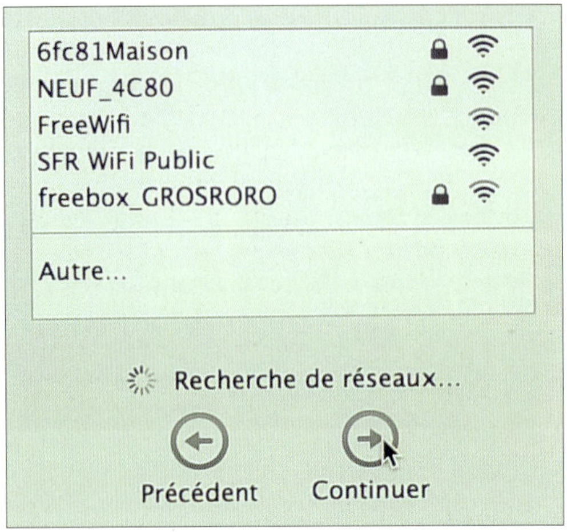

4 Indiquez la clé WEP ou WPA protégeant l'accès à votre réseau Wi-Fi dans le champ **Mot de passe** puis validez en cliquant sur **Continuer**.

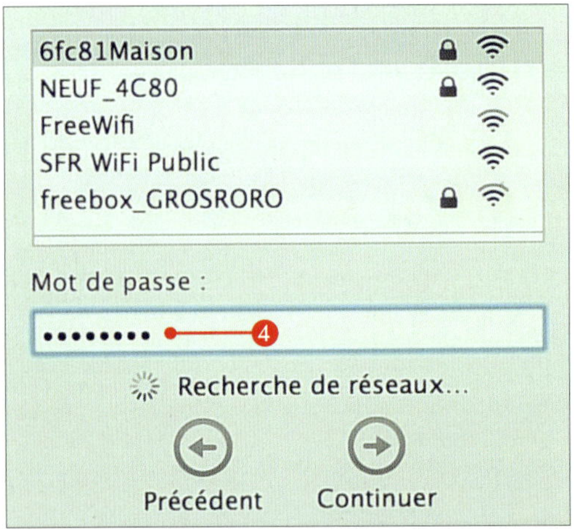

5 Une fois connecté au réseau, votre OS X lance la procédure de récupération de données à partir d'un ancien Mac. Si vous avez acheté votre MacBook Pro Retina en remplacement d'un autre Mac, sélectionnez **À partir d'un autre Mac** puis cliquez sur **Continuer** et laissez-vous guidez. Sinon, sélectionnez **Plus tard** et cliquez sur **Continuer**.

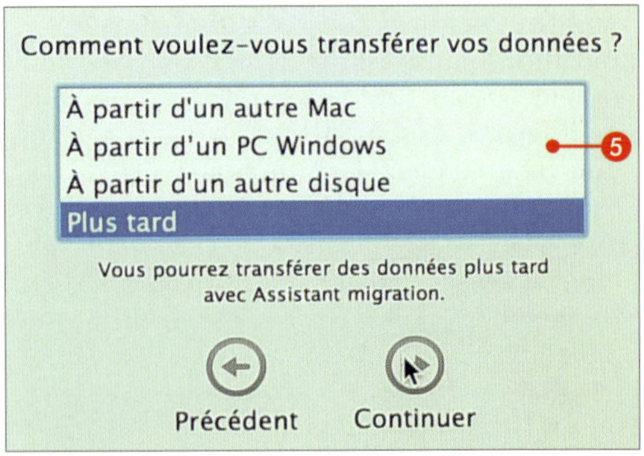

NOTE

Plus tard... En effet, OS X vous permet de récupérer les données d'un ancien Mac – ou d'une sauvegarde Time Machine – à tout moment, *via* l'utilitaire **Transfert de données** qui se trouve dans le dossier **Applications ▸ Utilitaires**.

6 Le service de localisation est optionnel. Cochez la case **Activer** si vous souhaitez en profiter. Il permet aux applications d'utiliser la localisation approximative de votre MacBook Pro pour leur fonctionnement. Ainsi, une application de cartographie en ligne consultée dans Safari, le navigateur Web d'OS X, pourra vous proposer des itinéraires à partir de l'endroit où vous vous trouvez sans que vous ayez besoin de le lui indiquer manuellement. Une fois que vous avez fait votre choix, cliquez sur **Continuer**.

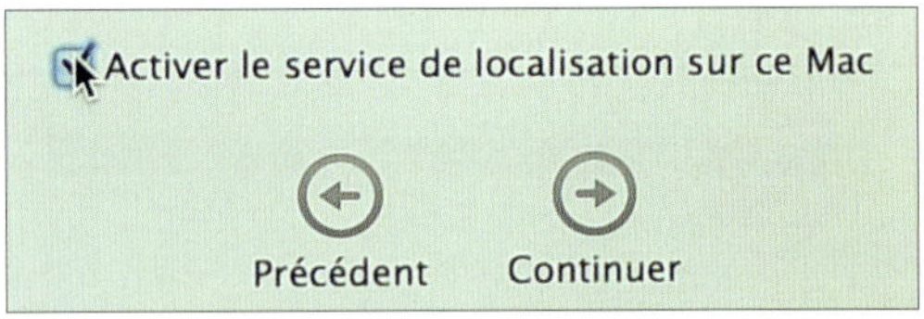

7 OS X vous demande alors d'indiquer votre identifiant Apple. Si vous utilisez iTunes – sur un Mac ou un PC – ou encore un iPhone ou un iPad, il est très probable que vous en ayez déjà un, pour votre compte iTunes ou pour l'iTunes Store. Dans ce cas, indiquez l'adresse e-mail de votre identifiant ainsi que son mot de passe dans les champs prévus à cet effet puis cliquez sur **Continuer**. Sinon, cliquez sur **Créer un identifiant Apple** et laissez-vous guider : c'est gratuit et ne nécessite pas de carte bancaire.

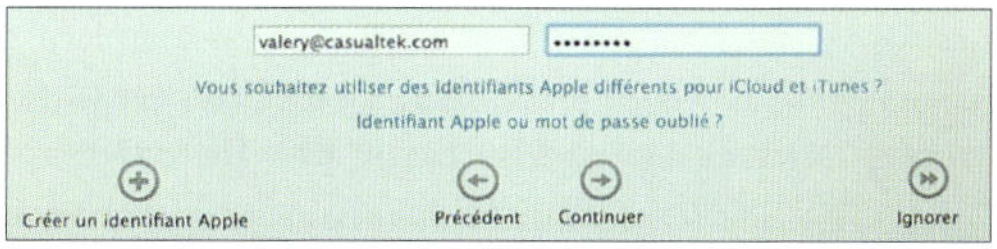

8 Vient enfin l'extraordinaire cérémonial des conditions générales d'utilisation. Par pure curiosité, prenez le temps de les survoler puis cliquez sur **Accepter**, deux fois de suite.

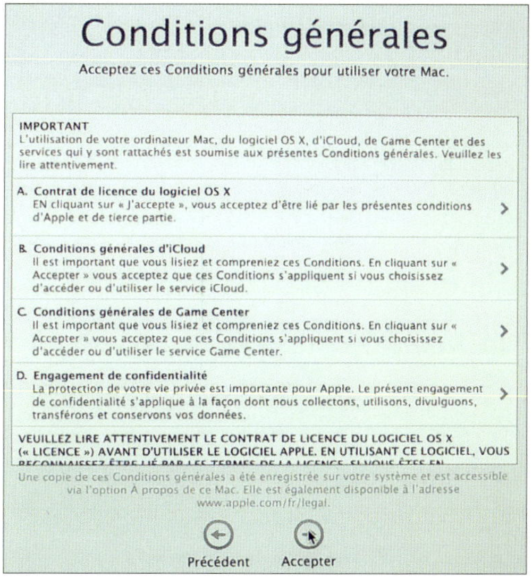

9 OS X vous propose ensuite d'activer la fonction *Localiser mon Mac*. Celle-ci est un service de base gratuit d'iCloud. Et elle peut s'avérer redoutablement utile : en cas de perte ou de vol de votre MacBook Pro, cette fonction vous permettra de le retrouver approximativement, d'y afficher un message, de le verrouiller, ou encore de l'effacer à distance ! Un conseil : profitez-en et cochez la case **Configurer Localiser mon Mac sur ce Mac** puis sur **Continuer**. Cliquez ensuite sur le bouton **Autoriser** pour autoriser cette fonction à utiliser les données de localisation d'OS X.

10 Si vous n'avez pas transféré les données d'un autre Mac sur votre MacBook Pro Retina, celui-ci est encore largement vierge à ce stade. En particulier, il ne contient pas de compte d'utilisateur – un élément essentiel à la protection de votre ordinateur contre les regards indiscrets et, si vous le souhaitez, à son partage avec d'autres utilisateurs. Remplissez donc le champ **Nom complet**, avec vos prénom et nom. Les espaces sont acceptés, de même que les caractères accentués et spéciaux.

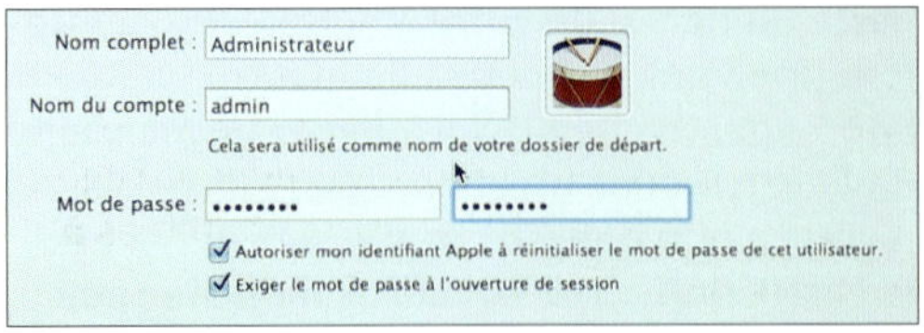

⑪ Une version abrégée de votre nom est insérée automatiquement dans le champ **Nom du compte**, plus intelligible par un ordinateur et dépourvue d'accents ou de caractères spéciaux. Personnalisez-la si vous le souhaitez.

⑫ Choisissez ensuite un mot de passe que vous pourrez aisément retenir dans les deux champs de la ligne **Mot de passe**. Celui-ci servira à protéger vos données contre les indiscrétions. Mais vous pouvez également laisser les champs vides et vous raviser par la suite. Lorsque vous avez fini, cliquez sur **Continuer**.

⑬ Vous pensiez en avoir fini ? Que nenni ! Mais ça approche… Cochez la case **Régler le fuseau horaire automatiquement** pour permettre à OS X d'utiliser votre position afin de déterminer le fuseau horaire et de régler automatiquement l'heure de votre MacBook Pro. Cliquez ensuite sur **Continuer**. Il n'est pas indispensable d'attendre que votre position ait été effectivement déterminée : OS X saura ajuster cela tout seul par la suite.

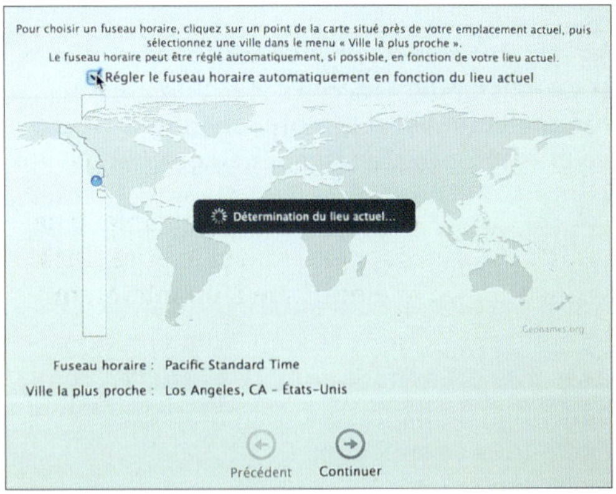

⑭ Ici, cochez la case **Je souhaite être informé…** si vous souhaitez laisser Apple utiliser vos coordonnées pour vous présenter ses nouveautés. Cliquez sur **Continuer**.

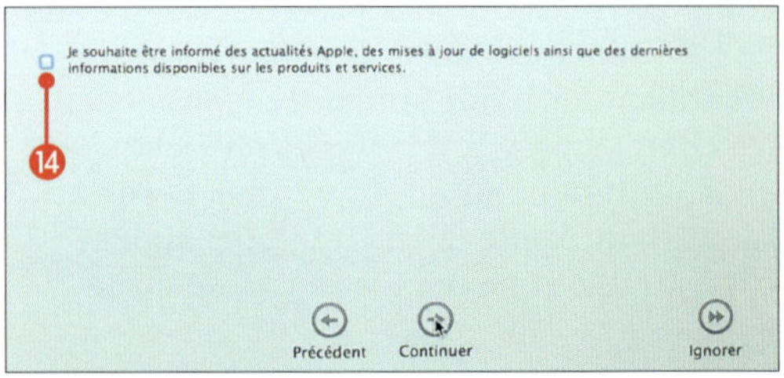

⑮ Et voilà ! Vous avez fini. Vous êtes (enfin) prêt à utiliser votre MacBook Pro Retina et à profiter pleinement de son superbe écran. Cliquez sans hésiter sur **Commencer à utiliser mon Mac**.

Éteindre son MacBook Pro Retina

Dans certaines circonstances, vous pourrez avoir envie ou besoin d'éteindre votre MacBook Pro Retina – longue période d'inutilisation, décollage ou atterrissage dans un avion…

❶ Pour cela, cliquez sur la Pomme en haut à gauche de l'écran. – pour ceux qui l'ignorent, on parle là de *dérouler le menu Pomme*.

❷ Dans le *menu* qui apparaît, cliquez sur **Éteindre**.

❸ Afin de gagner du temps au redémarrage, cochez la case **Rouvrir toutes les fenêtres à la réouverture de session** : vous retrouverez votre Mac tel que vous l'aviez laissé avant de l'éteindre.

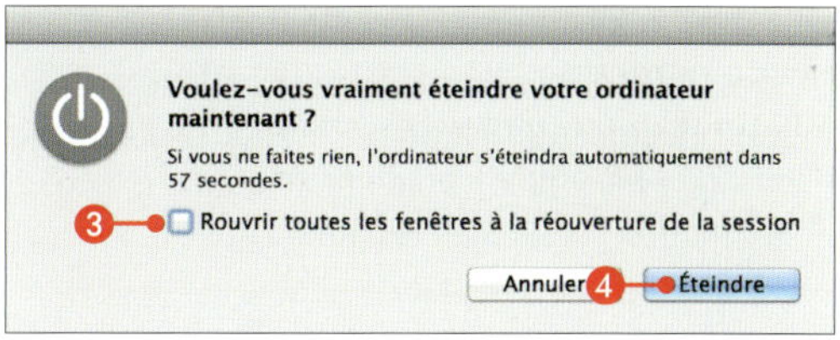

> **NOTE**
> Attention, si vous avez des fenêtres de navigateur Web ouvertes : celles-ci se rouvriront sur la page précédemment consultée, mais… sans son contenu ; vous aurez besoin d'une connexion à Internet pour qu'elles soient rechargées. Du coup, avant le décollage dans un avion, mieux vaut laisser votre MacBook Pro en veille…

❹ Cliquez sur le bouton **Éteindre**. Le processus ne dure que quelques secondes.

Mettre en veille son MacBook Pro Retina

Dans la plupart des cas – et pour toutes les courtes périodes d'inutilisation –, il est largement suffisant de laisser votre MacBook Pro en veille. Et même pour des périodes plus longues : s'il tombe à court d'autonomie, il enregistrera tout ce que vous étiez en train de faire sur son disque pour le recharger dans le même état à la mise sous tension suivante – batterie rechargée ou en cours de charge. Pour mettre votre MacBook Pro en veille, vous avez deux possibilités :

❶ Refermez le capot de votre portable. Il se mettra automatiquement en veille et réduira sa consommation électrique à un minimum.

❷ Et si vous n'avez pas confiance, déroulez le menu **Pomme** et cliquez sur **Suspendre l'activité**. Votre MacBook Pro se met aussitôt en veille.

> NOTE
>
> Bien que ce ne soit pas très sensible compte tenu de la rapidité du disque SSD qui équipe les MacBook Pro Retina, la mise en veille permet de retrouver rapidement OS X dans l'état où on l'avait laissé ; bien plus rapidement qu'avec une extinction suivie d'un redémarrage.

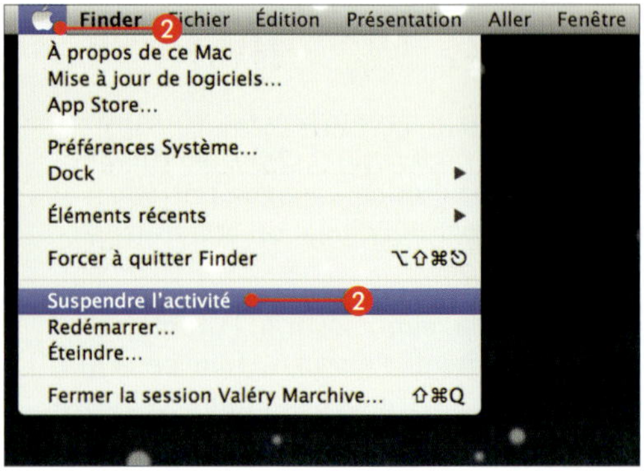

Connaître l'autonomie de la batterie

❶ Localisez l'icône représentant une pile électrique partiellement remplie en haut de l'écran sur la droite, puis cliquez dessus.

❷ Si vous souhaitez garder un œil en permanence sur le niveau de charge de la batterie, cliquez sur **Afficher le pourcentage** : celui-ci sera affiché à gauche de l'icône représentant une pile.

Se connecter à un réseau Wi-Fi

Vous vous êtes connecté une première fois à un réseau Wi-Fi – le vôtre – lors du premier démarrage de votre MacBook Pro Retina. Mais il y a fort à parier que vous serez amené à vous connecter à de nombreux autres ! Voici comment faire :

❶ Déroulez le menu illustré, en haut à droite de l'écran, par une série d'arcs de cercle concentrique.

❷ Dans la liste des réseaux disponibles, cliquez sur celui que vous voulez utiliser.

❸ Le nom de certains réseaux Wi-Fi est accompagné d'un cadenas : ils sont protégés ; OS X vous demandera la clé WEP ou WPA pour permettre de vous connecter.

❹ Des réseaux non protégés et ouverts au public peuvent nécessiter de vous identifier – ceux des modems ADSL, par exemple, ou des gares et aéroports. Une fenêtre apparaîtra alors pour vous permettre de le faire. La procédure à suivre sera décrite dans cette fenêtre. Une fois la connexion établie, la fenêtre se refermera toute seule.

Débloquer une application

OS X, le logiciel – ou plutôt *système d'exploitation* – qui anime votre MacBook Pro Retina est réputé fiable, à juste titre. Cela n'empêche pas les applications de *planter* – se bloquer inopinément – de temps à autre, souvent en raison d'un léger défaut de programmation. Il faut alors les forcer à quitter. À cette fin, deux possibilités très simples d'utilisation s'offrent à vous :

❶ Déroulez le menu **Pomme** et sélectionnez **Forcer à quitter**.

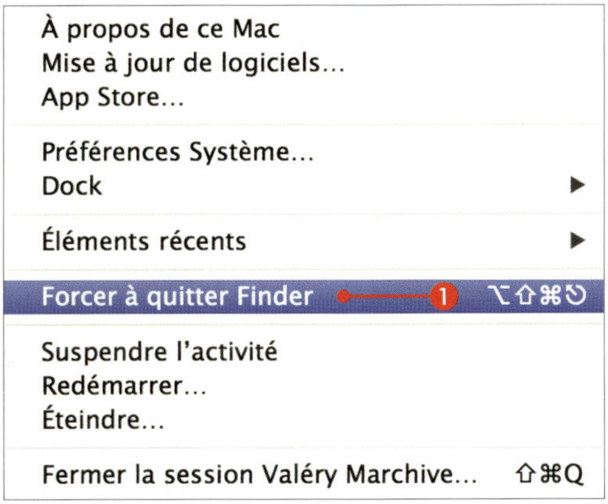

❷ Dans la liste qui s'affiche, cliquez sur le nom de l'application bloquée – et qui apparaît généralement en rouge – suivie de la mention *ne répond plus*. Cliquez ensuite sur le bouton **Relancer** ou **Forcer à quitter**.

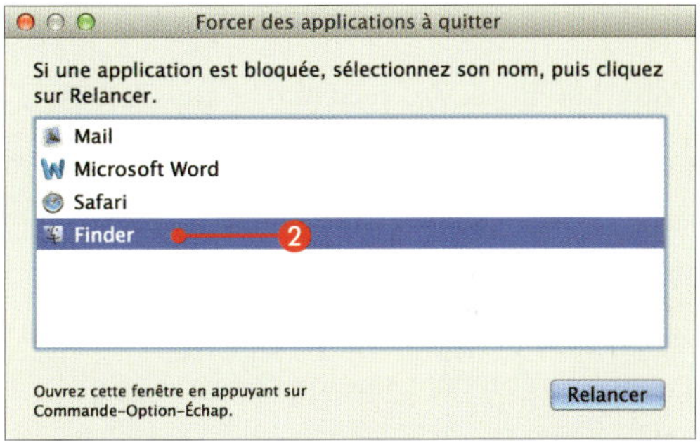

❸ Autre solution : faites un clic droit (chapitre 2) sur l'icône de l'application bloquée dans le Dock (chapitre 3) et sélectionnez **Forcer à quitter**.

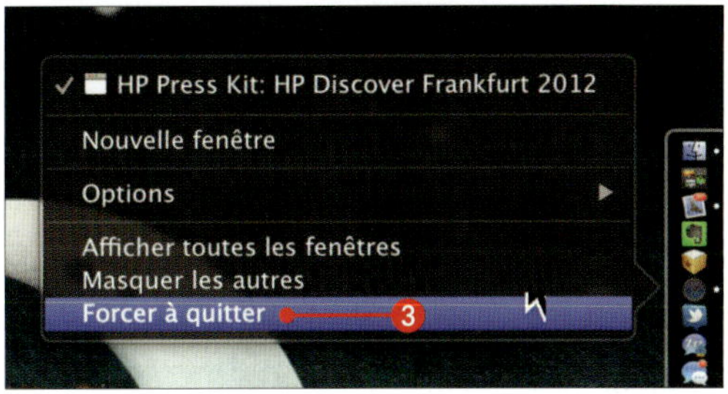

Forcer le redémarrage

Malgré les qualités d'OS X et des composants de votre MacBook Pro Retina, il peut survenir des blocages nécessitant le redémarrage complet de la machine. C'est rare, mais cela arrive. Dans ce cas, lorsque votre portable est totalement bloqué et a cessé de répondre à vos commandes, procédez ainsi :

❶ Maintenez enfoncée la touche d'alimentation – dans le coin supérieur droit du clavier – jusqu'à ce que l'écran s'éteigne.

Votre MacBook Pro redémarre aussitôt. À l'issue du redémarrage, OS X aura détecté que vous avez forcé l'extinction en raison d'un incident et vous proposera d'adresser un rapport électronique anonyme à Apple : acceptez, cela permet de corriger des défauts de programmation et contribue à l'amélioration continue d'OS X.

Tenir son Mac à jour

OS X fait l'objet de mises à jour régulières de la part d'Apple, pour corriger des défauts de programmation ou pour ajouter de nouvelles fonctions, voire pour améliorer la sécurité. Il est important d'installer régulièrement ces mises à jour lorsqu'elles sont disponibles. Votre MacBook Pro vous les signalera parfois, mais vous pouvez également vérifier par vous-même, périodiquement, la disponibilité de mises à jour :

❶ Déroulez le menu **Pomme**.

❷ Cliquez sur **Mise à jour de logiciels**.

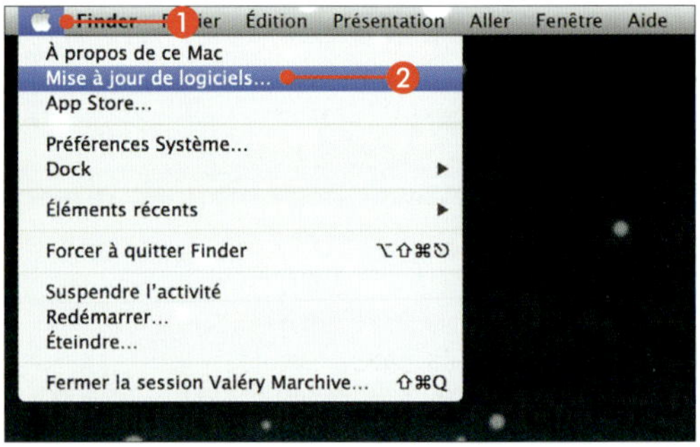

❸ La recherche de mises à jour pour votre ordinateur commence aussitôt sur Internet. Après quelques minutes, une liste s'affiche.

4 Cliquez individuellement sur le bouton **Mettre à jour** de chaque mise à jour disponible ou bien sur le bouton **Tout mettre à jour**.

OS X se charge alors de télécharger les composants logiciels nécessaires puis de les installer. Dans certains cas, il vous demandera s'il peut vous interrompre et redémarrer votre MacBook Pro pour finir l'installation. Si vous pouvez attendre quelques minutes, acceptez. Sinon, OS X reviendra ultérieurement à la charge.

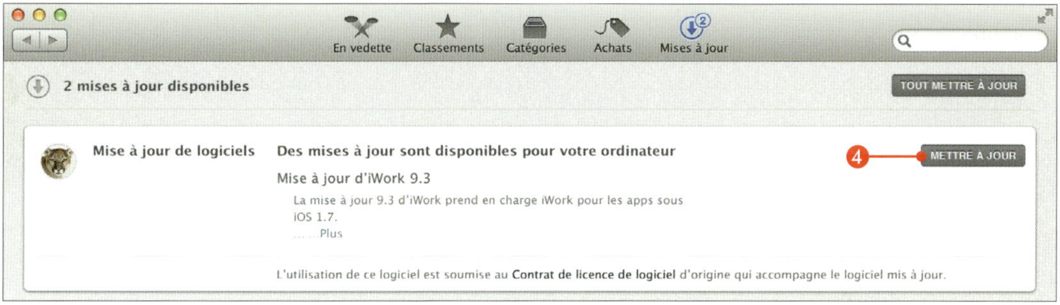

Tenir à jour ses applications

De la manière qu'OS X fait l'objet de mises à jour régulières de la part d'Apple, vos applications sont régulièrement améliorées par leurs auteurs. Certaines reçoivent des mises à jour par le même biais qu'OS X (voir ci-avant). D'autres intègrent leur propre mécanisme de gestion des mises à jour. Souvent, celui-ci fonctionne de manière transparente pour vous : dès qu'une nouvelle version est disponible, l'application vous le signale et vous propose de procéder à la mise à jour – immédiatement ou à sa fermeture. Parfois, vous devez penser vous-même à vérifier la disponibilité de mises à jour :

1 Déroulez le menu portant le nom de l'application ouverte.

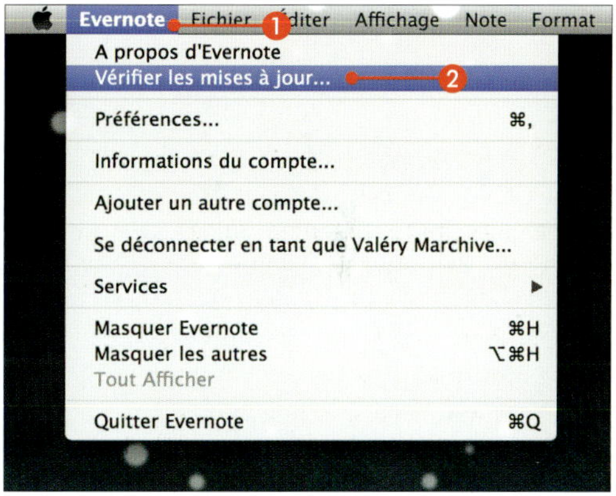

2 Cliquez sur **Vérifier les mises à jour**.

3 Suivez les instructions à l'écran : elles sont spécifiques à l'application.

Chapitre 2

Prendre les commandes

Dans ce chapitre :

- Cliquer avec le trackpad
- Faire défiler le contenu d'une fenêtre
- Faire pivoter une image
- Zoomer et réduire dans une fenêtre
- Sélectionner plusieurs éléments
- Parcourir rapidement plusieurs éléments
- Utiliser les touches spéciales du clavier
- Utiliser les touches de fonction
- Réaliser des raccourcis clavier
- Découvrir de nouveaux raccourcis clavier

Votre MacBook Pro Retina est conçu pour obéir à… vos doigts. De fait, pour le contrôler, vous allez devoir utiliser son trackpad – un petit pavé tactile en verre situé devant le clavier – et le clavier.

Cliquer avec le trackpad

Vous allez communiquer avec votre MacBook Pro Retina par le biais d'un environnement graphique appelé « interface » : s'y afficheront les résultats de vos commandes ; commandes que vous exprimerez essentiellement par le biais de clics sur des éléments de l'interface graphique – fenêtres, boutons, *etc*. Pour y parvenir, vous devez maîtriser l'exercice de base : le pointer-cliquer.

1. Faites glisser vos doigts sur le trackpad : le pointeur – la flèche noire ourlée de blanc à l'écran – se déplace avec votre doigt.

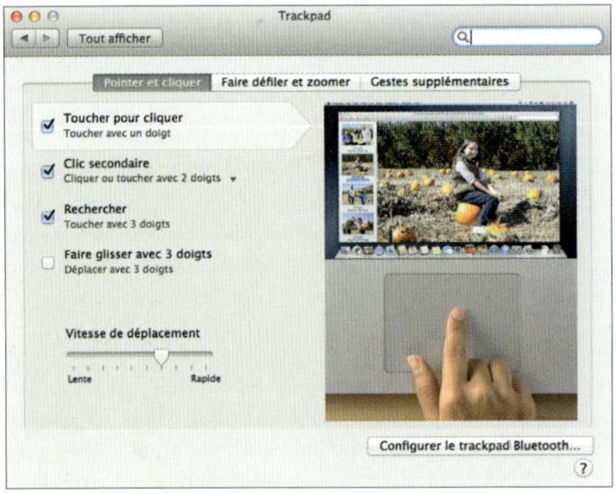

2. Amenez de la sorte le pointeur sur un élément de l'interface graphique avec lequel vous voulez interagir. La pomme, en haut à gauche de l'écran, par exemple.

3. Lorsque le pointeur est arrivé à destination, appuyez brièvement, mais fermement en bas du trackpad. Vous devriez entendre un petit « clic » et voir se dérouler le menu, sous la Pomme. Voilà : vous venez de cliquer.

Faire défiler le contenu d'une fenêtre

Il n'est pas rare que le contenu d'une fenêtre ne tienne pas dans l'ensemble de la fenêtre compte tenu de la taille de celle-ci : du contenu peut déborder vers le bas, vers la droite, *etc*. Dans ce cas, il convient de faire défiler le contenu de la fenêtre pour ramener dans le cadre visible des éléments du contenu qui n'y étaient pas :

1. Maintenez deux doigts collés l'un à l'autre, sur le trackpad.

❷ Déplacez-les pour faire défiler verticalement ou horizontalement le contenu d'une fenêtre.

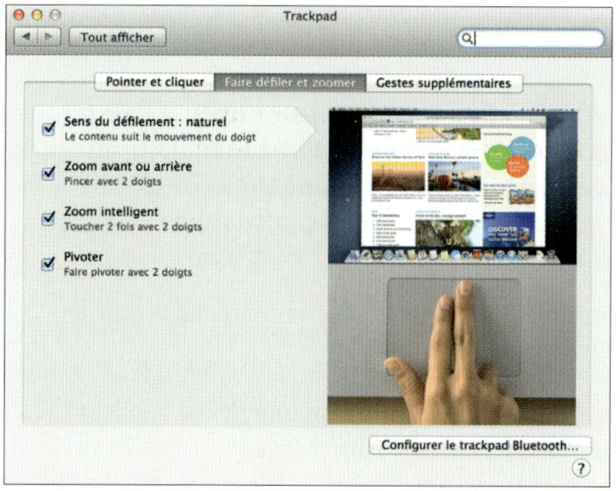

Faire pivoter une image

Il n'est pas rare qu'une photo n'ait pas la bonne orientation, c'est-à-dire qu'elle apparaît en format portrait à l'écran, alors que vous aviez voulu la prendre en paysage... Il faut donc la faire pivoter :

❶ Posez les bouts de deux doigts légèrement écartés sur le trackpad.

❷ Faites-les pivoter dans le sens des aiguilles d'une montre ou dans le sens contraire pour faire tourner le contenu de la fenêtre.

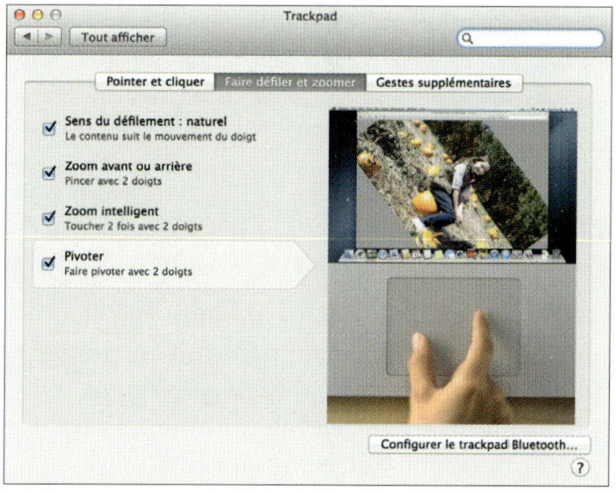

NOTE

Le pivotement ne fonctionne pas avec tous les logiciels, mais avec un grand nombre d'entre eux et notamment Aperçu et iPhoto, pour vos photos... ce qui tombe assez bien.

Zoomer et réduire

Vous voulez agrandir une photo, pour mieux observer une région de l'image ? Agrandir une page Web dans le navigateur d'OS X, Safari ? Vous pouvez le faire du bout des doigts :

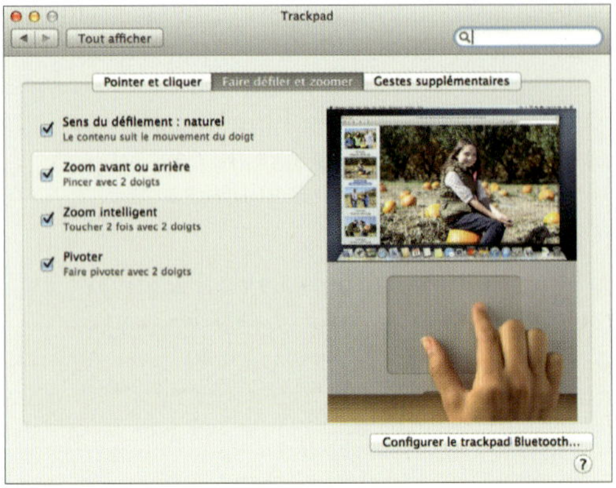

1. Posez les bouts de deux doigts sur le trackpad.

2. Écartez-les pour agrandir ou resserrez-les pour réduire l'affichage.

Cette manipulation peut s'appliquer à l'écran tout entier en maintenant la touche **Ctrl** enfoncée durant l'opération.

Sélectionner plusieurs éléments

Lorsque vous pointez un élément de l'interface qui peut être manipulé autrement qu'en cliquant dessus – en le déplaçant, par exemple – vous le sélectionnez. Vous aurez sûrement fréquemment besoin de sélectionner plusieurs éléments à fois, pour aller plus vite, par exemple en glissant plusieurs fichiers dans la Corbeille en une seule fois. Voici comment faire :

1. Pointez à côté de l'un des éléments à sélectionner.

2. Maintenez la touche **Majuscule** enfoncée puis continuez de pointer pour tracer un rectangle.

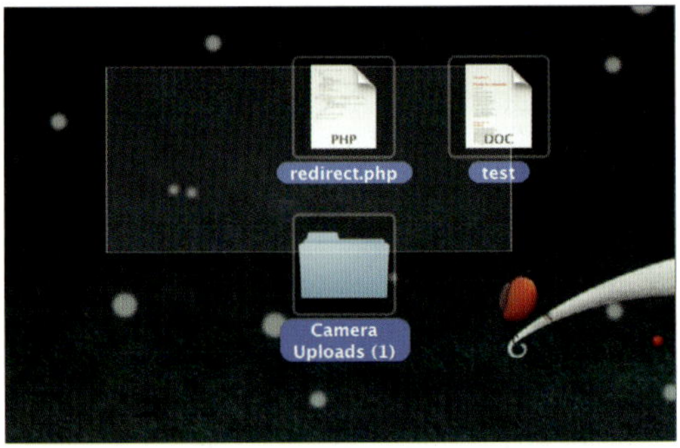

3. Relâchez : votre sélection est terminée. Cette manipulation fonctionne également en pointant-cliquant successivement les éléments à sélectionner tout en maintenant la touche **Majuscule** enfoncée.

Parcourir rapidement plusieurs éléments

De nombreuses applications sont capables d'ouvrir plusieurs fichiers simultanément. Par exemple, Aperçu peut ouvrir en même temps plusieurs photos. Pour passer rapidement de l'un à l'autre de ces fichiers ouverts, reproduisez la manipulation suivante :

❶ Posez les bouts de trois doigts sur le trackpad, serrés les uns contre les autres.

❷ Déplacez vos doigts horizontalement : les documents ouverts défilent les uns après les autres.

Utiliser les touches spéciales du clavier

La rangée supérieure de touches du clavier de votre MacBook Pro Retina est celle des touches spéciales. De gauche à droite, vous trouverez ainsi :

❶ La touche **esc** qui peut servir à interrompre une action en cours.

❷ Les deux touches de réglage de l'intensité du rétroéclairage de l'écran. En avion, par exemple, baissez-la pour limiter les risques de regards indiscrets et pour augmenter l'autonomie de votre portable.

❸ La touche **Mission Control** (chapitre 15), qui permet d'afficher toutes les fenêtres ouvertes, de manière bien visible pour aisément passer de l'une à l'autre.

❹ La touche **LaunchPad** (chapitre 4), pour lancer le… lanceur d'applications d'OS X.

❺ Les deux touches de réglage de l'intensité du rétroéclairage du clavier.

❻ Les trois touches de contrôle de la lecture de vidéos ou de musique avec, notamment, iTunes (chapitre 12) et Quicktime Player (chapitre 11).

❼ La touche de mutisme des haut-parleurs suivie de celles de réglage de leur volume.

❽ Enfin, la touche de gestion de l'alimentation électrique de votre MacBook Pro Retina.

Utiliser les touches de fonction

Les touches spéciales du clavier de votre MacBook Pro Retina sont en outre des touches dites « de fonction » : certains logiciels les utilisent pour lancer des commandes précises.

❶ Pour utiliser une touche de fonction, commencez par maintenir enfoncée la touche **fn** du clavier.

❷ Sans relâcher, appuyez du bout d'un autre doigt sur la touche de fonction voulue – **F1** à **F12**.

Réaliser des raccourcis clavier

De nombreuses fonctions d'OS X Mountain Lion et de ses applications sont accessibles à la fois *via* des menus, des boutons dans la barre d'outils et des raccourcis clavier.

Ces raccourcis consistent simplement en une combinaison de touches au clavier : par exemple, le raccourci **cmd+O** permet d'ordonner l'ouverture d'un fichier ; il s'obtient en appuyant sur la touche **O** du clavier, tout en maintenant enfoncée la touche **cmd** :

❶ Pour réaliser un raccourci clavier, commencez par maintenir enfoncée la touche **cmd**.

❷ Si nécessaire, maintenez également enfoncées une ou plusieurs touches de modification, selon le raccourci – **Majuscule, alt,** ou **ctrl**. Aucun dans notre exemple.

❸ Appuyez sur la touche du clavier indiquée pour le raccourci, **O** dans notre exemple.

Découvrir de nouveaux raccourcis clavier

La plupart des raccourcis clavier disponibles pour une application sont signalés directement dans ses menus, à droite de l'intitulé de chaque élément de menu. Mais certains sont cachés :

❶ Découvrez de nouveaux raccourcis clavier pour vos applications préférées en maintenant la touche **alt** enfoncée alors que vous déroulez un menu : de nouveaux raccourcis clavier sont présentés, correspondant à autant de fonctions supplémentaires !

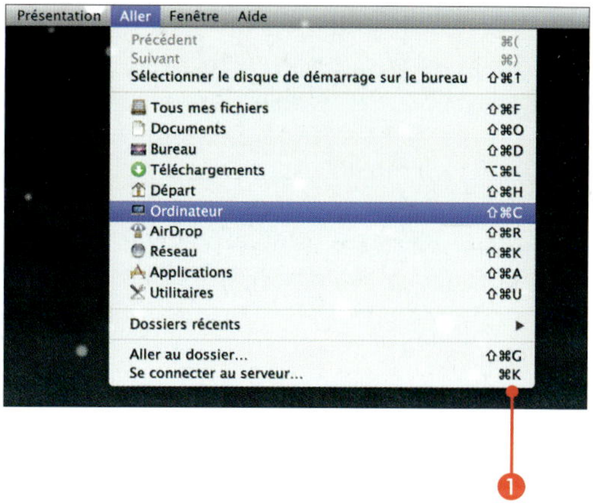

Chapitre 3

Découvrir OS X

Dans ce chapitre :

- Premiers contacts avec l'environnement graphique
- Cacher une fenêtre
- Agrandir une fenêtre
- Ajuster la taille d'une fenêtre
- Déplacer une fenêtre
- Fermer une fenêtre
- Personnaliser la barre d'outils d'une fenêtre
- Ajuster la présentation d'une fenêtre
- Utiliser les boîtes de dialogue
- Enregistrer un fichier dans iCloud
- Ouvrir un fichier depuis iCloud
- Profiter du presse-papier
- Exploiter l'historique
- Parcourir le disque dur
- Retrouver rapidement un fichier
- Effacer des fichiers et des applications
- Ajouter des applications
- Masquer une application
- Quitter une application
- Changer d'application
- Passer du Finder à une application
- Passer d'une application au Finder

Dans ce chapitre, vous allez faire connaissance avec l'environnement graphique d'OS X Mountain Lion : ses fenêtres, leur présentation, leur personnalisation, leurs principaux éléments… Et même aller plus loin en apprenant à profiter de nombreuses de ses subtilités pour profiter au mieux de votre MacBook Pro Retina, jour après jour.

Premiers contacts avec l'environnement graphique

Après le démarrage, le Bureau d'OS X apparaît. Sous vos yeux, vous trouvez :

1 En haut, la barre des menus, semi-transparente.

2 En bas, une barre semi-transparente remplie d'icônes d'applications et de la Corbeille : c'est le Dock.

3 Le reste de l'écran est occupé par le Bureau sur lequel vous voyez l'icône du disque dur de démarrage de votre Mac, généralement appelé **Macintosh HD**. Si plusieurs disques durs sont connectés à votre Mac, leurs icônes apparaissent aussi sur le Bureau.

Le Bureau est un espace qu'OS X affiche en permanence en arrière-plan des fenêtres ouvertes. Par défaut, OS X se contente d'y présenter les icônes des disques durs, des CD et DVD et des périphériques amovibles tels que l'iPod qui sont connectés au Mac. Mais rien ne vous empêche d'y placer vous-même des fichiers, qu'il s'agisse de documents ou d'applications. Reste que cela n'est pas recommandé : des dossiers dédiés existent pour cet usage et le Bureau peut vite apparaître très encombré.

Pour utiliser une icône sur le Bureau, il vous suffit de double-cliquer dessus : si elle correspond à un espace de stockage, comme un disque dur, le Finder ouvre aussitôt une fenêtre pour vous permettre d'en parcourir le contenu. S'il s'agit d'un document ou d'une application, le double clic va provoquer l'ouverture de l'élément pointé.

Toujours visible en haut de l'écran, la barre des menus se divise en deux parties. Dans la partie gauche, on trouve toujours, de gauche à droite, le menu Pomme, le menu de l'application active, puis viennent les menus Fichier et Édition. Le contenu de ces menus varie selon l'application active et les fonctions qu'elle propose. Des menus supplémentaires s'ajoutent d'ailleurs en fonction des applications. Mais la liste des menus se termine toujours par le menu **Aide**.

La partie droite de la barre des menus ne change pas d'une application à l'autre. Systématiquement, on y trouve, à l'extrémité droite, le menu Spotlight, pour les recherches sur le disque dur. Les éléments suivants, vers la gauche, sont généralement l'horloge, la batterie pour les portables, le clavier, le volume sonore, Airport pour les connexions Wi-Fi et Bluetooth. La partie droite de la barre des menus est personnalisable à partir des Préférences Système.

> **Note** Certains éléments de la partie droite de la barre des menus peuvent disparaître lorsqu'une autre application que le Finder est active : cela permet à l'ensemble des menus de la partie gauche de la barre des menus d'être affiché par OS X.

À l'extrémité gauche de la barre des menus figure une pomme. Cliquez dessus pour dérouler le menu correspondant.

Baptisé « menu Pomme », ce menu est toujours accessible. Il permet notamment de demander l'extinction, le redémarrage ou la mise en veille de son Mac.

Il donne aussi accès aux derniers éléments utilisés, applications et documents, notamment.

Avec le menu Pomme, on accède également à de précieuses informations techniques sur son Mac, aux mises à jour de logiciels et aux Préférences Système.

Le Dock est cette barre semi-transparente affichée en bas de l'écran de OS X Mountain Lion. Le Dock constitue à la fois une barre de lancement rapide et une barre de notification. Un point lumineux sous une icône indique que l'application correspondante est active.

D'un simple clic sur l'une des icônes, vous pouvez lancer l'application correspondante ou bien la ramener au premier plan. Il est également possible de forcer une application du Dock à ouvrir un document en glissant-déposant l'icône de celui-ci sur celle de l'application voulue dans le Dock.

Certaines applications, comme Mail, le logiciel de messagerie électronique d'Apple, profitent de leurs icônes dans le Dock pour afficher des informations à l'intention de l'utilisateur du Mac. Dans le cas de Mail, un badge rouge indique le nombre de courriels non lus dans la boîte de réception.

À l'extrémité droite du Dock se trouve la Corbeille : c'est là que l'on glisse-dépose les fichiers à supprimer. À côté de la Corbeille se trouvent les piles.

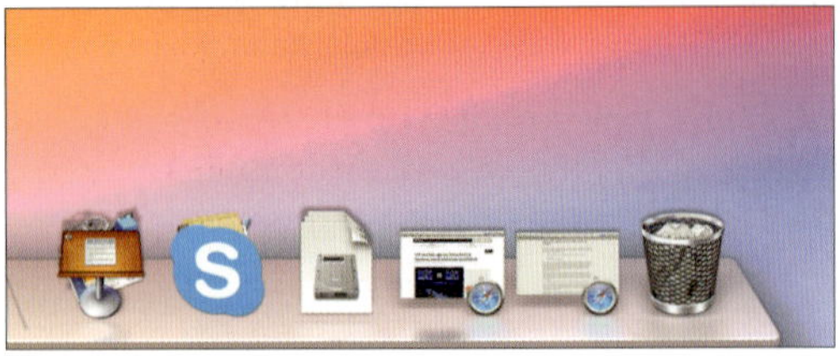

Cacher une fenêtre

Chaque fenêtre est dotée de trois bulles colorées dans son coin supérieur gauche. Pour cacher une fenêtre :

❶ Cliquez sur le bouton jaune pour la réduire dans le Dock.

Un simple clic sur l'icône de la fenêtre en question dans le Dock permet de la faire réapparaître avec sa taille initiale. Remarquez la puce rappelant l'icône de l'application dont la fenêtre est réduite dans le Dock.

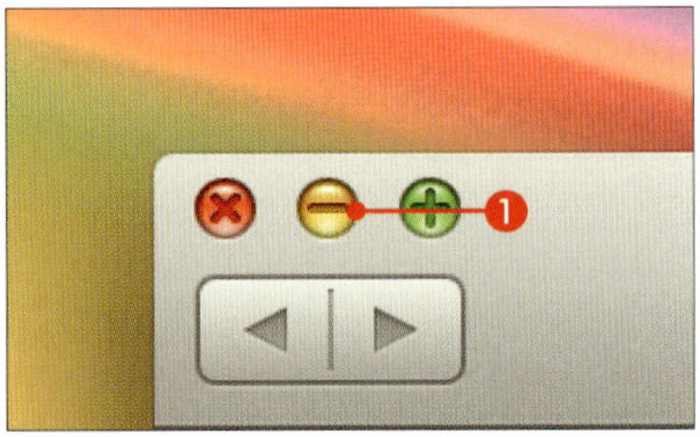

NOTE

Vous voulez réduire rapidement une fenêtre dans le Dock ? Vous pouvez gagner un peu de temps en double-cliquant sur sa barre de titre.

Agrandir une fenêtre

Vous pouvez automatiquement adapter la taille de la fenêtre à celle du document qu'elle affiche et, alternativement, la ramener à sa taille d'origine :

❶ Dans le coin supérieur gauche de la fenêtre, cliquez sur la bulle verte.

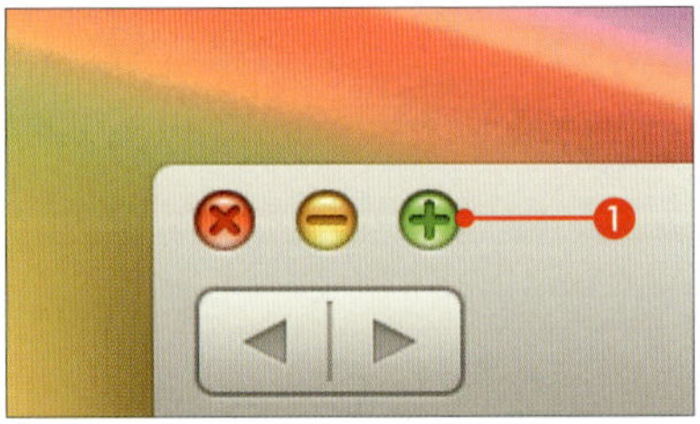

Ajuster la taille d'une fenêtre

Il est également possible d'ajuster précisément la taille d'une fenêtre à ses besoins :

❶ Cliquez et déplacez un coin ou un côté de la fenêtre jusqu'à obtenir la taille désirée.

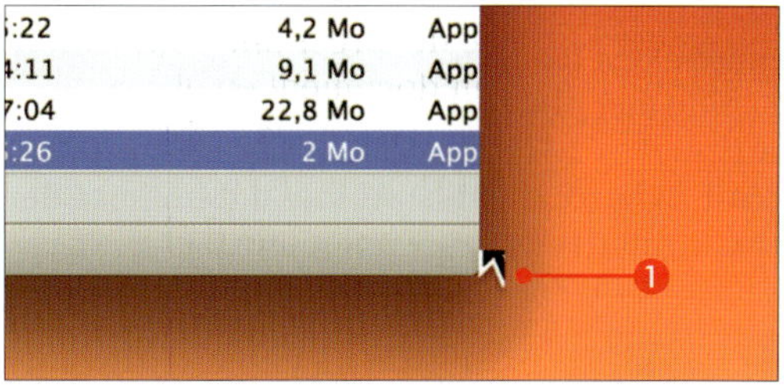

Déplacer une fenêtre

Pour gérer votre espace d'affichage selon vos besoins, OS X Mountain Lion vous permet de déplacer les fenêtres à l'écran :

❶ Pour cela, cliquez et déplacez la barre de titre, ou la barre d'outils, en prenant soin de ne pas cliquer sur l'un des boutons.

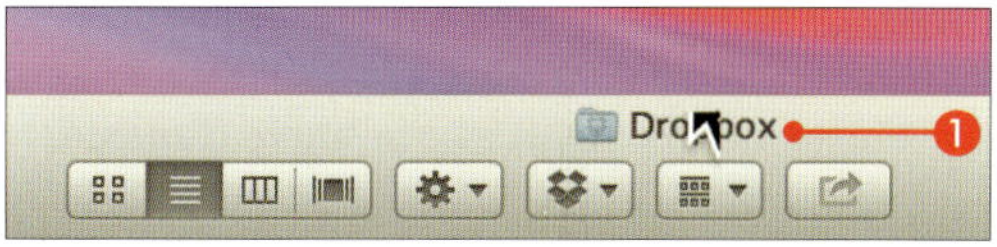

Fermer une fenêtre

Fermer une fenêtre est simple et rapide :

❶ Dans son coin supérieur gauche, cliquez sur la bulle rouge.

NOTE : Sous OS X Mountain Lion, il est possible de fermer toutes les fenêtres d'une application sans pour autant quitter celle-ci et libérer la mémoire vive correspondante. Pour quitter rapidement une application, faites un clic droit sur son icône dans le Dock et sélectionnez **Quitter**.

Personnaliser la barre d'outils d'une fenêtre

Sous la barre de titre, la barre d'outils affiche des boutons. Ceux-ci offrent un accès rapide aux principales fonctions du logiciel auxquelles se rapporte la fenêtre. Dans Mail, la barre d'outils permet notamment de créer rapidement une note, une tâche, un courriel, ou encore de relever ses messages électroniques.

La barre d'outils est toujours personnalisable : il est possible de supprimer des boutons ou d'en ajouter (dans la limite de ceux prévus par les développeurs de l'application) ou encore de modifier leur agencement. Pour modifier la barre d'outils :

1. Faites un clic droit sur la barre d'outils.
2. Sélectionnez **Personnaliser la barre d'outils**.
3. Glissez-déposez les éléments que vous voulez ajouter ou déplacer.
4. Glissez-déposez hors de la fenêtre et de la barre d'outils les boutons à supprimer.

Ajuster la présentation d'une fenêtre

Le contenu des dossiers visités dans les fenêtres du Finder peut être affiché de quatre manières différentes : par icônes, en liste, en liste multicolonne et en mode Coverflow. Ce dernier mode, assez spectaculaire, rappelle l'affichage des pochettes des albums dans iTunes. Il est particulièrement pratique pour parcourir les éléments d'un dossier contenant des photos, des vidéos, voire des fichiers de bureautique.

Pour passer d'un mode de présentation à l'autre :

1. Cliquez sur le bouton de la barre d'outils correspondant au mode d'affichage souhaité.

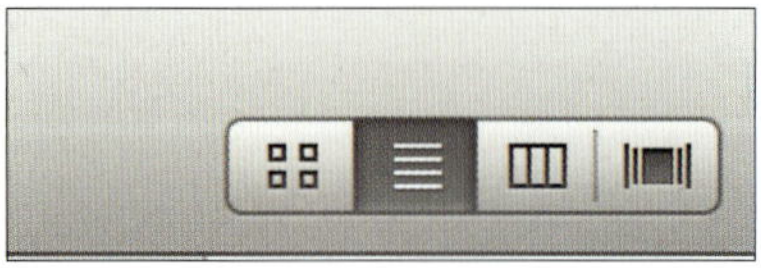

NOTE — L'affichage multicolonne est très pratique pour le parcours du disque dur : la colonne du milieu affiche le contenu du dossier sélectionné dans la colonne de gauche, tandis que la colonne de droite affiche un aperçu du fichier éventuellement sélectionné dans la colonne du milieu.

Pour passer d'un mode de présentation à l'autre, vous pouvez également :

1. Déroulez le menu **Présentation** puis sélectionnez le mode d'affichage voulu.

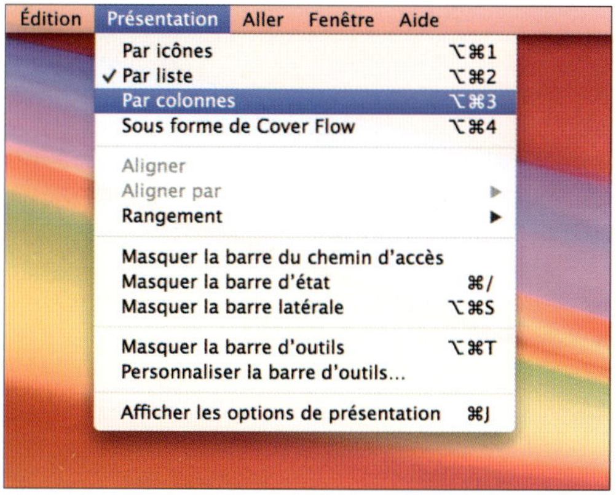

NOTE En présentation Coverflow, déplacez le pointeur de la souris sur l'icône de l'élément en exergue. Là, si le fichier sélectionné comporte plusieurs pages, cliquez sur les flèches gauche et droite pour parcourir rapidement le document.

Le Finder de Mountain Lion permet également de disposer d'une présentation des fichiers et dossiers par icônes associées à un tri de celles-ci par dates de création, de modification, de dernière ouverture, d'application correspondante, *etc*. Pour en profiter, c'est simple :

1. Déroulez le menu **Présentation** et sélectionnez **Par icônes**.

2. Déroulez ensuite le menu **Présentation ▸ Rangement** (ou cliquez sur le bouton **Disposition** de la barre d'outils) et, par exemple, sélectionnez **Par date de création**. Savourez : la liste des icônes est segmentée par périodes chronologiques. Et cela fonctionne aussi dans l'affichage par liste. Mais c'est moins spectaculaire.

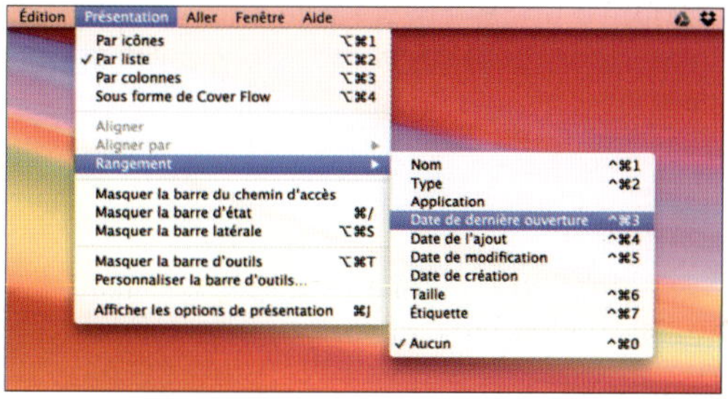

Utiliser les boîtes de dialogue

OS X et ses applications utilisent les boîtes de dialogue pour vous interpeller ou vous permettre de procéder à des réglages et de sélectionner des options. Les boîtes de dialogue sont des fenêtres qui sont également utilisées pour sélectionner des fichiers ou des dossiers dans le cadre de l'ouverture et de l'enregistrement de documents.

Les cases d'option vont au minimum par deux et sont mutuellement exclusives : il n'est pas possible d'activer simultanément toutes les cases d'option ; lorsque l'on valide l'une, les autres sont automatiquement invalidées.

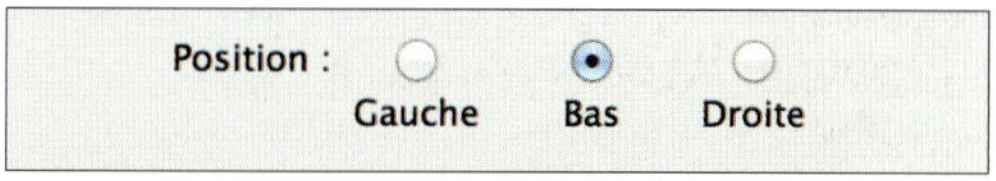

Les cases à cocher sont indépendantes les unes des autres : toutes peuvent être cochées simultanément. Pour cocher une case, il suffit de cliquer sur la case ou le texte correspondant.

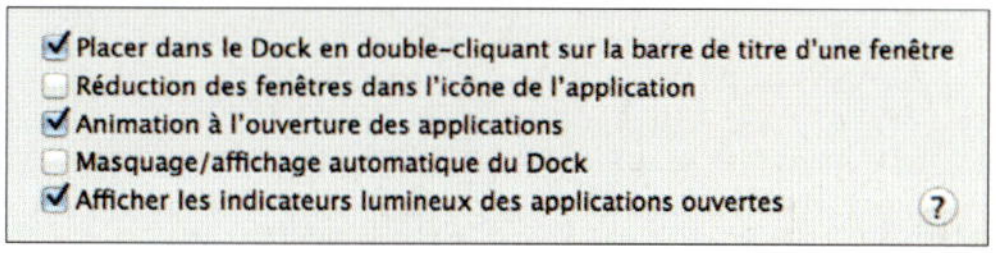

Les curseurs permettent d'ajuster librement la valeur du paramètre correspondant à l'intitulé du curseur. Pour cela, il faut glisser-déplacer le curseur jusqu'à la valeur voulue.

Les zones de texte permettent de saisir des textes, des nombres, *etc*. Il est nécessaire de cliquer dans une zone de texte avant de commencer la saisie. Ainsi rendue active, la zone de texte est ourlée de bleu.

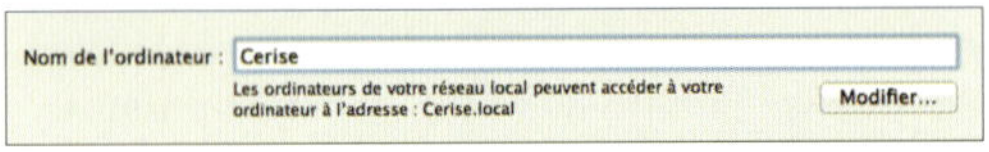

Les zones d'image sont conçues pour permettre, par exemple, d'illustrer son compte d'utilisateur à l'aide d'une photo numérique. Leur utilisation est simple : pour insérer une image dans une zone *ad hoc*, il suffit de glisser-déposer le fichier correspondant depuis le Finder sur la zone d'image.

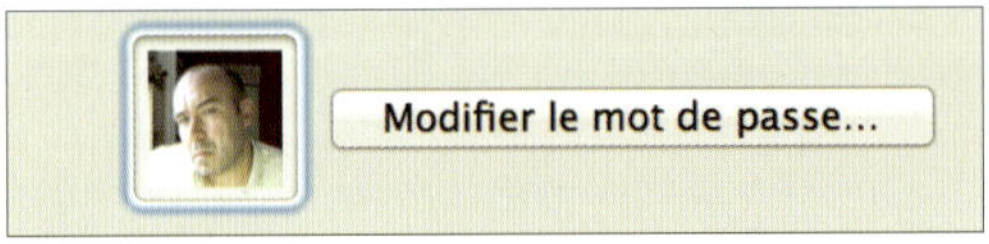

Les listes présentent une série d'options parmi lesquelles l'utilisateur doit faire son choix. Lorsque la zone d'affichage de la liste est insuffisante pour présenter l'ensemble des options disponibles, une barre de défilement apparaît pour autoriser le parcours complet de la liste.

Sous OS X, certaines listes peuvent être modifiées par l'utilisateur : un bouton + et un bouton – sont alors disposés en bas de la zone d'affichage de la liste.

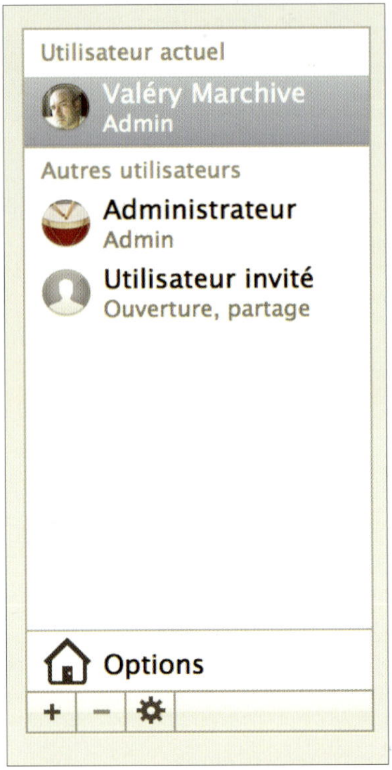

> **NOTE** Certaines listes autorisent la sélection de plusieurs valeurs en même temps. Une fois la première valeur sélectionnée, il faut cliquer sur la seconde en maintenant la touche **cmd** enfoncée pour ajouter une nouvelle valeur à la sélection. Les valeurs sélectionnées dans la liste ne sont pas forcément situées les unes à côté des autres dans la liste.

Les listes déroulantes n'affichent qu'une valeur parmi une série de valeurs cachées. Pour dévoiler les autres valeurs disponibles, il suffit de cliquer sur la liste afin de la dérouler, puis de cliquer sur la valeur souhaitée.

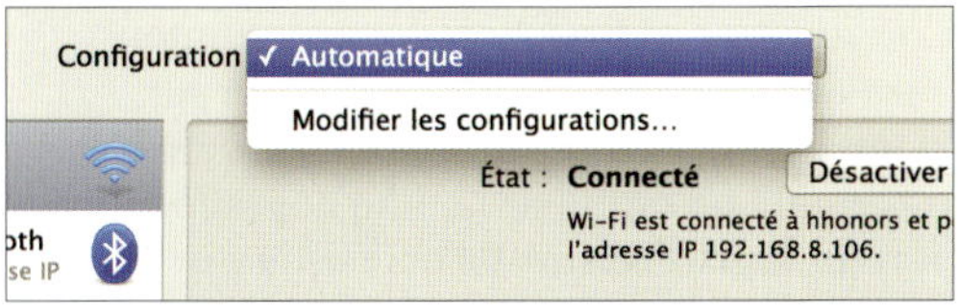

Lorsqu'une même fenêtre regroupe un grand nombre d'options, celles-ci peuvent être regroupées par thèmes dans des onglets.

Sous OS X, il existe deux niveaux d'onglets, affichés dans la barre d'outils ou dans la fenêtre.

L'accès aux options regroupées sous un onglet se fait par simple clic sur l'onglet correspondant.

Enregistrer un fichier dans iCloud

Le service iCloud d'Apple – gratuit dans sa capacité de base – offre un espace de stockage de plusieurs gigaoctets pour les documents. Pratique, il commence à être intégré à de nombreuses applications, à commencer par celles d'Apple pour le traitement de texte – Pages et TextEdit.

1 Pour enregistrer un document sur iCloud, déroulez le menu **Fichier ▸ Enregistrer**.

2 Déroulez la liste **Emplacement**.

3 Sélectionnez **iCloud**.

4 Donnez un nom à votre document dans le champ **Enregistrer sous**.

5 Cliquez sur le bouton **Enregistrer**.

Voilà, votre fichier est enregistré. Il sera transmis à iCloud aussitôt que votre MacBook Pro Retina sera connecté à Internet. Notez que toute modification ultérieure de votre document sera enregistrée et transférée automatiquement, sans que vous ayez à intervenir.

Ouvrir un fichier depuis iCloud

La fenêtre d'ouverture de document des applications compatibles iCloud intègre un onglet dédié à l'accès à iCloud.

1 Lancez une application compatible TextEdit, par exemple, et déroulez le menu **Fichier ▸ Ouvrir**. Activez l'onglet **iCloud**.

2 Si aucun document adapté à l'application ouverte n'a encore été ajouté à iCloud, c'est un écran d'accueil qui apparaît, vous invitant à y glisser des documents à transférer dans le nuage.

❸ Les documents adaptés à votre application et stockés dans iCloud apparaissent dans le fenêtre, sous forme d'icônes ou de liste. Sélectionnez simplement l'un d'entre eux et cliquez sur le bouton **Ouvrir**. Il ne vous reste plus qu'à travailler sur votre document comme vous en avez l'habitude.

Lorsque vous aurez fini, votre document sera automatiquement sauvegardé sur iCloud. Et si vous n'êtes pas connecté à Internet à ce moment-là, une copie locale sera enregistrée sur votre disque dur avant d'être transférée dès que vous aurez retrouvé un accès à Internet.

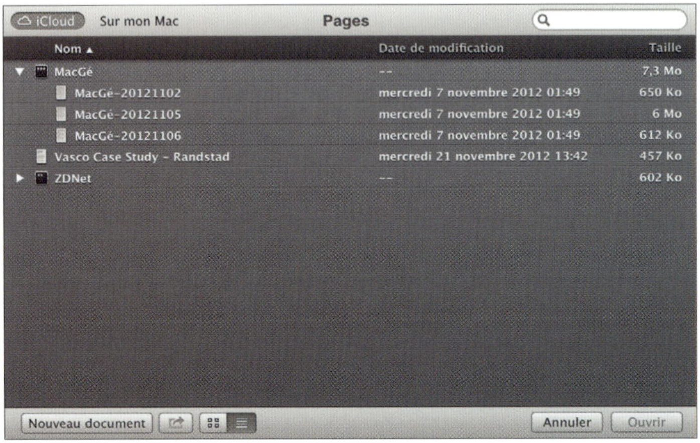

Profiter du Presse-papiers

Le Presse-papiers est un espace de stockage temporaire géré par le système d'exploitation. Il permet quelques opérations essentielles.

Copier consiste à placer dans le Presse-papiers une copie de l'élément sélectionné. L'élément d'origine n'est pas altéré par l'opération.

❶ Pour copier un élément, sélectionnez-le puis déroulez le menu **Édition** ▸ **Copier**.

Coller consiste à « sortir » du Presse-papiers l'élément qui y a été précédemment copié pour le placer, par exemple, dans un document ou dans un nouveau dossier du disque dur.

❷ Pour coller un élément, sélectionnez-le puis déroulez le menu **Édition** ▸ **Coller**.

Couper consiste à placer dans le Presse-papiers l'élément sélectionné dans la perspective de le coller ultérieurement. L'élément d'origine est détruit.

3 Pour couper un élément, sélectionnez-le puis déroulez le menu **Édition** ▸ **Couper**.

La commande **Afficher le Presse-papiers** du menu **Édition** permet de visualiser, dans une fenêtre, le contenu du Presse-papiers au moment où l'on active la commande.

Exploiter l'historique

L'historique permet d'annuler une opération effectuée par erreur ou de rétablir l'opération précédemment annulée. OS X fournit aux applications un historique basique : il ne mémorise qu'une seule opération.

Certaines applications, comme l'outil de retouche photo Adobe Photoshop, gèrent leur propre système d'historique, beaucoup plus poussé.

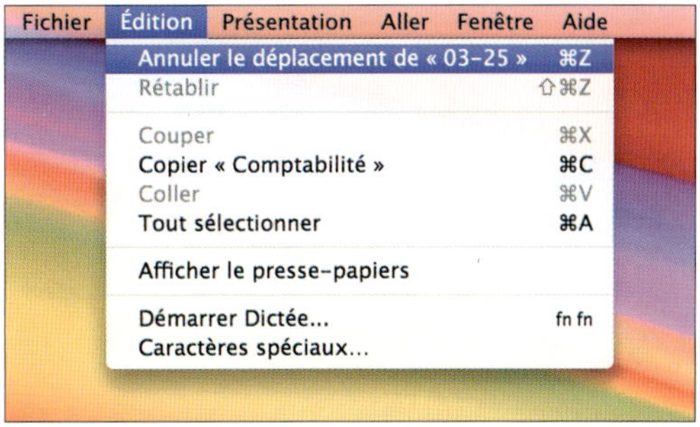

L'historique d'OS X permet même d'annuler le déplacement de fichiers, jusque dans la Corbeille. Mais il ne permet pas d'annuler l'effacement des fichiers et dossiers placés dans la Corbeille.

Parcourir le disque dur

Les fichiers et dossiers du disque dur de démarrage sous OS X Mountain Lion sont organisés de manière très structurée. En effet, tout le contenu du disque dur est réparti, à partir de son premier niveau, sa racine, dans quatre dossiers : Applications, Bibliothèque, Système, Utilisateurs. Ce dernier contient un dossier personnel par utilisateur déclaré sur le Mac ainsi qu'un dossier partagé. C'est dans ces dossiers que l'on enregistre ses documents, images, vidéos, *etc*.

Il est recommandé de respecter scrupuleusement l'organisation des dossiers et d'éviter de « polluer », par exemple, la racine du disque dur avec des fichiers personnels : c'est plus simple lorsque l'on veut sauvegarder ou transférer ses données et, surtout, c'est le gage de l'absence d'atteinte à l'intégrité d'OS X et des fichiers dont il a besoin pour fonctionner normalement.

Les dossiers Système et Bibliothèque situés à la racine du disque dur de démarrage du Mac revêtent une importance toute particulière : appelés communément « dossiers système », ils contiennent les principaux composants logiciels de OS X. C'est par exemple au sein du dossier Système que se trouvent le Finder, le Dock, ou encore les composants chargés de la gestion des périphériques USB et des connexions réseau.

Le dossier Bibliothèque de la racine du disque dur de démarrage contient pour sa part des éléments tels que les panneaux de configuration des préférences ou encore les codecs, ces composants permettant à QuickTime Player de lire différents formats de fichiers vidéo et audio.

Mieux vaut ne jamais intervenir directement sur ces dossiers et leur contenu, sous peine de mettre en danger le bon fonctionnement – voire le démarrage – de son Mac.

Les applications installées sur son Mac sont rangées dans le dossier Applications. Ainsi centralisées dans ce dossier facilement identifiable, les applications sont accessibles par tous les utilisateurs du Mac.

Sous OS X, la plupart des applications s'installent par simple glisser-déposer dans le dossier Applications. Certaines applications utilisent néanmoins un logiciel d'installation. Ces applications restent pourtant accessibles depuis le dossier Applications. Le logiciel d'installation leur permet d'ajouter des composants spécifiques aux dossiers système.

OS X est conçu pour pouvoir être utilisé par plusieurs personnes différentes à partir d'un seul ordinateur. Du coup, chaque utilisateur d'OS X dispose d'un compte d'utilisateur personnel. Cette répartition permet à chacun d'utiliser librement les diverses applications du Mac sans jamais interférer avec les autres utilisateurs ni pouvoir accéder à leurs documents ou à leur correspondance électronique.

Concrètement, ce compte se traduit sur le disque dur par un dossier personnel dont le contenu est organisé en neuf dossiers :

Applications : ce dossier contient les applications qui sont exclusivement accessibles à l'utilisateur concerné. Aucun autre utilisateur du Mac ne peut s'en servir.

Bureau : ce dossier contient tous les fichiers et dossiers que l'utilisateur place sur le Bureau d'OS X.

Documents : c'est probablement le dossier le plus sollicité. L'utilisateur y stocke ses fichiers, ses documents de travail, *etc*.

> NOTE
>
> Le dossier **Utilisateurs** de la racine du disque dur contient en outre un dossier intitulé **Partagé**. C'est un espace commun à tous les utilisateurs du Mac : chacun peut y ajouter, supprimer, et modifier fichiers et dossiers.

Téléchargements : introduit par Mountain Lion, ce dossier accueille automatiquement tous les fichiers téléchargés par Safari, sauf ordre contraire de l'utilisateur.

Images, Musique, Vidéos : ces trois dossiers sont dédiés à l'enregistrement des fichiers multimédia. iTunes, par exemple, enregistre automatiquement la musique dans le dossier éponyme.

Sites : ce dossier permet de stocker les pages Web du mini site personnel que chaque utilisateur d'OS X peut créer grâce au serveur Web intégré au système d'exploitation.

Public : ce dossier est un espace d'échange. Les éléments placés dans ce dossier peuvent être consultés par tous les utilisateurs du Mac – mais seul le propriétaire du compte auquel est lié ce dossier peut supprimer ou modifier des éléments. Le dossier **Public** est aussi une boîte de dépôt : n'importe quel utilisateur du Mac peut y ajouter des fichiers et dossiers pour les mettre à disposition du propriétaire du dossier **Public**.

> NOTE
>
> Les fichiers glissés dans la boîte de dépôt de votre dossier **Public** sont encore la propriété de leur créateur : vous ne pouvez pas les renommer ou les modifier. Pour cela, plutôt que de les déplacer, faites-en une copie : cette copie vous appartiendra et vous aurez tous les droits dessus.

À ces dossiers s'en ajoute un dernier, caché : **Bibliothèque**. Celui-ci est notamment utilisé par les applications pour enregistrer les paramètres de leur utilisation définis par l'utilisateur. Mail y stocke par exemple les comptes de messagerie électronique et les courriels avec leurs pièces jointes. Vous pouvez y accéder en déroulant le menu **Aller** tout en maintenant enfoncée la touche **alt**.

Le Finder de Mountain Lion introduit une nouvelle façon de parcourir le contenu de son disque dur et, surtout, ses fichiers : il propose de les rassembler tous dans une unique fenêtre assortie d'un mode de tri qui se veut – on l'imagine – pertinent. Cet emplacement virtuel du disque dur s'intitule **Tous mes fichiers**. Vous trouverez un raccourci pour accéder à la rubrique **Favoris** de la barre latérale.

❶ Vous pouvez aussi y accéder *via* le menu **Aller ▸ Tous mes fichiers**, du Finder.

Dans cette fenêtre, vous trouverez tous vos plus récents fichiers, classés à la fois par types et par dates. Il vous faudra peut-être un peu d'habitude pour vous approprier pleinement cette présentation.

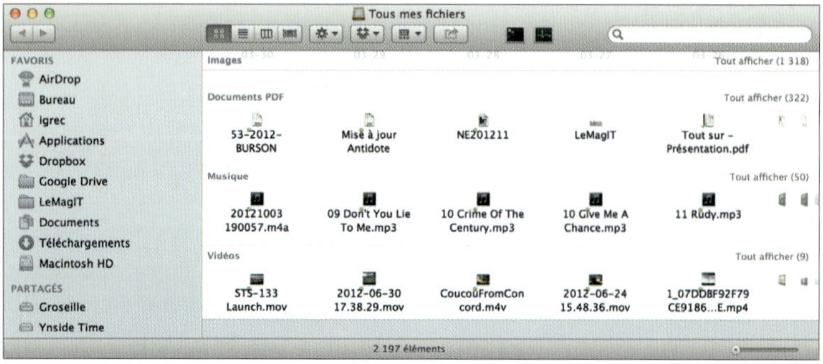

Retrouver rapidement un fichier

OS X intègre un moteur de recherche baptisé **Spotlight**. Il assure l'indexation des fichiers, photos, courriers électroniques, musiques, *etc.*, en continu, de manière transparente pour l'utilisateur.

❶ Pour lancer une recherche, déroulez le menu **Spotlight**, illustré par une loupe, à l'extrémité droite de la barre des menus.

❷ Saisissez le sujet de votre recherche dans le champ **Spotlight** ; les résultats commencent à apparaître en même temps que vous tapez.

> NOTE
>
> Vous cherchez une application particulière ? **Spotlight** peut vous aider à l'ouvrir plus vite… Tapez son nom dans le champ de recherche de Spotlight puis cliquez sur le résultat !

Les résultats sont classés en fonction de leur nature : définition du dictionnaire, références système, documents, dossiers, messages électroniques, événements et tâches, images, fichiers PDF, pages Web, *etc.*

Surtout, il vous suffit de passer la souris sur l'un des résultats de la recherche, directement dans le menu **Spotlight**, pour que s'affiche, à côté, un aperçu du résultat.

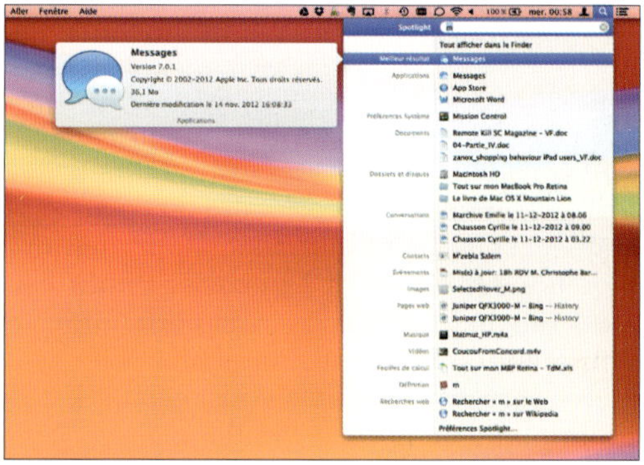

Effacer des fichiers et des applications

Située dans la partie droite du Dock, la Corbeille fait partie des éléments centraux du Finder : c'est à elle que l'on confie le soin d'éliminer les fichiers et dossiers que l'on juge mûrs pour la suppression.

La Corbeille peut aussi servir à éjecter un CD ou un DVD, de même qu'un espace de stockage amovible – disque dur externe, clé USB, carte mémoire, *etc.* – ou en réseau, que l'on ne souhaite plus utiliser.

Vous disposez de quatre options pour placer dans la Corbeille les fichiers, dossiers et même les applications que vous souhaitez supprimer. Après avoir sélectionné les éléments visés :

1. Glissez-déposez-les sur l'icône de la Corbeille dans le Dock.

2. Ou tapez **cmd+Effacement arrière**.

3. Ou tapez **Effacement avant** ou **Suppr**.

4. Ou déroulez le menu **Fichier** et sélectionnez **Placer dans la Corbeille**.

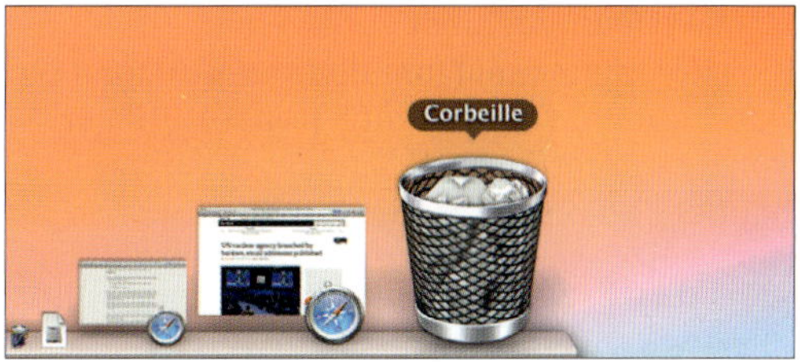

L'effet est immédiat. Pour indiquer qu'elle contient des éléments, la Corbeille enrichit son icône d'une boule de papier.

> **NOTE** Lorsque l'on place par erreur un ou des éléments dans la Corbeille, il est possible d'annuler l'opération en déroulant le menu **Édition ▸ Annuler** du Finder. Vous pouvez aussi renvoyer à sa place d'origine un élément de la Corbeille en faisant un clic droit dessus puis en sélectionnant **Remettre**.

Ajouter une application

Le Mac App Store est une riche source d'applications. Certaines y sont gratuites, d'autres sont payantes. Pour installer une application à partir du Mac App Store, procédez ainsi :

1. Déroulez le menu **Pomme** et sélectionnez **App Store**.

2. Parcourez l'App Store jusqu'à trouver une application que vous voulez installer.

3. Cliquez sur le bouton **GRATUIT** ou indiquant le prix de l'application.

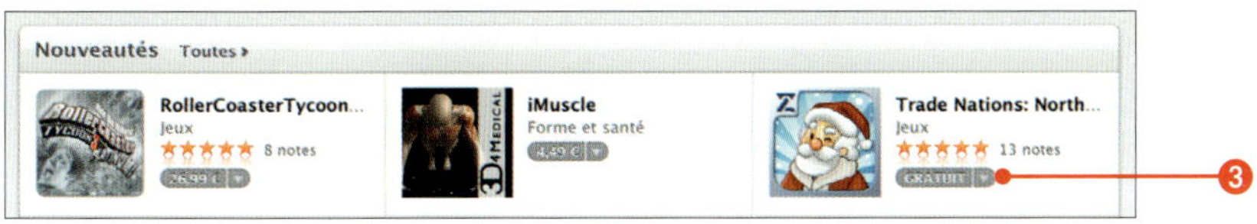

4 Indiquez votre identifiant Apple ID et validez.

5 Le téléchargement commence aussitôt, ainsi que l'installation. Une fois l'opération terminée, vous pouvez utiliser votre application en la lançant depuis le LaunchPad ou le dossier Applications.

Mais de très nombreuses applications sont absentes du Mac App Store et peuvent néanmoins être installées sur votre Mac sans la moindre difficulté.

1 Téléchargez l'application voulue.

2 Dans la plupart des cas, celle-ci se trouve cachée dans un fichier .dmg. Double-cliquez sur l'icône de ce fichier pour l'ouvrir.

3 Dans la fenêtre qui apparaît, double-cliquez sur l'icône d'installation ou glissez-déposez l'icône de l'application dans le dossier Applications.

À ce stade, vous pouvez utiliser votre application. Mais pensez toutefois à éjecter le fichier .dmg (menu **Fichier** ▸ **Éjecter**) et à le supprimer.

Masquer une application

Votre écran commence à être bien rempli de fenêtres au point que vous peinez à vous y retrouver ? Vous pouvez cacher complètement les fenêtres de l'application active sans pour autant la quitter.

1 Pour masquer ainsi une application, déroulez son menu application et sélectionnez **Masquer**.

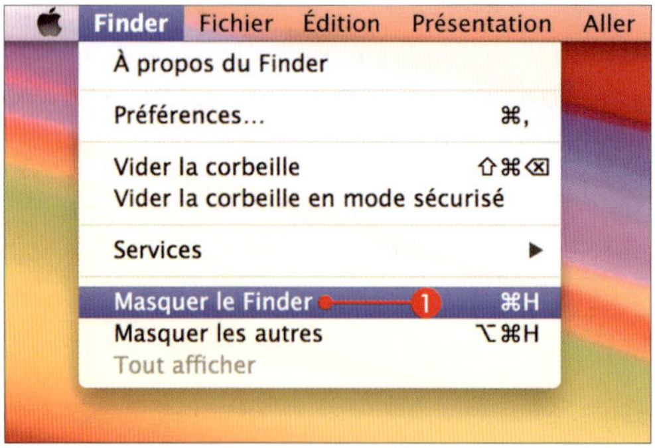

Vous pouvez également masquer les fenêtres des autres applications ouvertes :

1 Déroulez le menu application de l'application active et sélectionnez **Masquer les autres**.

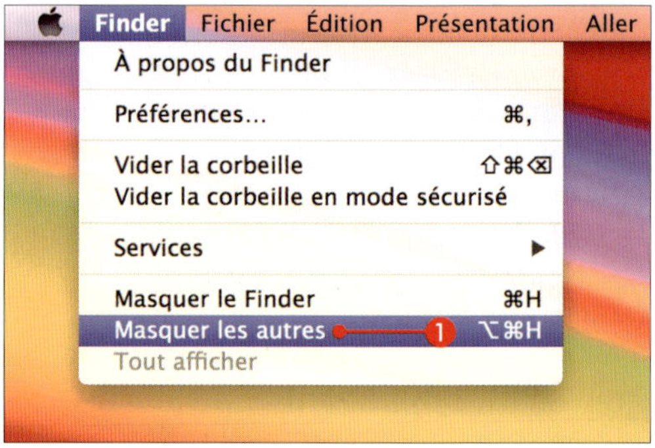

Pour réafficher les fenêtres d'une application, cliquez sur son icône dans le Dock.

Quitter une application

Sous OS X, il ne suffit pas de fermer toutes les fenêtres d'une application pour la quitter et libérer la mémoire vive correspondante : il faut explicitement quitter l'application.

❶ Pour quitter une application, déroulez le menu application correspondant et sélectionnez **Quitter**.

Changer d'application

Comme tout système d'exploitation moderne digne de ce qualificatif, OS X permet d'utiliser plusieurs applications simultanément. Du coup, il est fréquent de devoir passer rapidement d'une application à l'autre : on parle de ramener une application au premier plan. Pour cela, plusieurs possibilités ont été prévues par les développeurs de Mountain Lion :

❶ Cliquez sur l'icône de l'application voulue dans le Dock.

Mais il y a beaucoup plus puissant et rapide :

❶ Tapez **cmd+Tabulation** : les icônes des applications actives apparaissent à l'écran, dans un bandeau en surimpression.

❷ Sélectionnez l'application voulue à l'aide de la souris, de la molette de la souris ou bien des touches fléchées du clavier. Ou bien maintenez la touche **cmd** enfoncée et tapez sur la touche **Tabulation** autant de fois que nécessaire pour sélectionner l'application à laquelle vous voulez accéder.

Passer du Finder à une application

OS X est conçu pour accélérer et simplifier de nombreuses actions récurrentes dans l'utilisation d'un ordinateur, à commencer par l'ouverture de fichiers et le parcours du disque dur.

Pour accéder plus vite à un dossier ouvert dans le Finder, *via* un dialogue d'ouverture de fichier :

1. Glissez déposer directement l'icône de la barre de titre de la fenêtre du Finder sur le dialogue d'ouverture.

Pour accéder plus vite à un dossier ouvert dans le Finder, *via* un dialogue d'ouverture de fichier :

1. Glissez-déposez directement l'icône du dossier concerné de la fenêtre du Finder sur le dialogue d'ouverture.

Pour ouvrir plus vite un fichier avec une application précise :

1. Glissez déposer l'icône du fichier sur l'icône de l'application voulue, dans le Dock aussi bien que dans une icône du Finder.

Pour insérer rapidement un fichier dans un document :

1. Glissez déposer l'icône du fichier voulu depuis le Finder sur la fenêtre du document.

C'est tout simple, très intuitif, et bien pratique.

Passer d'une application au Finder

Les mécanismes de communication entre le Finder et les applications vus plus haut ne sont pas à sens unique.

Pour déplacer un fichier ouvert dans une application de son emplacement original sur le disque vers un autre emplacement, ouvert dans une fenêtre du Finder :

1. Glissez déposer l'icône de la barre de titre de la fenêtre du document sur la fenêtre du Finder choisie.

Pour extraire rapidement une partie d'un document sous la forme d'un fichier :

1. Sélectionnez la partie voulue.
2. Glissez déposer la sélection à l'emplacement voulu dans le Finder.

Chapitre 4

Adapter OS X à ses envies

Dans ce chapitre :

- Ajouter un élément au Dock
- Supprimer un élément du Dock
- Personnaliser l'apparence du Dock
- Créer une pile dans le Dock
- Ajuster la présentation d'une pile du Dock
- Regrouper des applications dans LaunchPad
- Déplacer des applications dans LaunchPad
- Accéder aux réglages système
- Ajuster les réglages de l'écran Retina
- Choisir son fond d'écran
- Définir un écran de veille
- Optimiser le réglage du trackpad
- Régler le niveau sonore
- Ajuster les rétroéclairages
- Optimiser la consommation électrique
- Régler l'heure manuellement

Dans ce chapitre, vous allez apprendre à vous approprier votre MacBook Pro Retina. D'abord pour vous permettre d'aller plus vite, en accédant plus rapidement aux principales applications que vous utilisez, en personnalisant le Dock et LaunchPad. Mais vous apprendrez également à accéder aux réglages système et en optimiser les préférences selon vos goûts et vos habitudes.

Ajouter un élément au Dock

Le Dock comporte de nombreuses icônes. Pour lancer une application à partir du Dock, il vous suffit de cliquer sur l'icône correspondante. D'où l'intérêt d'ajouter ses icônes les plus utilisées au Dock pour éviter d'aller toujours les chercher dans le dossier Applications.

Chaque application lancée voit son icône apparaître dans le Dock, y compris si elle n'y a pas été ajoutée par l'utilisateur comme raccourci de lancement rapide. Certaines icônes utilisent des badges de couleur pour vous fournir des informations, dès lors qu'elles sont chargées en mémoire.

Pour ajouter un raccourci vers une application, dans le Dock, c'est très simple :

1 Glissez-déposez l'icône de l'application voulue depuis le Finder sur le Dock, à l'emplacement désiré.

2 Si l'application à ajouter est déjà lancée, faites un clic droit sur son icône dans le Dock et sélectionnez **Options ▸ Garder dans le Dock**.

Supprimer un élément du Dock

Pour supprimer le raccourci du Dock vers une application :

❶ Glissez-déposez l'icône de l'application voulue hors du Dock.

> **NOTE** Pour ouvrir rapidement un document avec une application, glissez-déposez l'icône du fichier correspondant sur celle de l'application dans le Dock.

Personnaliser l'apparence du Dock

OS X autorise la personnalisation du comportement visuel du Dock et des applications dont il héberge des raccourcis. Il est même possible de le masquer !

Pour accéder aux réglages du Dock :

❶ Déroulez le menu **Pomme** ▸ **Dock** ▸ **Préférences du Dock**.

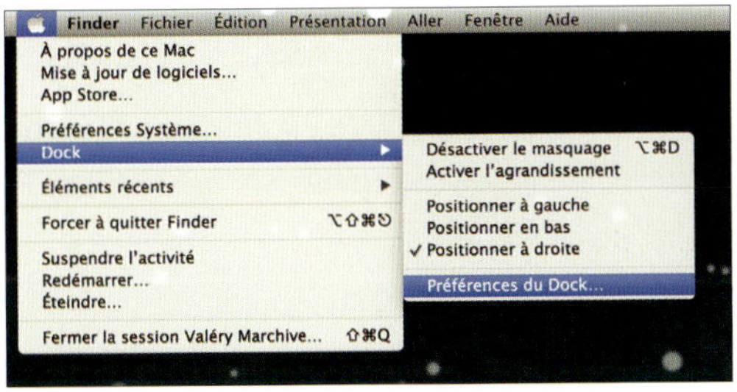

❷ Pour ajuster la taille du Dock, déplacez le curseur **Taille**.

❸ Si vous souhaitez que les icônes du Dock soient agrandies au passage du pointeur de la souris, cochez la case **Agrandissement** puis déplacez le curseur **Agrandissement** jusqu'à la taille désirée.

❹ Choisissez la position du Dock à l'écran en validant l'option **Position**.

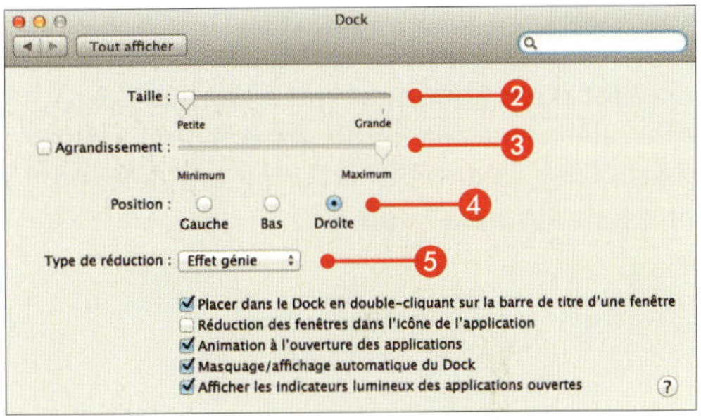

❺ Déroulez la liste **Type de réduction** et sélectionnez l'effet visuel que vous souhaitez lorsque vous réduisez une fenêtre dans le Dock.

❻ Cochez la case **Placer dans le Dock en double-cliquant sur la barre de titre d'une fenêtre** pour gagner du temps, lorsque vous voulez réduire une fenêtre dans le Dock.

❼ Cochez la case **Réduction des fenêtres dans l'icône de l'application** si vous ne souhaitez pas que les fenêtres d'applications réduites apparaissent dans le Dock, à la gauche de la Corbeille.

8 Cochez la case **Animation à l'ouverture des applications** si vous souhaitez voir « rebondir » les icônes des applications dans le Dock à leur lancement.

9 Cochez la case **Masquage/affichage automatique** si vous souhaitez que le Dock n'apparaisse que lorsque vous approchez le pointeur de la souris du bord de l'écran où vous avez placé le Dock.

10 Décochez la case **Afficher les indicateurs lumineux des applications ouvertes** si vous ne souhaitez plus qu'un petit point bleuté vienne souligner, dans le Dock, les applications actives.

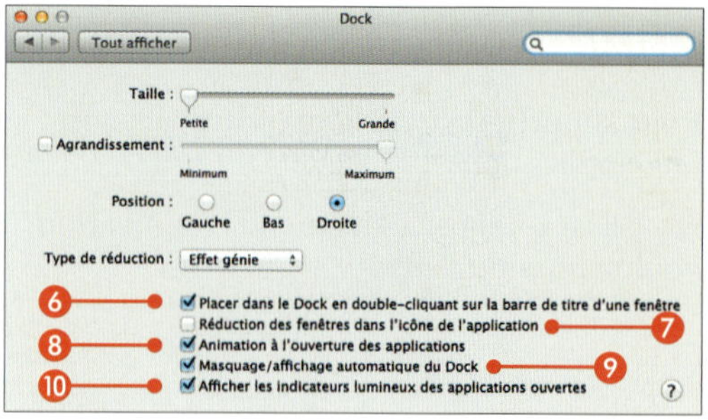

Créer une pile dans le Dock

Les piles sont des objets particuliers du Dock : lorsque l'on clique sur l'icône d'une pile, c'est tout ou partie du contenu du dossier correspondant qui s'affiche. La pile elle-même n'a d'ailleurs pas une icône de dossier, mais affiche l'icône du dernier élément ajouté à la pile.

La création d'une pile est très simple :

1 Glissez-déposez le dossier à partir duquel vous voulez créer une pile sur la partie droite du Dock.

2 La pile est créée. Elle est immédiatement utilisable.

Ajuster la présentation d'une pile du Dock

Par défaut, la pile affiche son contenu en commençant par les éléments ajoutés en dernier, jusqu'aux éléments ajoutés en premier. Pour modifier l'ordre d'affichage du contenu d'une pile :

1 Faites un clic droit sur la pile correspondante.

2 Sélectionnez l'option de tri souhaitée dans la rubrique **Trier par**.

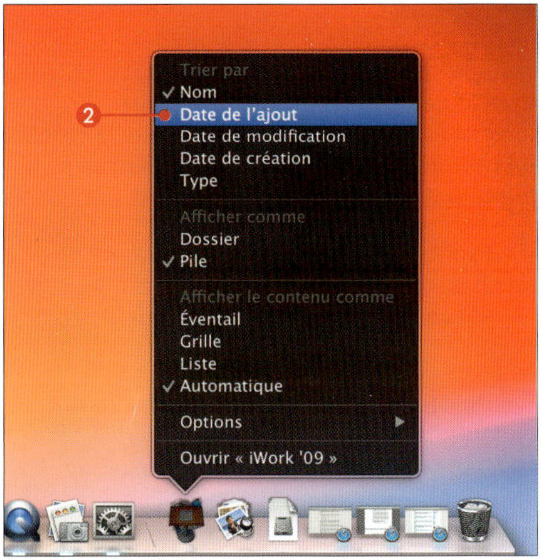

La modification est appliquée immédiatement.

Il est en outre possible de forcer le mode d'affichage du contenu de la pile – ventilateur, grille, ou liste – ou encore de laisser ce choix au Dock. Pour régler le mode d'affichage de la pile :

1. Faites un clic droit sur la pile correspondante.
2. Sélectionnez l'option voulue dans la rubrique **Afficher le contenu comme**.

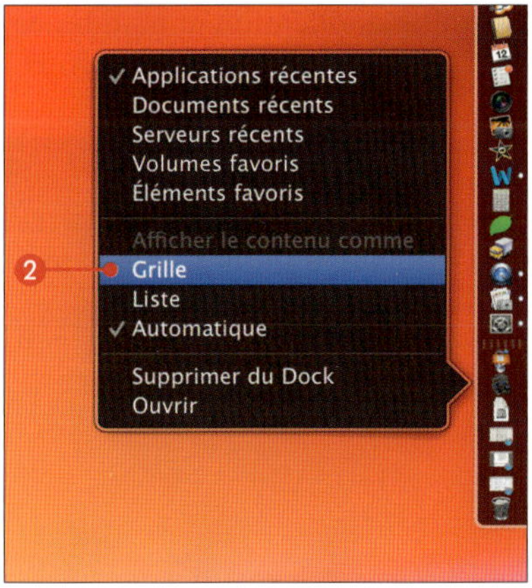

NOTE

L'affichage en mode éventail n'est pas disponible lorsque le Dock est placé sur l'un des côtés de l'écran.

Enfin, vous pouvez choisir le mode d'affichage de la pile dans le Dock :

1. Faites un clic droit sur la pile correspondante.
2. À la rubrique **Afficher comme**, sélectionnez **Dossier** – l'icône de la pile dans le Dock sera celle du dossier auquel correspond la pile – ou **Pile** – l'icône de la pile dans le Dock changera en fonction de son contenu et des options de tri retenues précédemment.

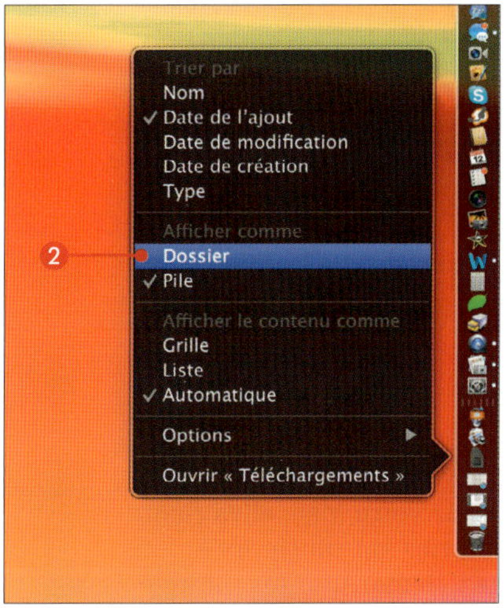

NOTE

Vous pouvez pleinement naviguer dans le contenu de piles affichées comme dossiers dans le Dock, sans passer par le Finder, y compris en parcourant leurs sous-dossiers.

Regrouper des applications dans LaunchPad

LaunchPad rassemble toutes les applications installées sur la machine, permet de les organiser avec des dossiers, mais aussi de supprimer d'un clic une application sans la glisser dans la Corbeille et, donc, sans passer par le dossier Applications du disque dur. Simple, rapide et efficace. Et surtout familier pour qui vient au Mac par la case iPhone.

Vous n'avez rien à faire de particulier pour que vos applications apparaissent dans LaunchPad : toute application téléchargée *via* l'App Store y est automatiquement ajoutée, de même que toute application installée directement sur votre Mac par un autre biais, peu importe qu'il s'agisse d'une clé USB ou d'un CD/DVD.

LaunchPad peut rapidement devenir encombré, voire brouillon. Pour ranger plusieurs applications dans un même dossier, dans LaunchPad :

❶ Lancez LaunchPad puis cliquez longuement sur une icône : comme sur un iPhone, toutes les icônes de l'écran se mettent à trembler.

❷ Profitez de ce trouble qui les agite pour en glisser une sur une seconde : un dossier est automatiquement créé, comme par magie.

❸ Profitez-en pour renommer ce dossier comme il vous convient. Voire pour y ajouter, toujours par glisser-déposer, de nouvelles applications.

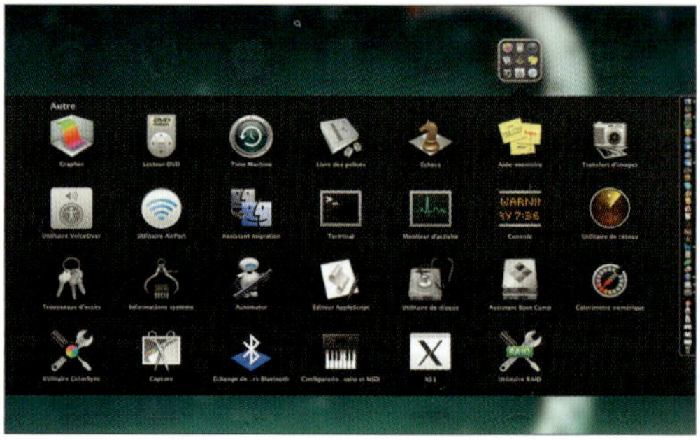

Déplacer des applications dans LaunchPad

Si de nombreuses applications sont installées sur votre Mac, elles risquent d'être réparties sur plusieurs écrans de LaunchPad. Remarquez les petits points, en bas de l'écran : ils vous indiquent combien d'écrans sont utilisés pour afficher l'ensemble de vos applications.

Pour passer de l'un à l'autre de ces écrans, faites défiler l'affichage horizontalement, avec deux doigts joints sur votre trackpad, par exemple.

❶ Lancez LaunchPad puis cliquez longuement sur une icône : comme sur un iPhone, toutes les icônes de l'écran se mettent à trembler.

❷ Cliquez sur une application et maintenez votre clic pour la glisser-déposer là où vous le souhaitez.

Accéder aux réglages système

Les Préférences Système regroupent tous les éléments configurables et personnalisables liés à OS X : paramètres audio, fond d'écran, gestion de la batterie, configuration réseau, partage de fichiers, *etc*.

❶ Pour accéder aux réglages système, déroulez le menu **Pomme.**

❷ Sélectionnez **Préférences Système**.

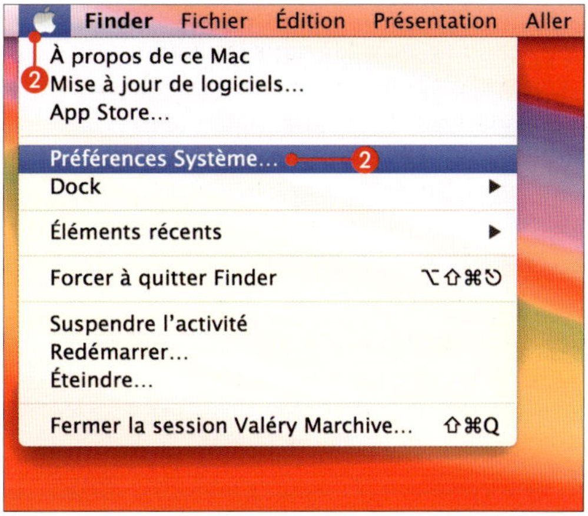

Ajuster les réglages de l'écran Retina

OS X détecte généralement bien les capacités techniques des moniteurs. Mais il n'est pas infaillible. Surtout, vous pouvez souhaiter adapter la configuration du ou des moniteurs de votre Mac à vos besoins, notamment dans le cas d'une condition particulière.

❶ Pour ajuster la configuration des moniteurs, déroulez le menu **Pomme** ▸ **Préférences Système**.

❷ Cliquez sur **Moniteurs**.

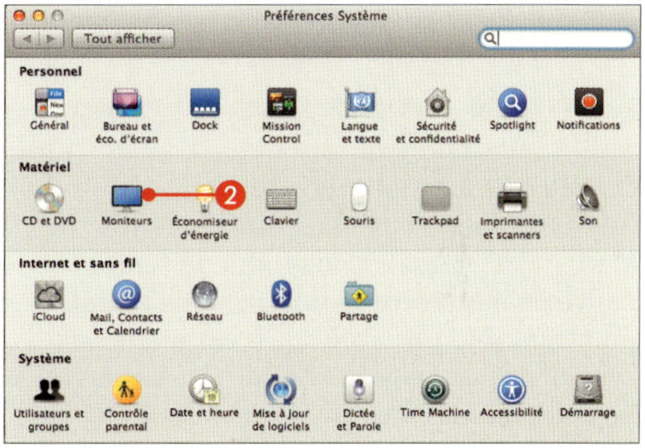

NOTE

Normalement, la barre de titre de la fenêtre affiche la marque de votre moniteur. Si ce n'est pas le cas, cliquez sur le bouton **Détecter les moniteurs** pour forcer la reconnaissance.

3 À la ligne **Résolution**, cliquez sur **Optimisé pour l'écran Retina** pour laisser OS X choisir la meilleure résolution possible compte tenu des caractéristiques de votre écran, ou sélectionnez **a l'échelle** pour choisir manuellement la résolution que vous voulez utiliser pour votre moniteur.

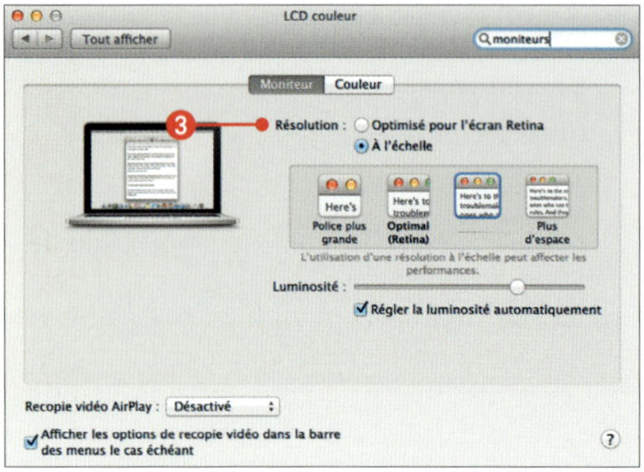

Si votre MacBook Pro Retina dispose d'un écran conçu pour une résolution nominale – dite **Optimal (Retina)** – vous pouvez choisir de le configurer dans une autre résolution sans perdre le bénéfice de l'extraordinaire lissage des polices – notamment – assuré par la technologie d'Apple.

NOTE

Si plusieurs moniteurs sont connectés à votre Mac, une fenêtre de réglages dédiée s'ouvre sur chacun des moniteurs. Pour ramener toutes ces fenêtres derrière celle de l'écran principal, cliquez sur le bouton **Rassembler les fenêtres**. Lorsque plusieurs moniteurs sont connectés à un même Mac, il est possible, par exemple, de faire passer les fenêtres de l'un à l'autre à la souris. Mais pour que la manœuvre soit agréable, encore faut-il indiquer à OS X comment les différents moniteurs sont physiquement disposés les uns par rapport aux autres.

Choisir son fond d'écran

Que ce soit à titre personnel ou professionnel, vous allez utiliser votre Mac. Alors, faites en sorte que le temps passé devant votre moniteur vous soit le plus agréable possible. Ce n'est d'ailleurs sûrement pas sans raison que la plupart des utilisateurs d'ordinateur personnel commencent, souvent, par modifier le fond d'écran afin d'y coller une photo plaisante.

1 Pour modifier le fond d'écran de OS X Mountain Lion, ouvrez le panneau de préférences **Bureau et économiseur d'écran**.

2 Activez l'onglet **Bureau**. Les fonds d'écran disponibles sont rangés par groupes dans la colonne de gauche.

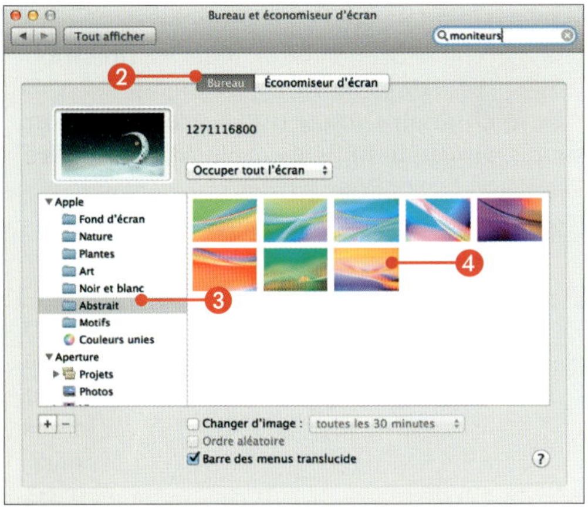

❸ Sélectionnez l'un des groupes pour afficher son contenu dans le cadre de droite.

❹ Cliquez sur l'image que vous voulez utiliser en fond d'écran. La modification est immédiate.

> **NOTE** Vous pouvez ajouter des dossiers du disque dur de votre Mac à la liste de la colonne de gauche : cliquez sur le bouton **+** en bas de la colonne puis sélectionnez le dossier que vous voulez ajouter.

Si l'affichage de l'image, sur l'ensemble de l'écran, ne vous convient pas, ajustez cet affichage en déroulant la liste au-dessus de celle des fonds d'écran et sélectionnez le mode d'affichage qui vous satisfait le plus.

Définir un écran de veille

L'économiseur d'écran prend généralement la forme de graphismes animés envahissant totalement l'écran dès lors qu'on a cessé d'utiliser son ordinateur pendant quelques minutes.

❶ Pour choisir un économiseur d'écran, ouvrez le panneau de préférences **Bureau et économiseur d'écran**.

❷ Activez l'onglet **Économiseur d'écran**.

❸ Sélectionnez un économiseur dans la liste de gauche.

❹ Si nécessaire, réglez les paramètres disponibles pour l'économiseur sélectionné, sous le cadre de prévisualisation.

❺ Déplacez la glissière **Démarrer après** pour déterminer le délai d'inactivité passé lequel l'économiseur devra se lancer.

❻ Sélectionnez l'économiseur **Aléatoire** si vous souhaitez que OS X choisisse, au hasard, l'économiseur d'écran à utiliser.

❼ Cochez la case **Superposer l'heure** si vous souhaitez qu'OS X affiche l'heure en surimpression de l'économiseur d'écran.

> **NOTE**
>
> L'économiseur d'écran **Illustrations iTunes** n'est pas un économiseur d'écran comme les autres : il affiche une matrice de pochettes des morceaux de la librairie iTunes, mais, en plus, vous pouvez cliquer sur chaque pochette pour lancer la lecture !

Optimiser le réglage du trackpad

Le trackpad, c'est ce petit carré tactile à l'avant du clavier des MacBook et MacBook Pro. Il est au Mac portable ce que la souris est au Mac de bureau. Et même plus ! Sur les nouveaux portables Apple, cet accessoire est comparable à l'écran tactile d'un iPhone ou d'un iPod touch : il supporte les mouvements impliquant plusieurs doigts. En fait, la puissance des gestes gérés par le trackpad avec Mountain Lion rend presque ce dispositif de pointage plus naturel et plus efficace que la traditionnelle souris. Au point que certains n'ont pas hésité à troquer leur souris pour le trackpad de bureau d'Apple !

❶ Pour configurer le comportement du trackpad de votre Mac, ouvrez le panneau de préférences **Trackpad**.

❷ Ajustez la rapidité du pointeur à l'écran avec la glissière **Vitesse de déplacement**.

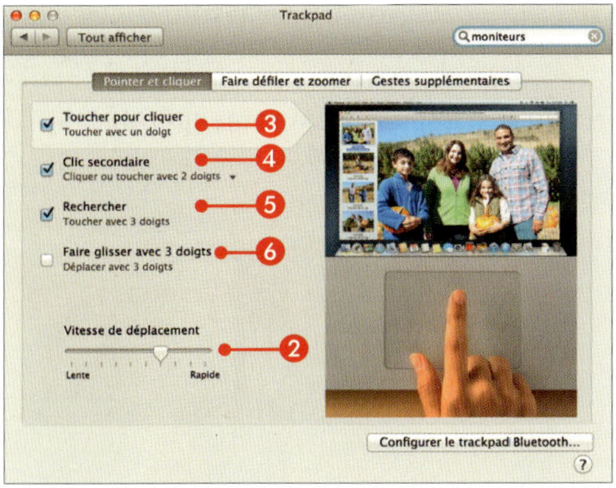

Les autres options de la fenêtre concernent les gestes, réalisés avec plusieurs doigts, dont vous voulez assurer la prise en charge par OS X. Pour chaque option, cochez la case correspondante afin d'activer le support du geste correspondant ; les modifications sont immédiatement prises en compte.

> NOTE
>
> Lorsque vous passez le pointeur de la souris au-dessus de l'une des options, le cadre droit de la fenêtre des réglages s'anime aussitôt pour présenter une démonstration des gestes correspondants.

3 **Toucher pour cliquer** : activez cette option pour pouvoir « cliquer » en tapotant du bout du doigt sur le trackpad, plutôt qu'en « cliquant » sur ses coins inférieurs.

4 **Clic secondaire** : déroulez cette liste et sélectionnez l'option correspondant à la manière dont vous voulez réaliser des clics droits. Essayez avec deux doigts : vous verrez, c'est très confortable.

5 **Rechercher** : cette fonction est d'une efficacité douteuse. Mais c'est principalement lié au fait qu'elle invoque principalement des outils de recherche en anglais et, en outre, qu'elle ne fonctionne pas avec toutes les applications.

6 **Faire glisser avec trois doigts** : cette option vous évite de devoir cliquer-maintenir un élément de l'interface graphique pour le déplacer. Mais si vous l'activez, d'autres options peut-être encore plus utiles vous seront fermées. À vous de juger en fonction de vos usages.

> NOTE
>
> Contrairement à une idée reçue, il peut être plus confortable, pour un droitier, d'utiliser le coin inférieur gauche du trackpad pour le clic droit : c'est là qu'atterrit naturellement le pouce, l'index servant aux principales opérations de clic ou encore de glisser-déplacer.

7 Cliquez sur l'onglet **Faire défiler et zoomer**. C'est là que les gestes avancés commencent à prendre tout leur sens.

8 **Défilement naturel** : lorsque vous glisserez deux doigts sur votre trackpad, l'affichage survolé par le pointeur de la souris défilera dans le sens dans lequel se déplacent vos doigts, un petit peu comme si vous tiriez dessus. C'est contraire à tout ce qui a été fait jusqu'ici. Mais Apple parle de défilement « naturel » dans la mesure où le défilement est ainsi configuré sur les tablettes et les smartphones tactiles. Et que, sur ceux-ci, cela semble effectivement naturel.

9 **Zoom avant ou arrière** : pour agrandir ou réduire une photo, dans Aperçu par exemple, posez sur le trackpad les bouts de deux doigts et écartez ou resserrez-les. Cette commande peut s'appliquer à l'ensemble de l'affichage en maintenant la touche **ctrl** enfoncée pendant la manipulation.

10 **Zoom intelligent** : pour profiter d'un autre apport de l'expérience des iPhone et iPad, cochez cette case. Dès lors, d'un double clic du bout de deux doigts, vous zoomerez ou dézoomerez sur l'élément survolé. Et la taille du zoom sera automatiquement ajustée aux dimensions de la fenêtre d'affichage. Redoutablement efficace.

11 **Pivoter** : posez les bouts de deux doigts légèrement écartés sur le trackpad et faites-les pivoter dans le sens des aiguilles d'une montre ou dans le sens contraire pour faire tourner le contenu d'une fenêtre. Essayez cette opération avec le logiciel Aperçu, sur vos photos. Cela marche aussi avec iPhoto !

> **NOTE** Si vous le souhaitez, vous pouvez utiliser une souris filaire ou sans fil avec votre Mac portable alors que celui-ci est simplement posé sur votre bureau. Pour certaines opérations requérant de la précision, la souris peut s'avérer plus efficace que le trackpad. Mais c'est une question de confort personnel.

12 Cliquez sur l'onglet **Gestes supplémentaires**, qui rassemble des options gestuelles susceptibles de vous faire vraiment gagner du temps au quotidien :

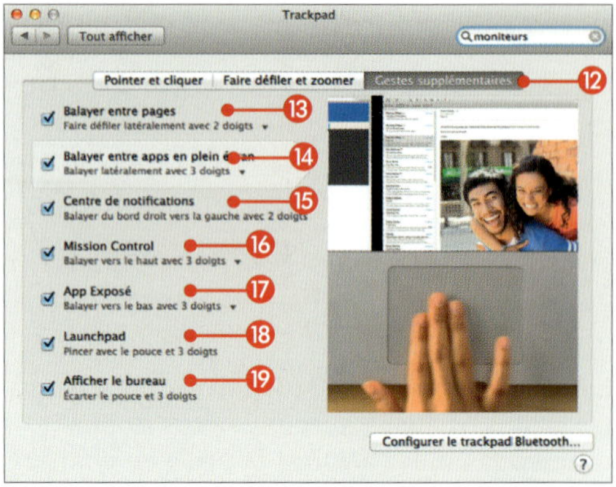

13 **Balayer entre pages** : en faisant glisser latéralement deux doigts, vous passerez d'une page à l'autre dans un document en contenant plusieurs. En déroulant la liste correspondante, vous pourrez également opter pour un défilement à trois doigts ou... avec l'un des trois.

14 **Balayer entre apps en plein écran** : cette option vous permet de passer plus rapidement d'une application en plein écran à l'autre, en faisant glisser latéralement trois doigts sur votre trackpad (ou quatre, au choix).

15 **Centre de notifications** : avec cette option, vous pourrez accéder rapidement au Centre de notifications en glissant deux doigts sur votre trackpad du bord droit vers la gauche.

16 **Mission Control** : avec cette option, vous pourrez accéder rapidement aux fonctions de Mission Control en glissant trois doigts, vers le haut, sur votre trackpad – ou quatre doigts, si vous préférez.

⑰ **App Exposé** : cette option vous permet d'afficher rapidement toutes les fenêtres de l'application active, y compris des fenêtres éventuellement réduites dans le Dock, et de sélectionner rapidement celle que vous voulez rouvrir. Et cela en glissant trois (ou quatre doigts) vers le bas, sur votre trackpad.

⑱ **Launchpad** : vous vous souvenez du nouveau lanceur d'applications de Mountain Lion, Launchpad ? Est-il vraiment pertinent de devoir cliquer sur son icône, dans le Dock, pour le lancer ? N'est-ce pas un peu redondant ? Vous trouvez ? Alors, activez cette fonction et « pincez » à trois doigts, en plus du pouce, la surface de votre trackpad pour invoquer Launchpad.

⑲ **Afficher le bureau** : c'est le geste inverse du précédent. Et il vous permet, en écartant trois doigts du pouce sur votre trackpad, d'écarter toutes les fenêtres de l'écran pour dévoiler le Bureau. Pratique, lorsque l'on y fait un recours intensif pour stocker ses fichiers de travail temporaires.

NOTE

Certaines options sont mutuellement exclusives. Ainsi, vous ne pouvez pas activer le glissement à trois doigts de l'onglet **Pointer et cliquer** et, en même temps, activer le balayage entre applications plein écran ou le lancement de Mission Control et App Exposé avec trois doigts : ces trois dernières fonctions devront être employées avec quatre doigts.

Régler le niveau sonore

Le son est un élément non négligeable d'interface entre l'ordinateur et son utilisateur. Par exemple, les Mac produisent toutes sortes d'alertes sonores pour indiquer une erreur, manifester la réussite d'une opération, attirer l'attention de leur utilisateur, *etc*.

Mais c'est avec le développement des applications multimédia que le son a pris toute son importance en informatique.

Mieux vaut donc bien régler les paramètres sonores de son Mac pour l'utiliser confortablement et profiter pleinement de ses musiques ou de ses vidéos.

① Pour régler la sortie sonore de votre Mac, ouvrez le panneau de préférences **Son**.

② Activez l'onglet **Sortie**.

③ Dans la liste, sélectionnez l'équipement de restitution audio à utiliser.

④ Ajustez la répartition gauche/droite de la sortie sonore à l'aide de la glissière **Balance** en fonction de la disposition des enceintes connectées à votre Mac : vous devez sentir le son naître face à vous, dans le moniteur principal.

5 Ajustez le volume de sortie sonore avec la glissière *ad hoc*.

> **NOTE**
> Cochez la case **Afficher le volume dans la barre des menus** pour pouvoir choisir rapidement et à tout moment le volume de sortie de votre Mac.

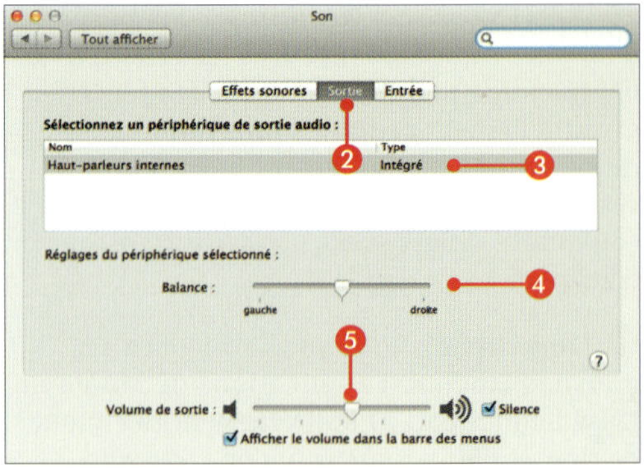

Ajuster les rétroéclairages

L'écran de votre MacBook Pro Retina est rétroéclairé par des diodes électroluminescentes (LEDs). Son clavier l'est également. Vous pouvez ajuster manuellement les réglages de chacun de ces deux rétroéclairages, à tout moment, avec les touches spéciales du clavier dédiées à cela. Mais vous pouvez également laisser OS X les ajuster dynamiquement en fonction de la lumière ambiante.

Pour le clavier, procédez comme ceci :

1 Déroulez le menu **Pomme ▸ Préférences système**.

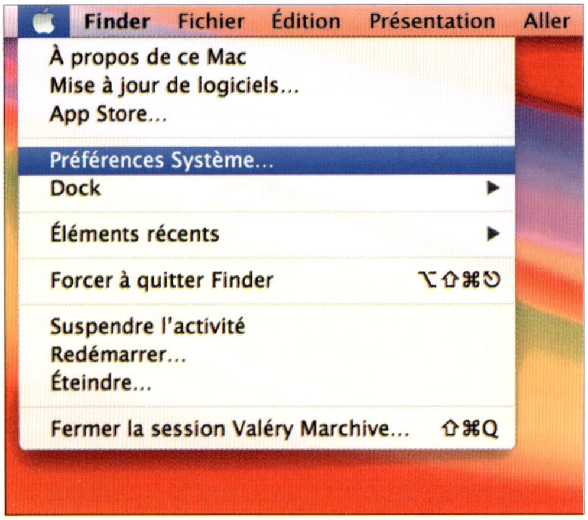

2 Cliquez sur **Clavier**.

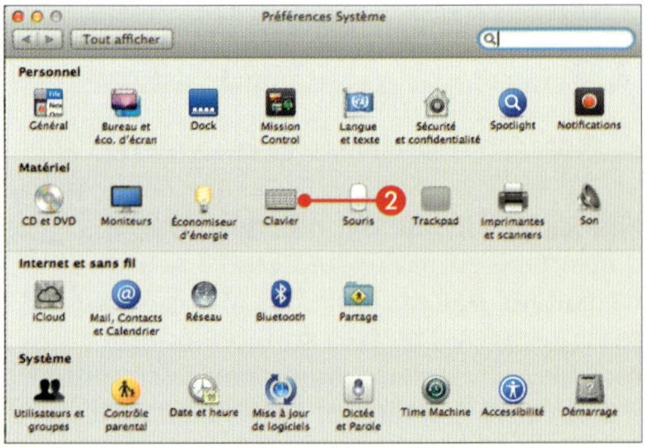

3 Activez l'onglet **Clavier**.

4 Cochez la case **Régler la luminosité du clavier en faible éclairage**.

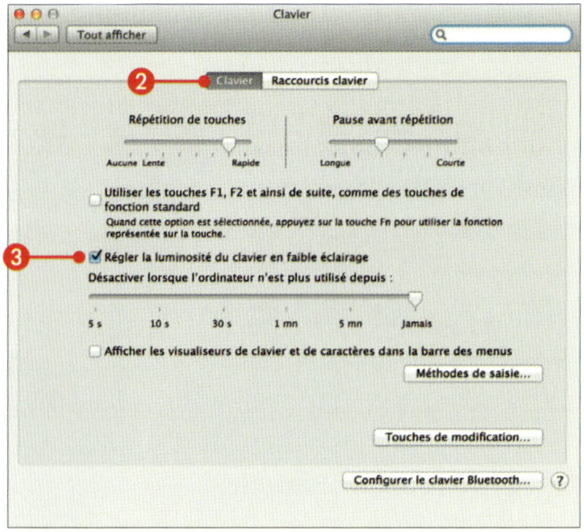

Pour l'écran, procédez comme ceci :

❶ Déroulez le menu **Pomme ▸ Préférences système**.

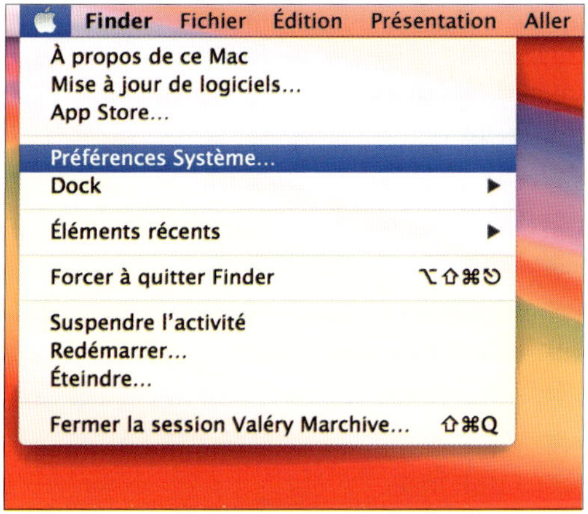

❷ Cliquez sur **Moniteurs**.

❸ Activez l'onglet **Moniteur**.

❹ Ajustez l'intensité nominale du rétroéclairage avec la glissière **Luminosité**.

❺ Cochez la case **Régler la luminosité automatiquement**.

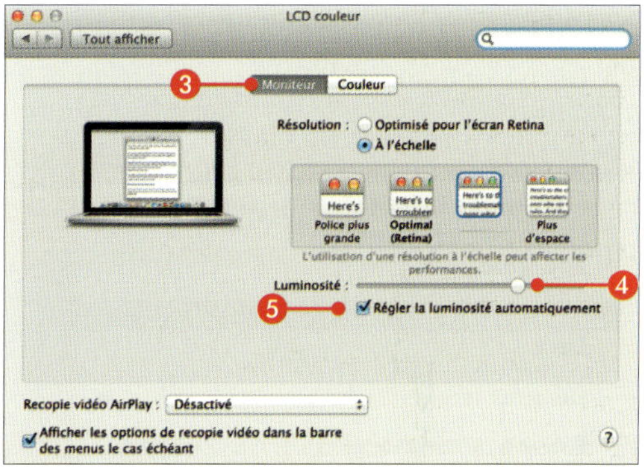

Optimiser la consommation électrique

Les options de gestion d'énergie permettent de réduire un peu plus la consommation électrique de l'ordinateur et, dans le cas d'un portable, de gagner en autonomie.

Les paramètres prédéfinis par Apple peuvent ne pas convenir à vos besoins. Heureusement, il est possible de les ajuster manuellement.

> **NOTE**
>
> Le MacBook Pro Retina 15 pouces est équipé de deux puces de rendu vidéo. L'une d'entre elles est bien plus performante que l'autre ; les jeux vidéo peuvent tirer parti de ce surcroît de puissance et certaines applications, grâce à la technologie OpenCL, peuvent en profiter pour accélérer leurs traitements. Mais tout cela se paie… en autonomie. D'où, dans les Préférences Système de l'économiseur d'énergie, la présence de deux options, sous la rubrique **Graphismes**, exclusives à ces machines : **Meilleure autonomie batterie** et **Meilleure performance**. Leur fonction est pour le moins explicite : ces options permettent d'activer ou de désactiver la puce graphique la plus puissante. Mais, attention, pour rendre actif ce réglage, il faut fermer sa session OS X, puis la rouvrir.

1. Déroulez le menu **Pomme ▸ Préférences Système**.

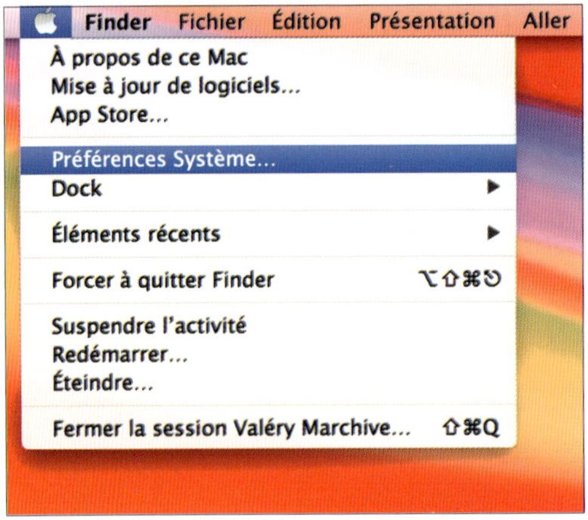

2. Cliquez sur **Économiseur d'énergie**.

3. Activez l'onglet **Batterie**.

4. Ajustez la glissière **Ordinateur en veille après** et fixez la durée d'inactivité au-delà de laquelle OS X doit mettre votre Mac en veille.

5. Ajustez la glissière **Écran en veille après** et fixez la durée d'inactivité au-delà de laquelle OS X doit arrêter de fournir des images aux moniteurs, provoquant ainsi leur extinction.

6. Cochez la case **Suspendre dès que possible l'activité des disques durs**.

7. Cochez la case **Obscurcir légèrement l'écran quand l'ordinateur fonctionne sur batterie** si vous souhaitez qu'OS X réduise légèrement la luminosité de l'écran de votre MacBook Pro afin de limiter sa consommation électrique et d'augmenter son autonomie.

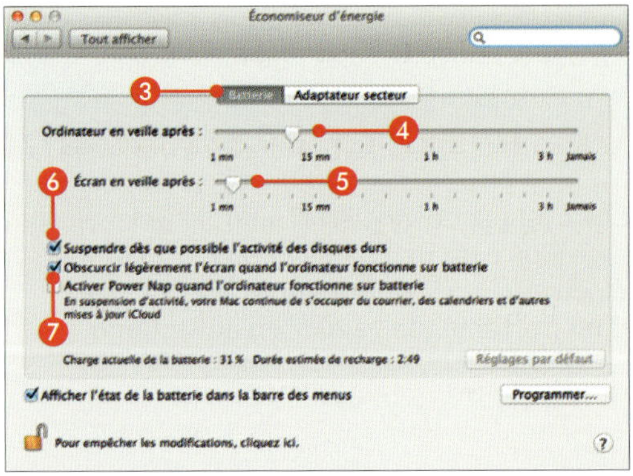

8 Dernière option, accessible aux portables Apple les plus récents : **Power Nap**. Cette option permet de limiter la portée de la suspension d'activité. Moins profonde que d'habitude, cette suspension maintient une connexion réseau pour permettre à votre Mac de continuer de relever le courrier électronique, de mettre à jour les calendriers, et même d'ingérer les mises à jour liées à iCloud.

9 Activez l'onglet **Adaptateur secteur**.

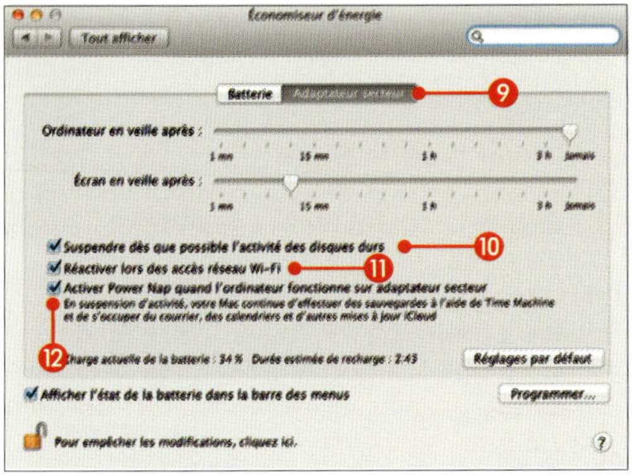

10 Cochez la case **Suspendre dès que possible l'activité des disques durs**.

11 Cochez la case **Réactiver lors des accès réseau Wi-Fi** pour que votre Mac puisse sortir de veille ou de veille prolongée lorsque vous cherchez à accéder à ses ressources *via* le réseau. C'est notamment utile si vous l'utilisez pour partager des dossiers et fichiers, une bibliothèque iTunes, ou une bibliothèque iPhoto. Ou encore si vous avez activé le service **Back to My Mac** d'iCloud. Attention : avec un Mac portable, cela ne fonctionne que si le capot est resté ouvert.

12 Cochez la case **Activer Power Nap quand l'ordinateur fonctionne sur adaptateur secteur** pour limiter la portée de la suspension d'activité et maintenir une connexion réseau.

Régler l'heure manuellement

Généralement, la plupart des réglages nécessaires à la mise à l'heure d'OS X sont effectués automatiquement au moment de l'installation du système. Néanmoins, il est possible qu'une intervention manuelle soit nécessaire par la suite, notamment si OS X n'a pas réussi à se connecter à Internet au cours de l'installation.

En outre, il peut s'avérer nécessaire de modifier la date et l'heure lorsque l'on part en voyage, en cas de changement de fuseau horaire.

1 Pour accéder aux réglages de date et d'heure d'OS X, ouvrez le panneau de préférences **Date et heure**.

2 Activez l'onglet **Date et heure**.

3 Cochez la case **Régler la date et l'heure automatiquement** pour qu'OS X utilise la connexion à Internet, lorsqu'elle est disponible, pour ajuster son horloge.

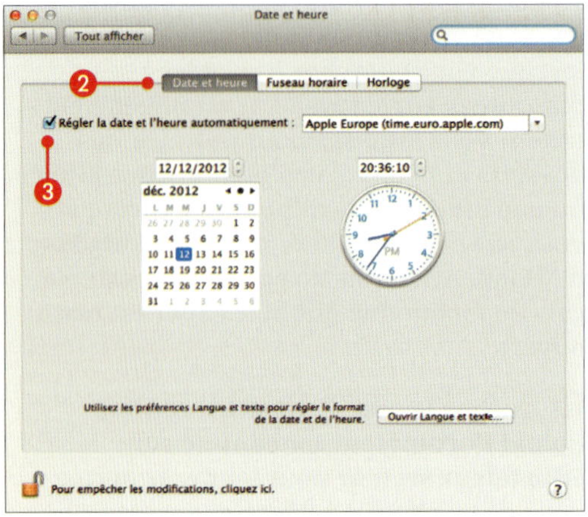

4 Activez l'onglet **Fuseau horaire**.

5 Cochez la case **Régler le fuseau horaire automatiquement en fonction du lieu actuel** : OS X va chercher à déterminer le lieu où vous vous trouvez en fonction de différents paramètres de votre connexion réseau. Dans la plupart des cas, cela marche. Cela peut même être très précis. Las, parfois, cela ne fonctionne pas, la faute à une infrastructure réseau peu dense du côté du fournisseur d'accès à Internet. Décochez alors la case et, à l'aide de la souris, cliquez sur la carte pour indiquer l'endroit du globe où vous utilisez votre Mac afin que Mountain Lion relève le fuseau horaire correspondant.

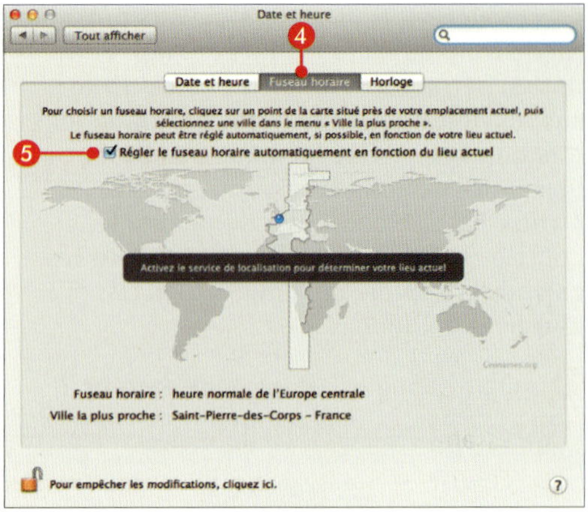

6 Activez l'onglet **Horloge**.

7 Cochez la case **Afficher la date et l'heure dans la barre des menus** si vous souhaitez disposer de l'heure et de la date en haut à droite de l'écran de votre Mac ; réglez les options correspondantes selon votre goût.

8 Cochez la case **Annoncer l'heure** et réglez les options afférentes si vous souhaitez qu'OS X marque, par un signal sonore, le passage des heures, des demi-heures, voire des quarts d'heure !

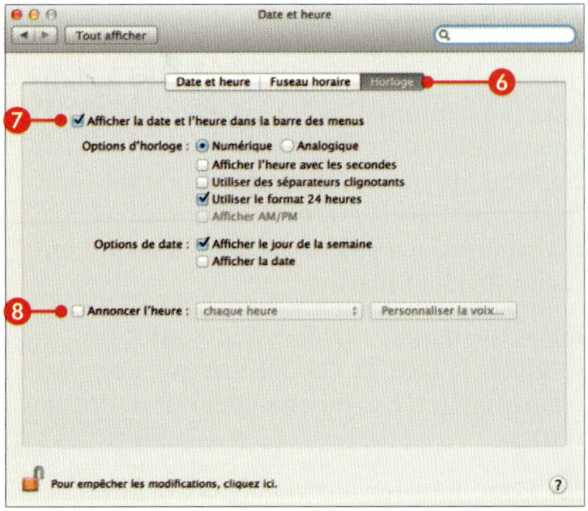

Chapitre 5

Surfer sur le Web

Dans ce chapitre :

- Accéder à un site Web
- Lancer une recherche sur le Web
- Changer de moteur de recherche
- Ouvrir plusieurs pages Web dans une seule fenêtre
- Déplacer des onglets
- Fermer un onglet
- Ouvrir une nouvelle fenêtre depuis un onglet
- Lire plus confortablement une page Web
- Enregistrer les adresses de sites Web
- Enregistrer des pages Web
- Revenir sur ses pas
- Personnaliser la galerie Top Sites
- Gérer ses signets
- Naviguer en toute discrétion

Surfer sur le Web est l'une des principales activités des possesseurs d'ordinateurs portables. Et cela tombe plutôt bien : votre MacBook Pro Retina embarque l'un des meilleurs navigateurs Web du marché, Safari. En outre, l'écran de votre portable rend la lecture de pages Web extrêmement agréable. Sauf parfois pour les images qui, lorsqu'elles ne sont pas optimisées pour un écran d'une telle finesse, peuvent paraître floues. Mais la situation a déjà commencé à s'améliorer considérablement.

Accéder à un site Web

Pour accéder à un site Web autrement qu'en cliquant sur un lien y conduisant depuis une page Web, ou à partir d'un signet lui étant déjà consacré :

❶ Tapez l'adresse du site Web dans le champ de la barre d'adresses de Safari ; lorsqu'il est vide, il indique **Rechercher sur Google ou saisir une adresse**. Au cours de la saisie, Safari est susceptible de vous suggérer des adresses de sites Web que vous avez déjà visités, notamment.

❷ Validez par la touche **Entrée**.

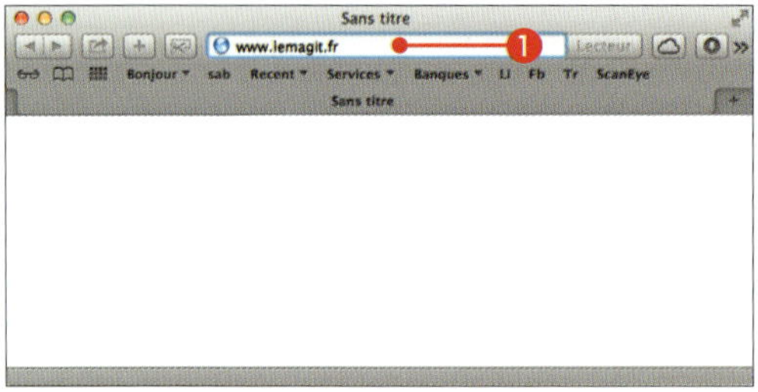

Le chargement du site Web commence aussitôt.

La fin du champ d'adresse n'est pas statique : lorsque vous avez fini de taper une adresse, elle évolue pour vous indiquer que le chargement est en cours et une croix vous permet d'interrompre le processus ; lorsqu'une page sécurisée est visitée (protection SSL), le nom déclaré par le site Web pour la création du certificat de sécurisation est affiché en vert ; enfin, lorsque le chargement est terminé, la flèche tournant sur elle-même vous permet de demander le rechargement de la page, pour en actualiser l'affichage, par exemple.

> **NOTE** Si vous oubliez de taper `http://` au début de l'adresse d'un site Web, Safari se chargera de l'ajouter. De même, si vous oubliez de taper `www.` et `.com`, par exemple, en préfixe et suffixe de l'adresse d'un site Web, Safari les ajoutera également automatiquement.

Lancer une recherche sur le Web

Le champ d'adresse de la barre d'outils de Safari permet également d'interroger directement Google. Pour lancer une telle recherche sur le Web :

❶ Tapez le sujet de votre recherche dans le champ unifié d'adresse et de recherche de la barre d'outils de Safari. Comme pour l'adresse d'une page Web, Safari est susceptible de vous faire des suggestions en cours de saisie des mots clés recherchés.

❷ Validez par **Entrée**.

Les résultats apparaissent aussitôt dans la fenêtre de Safari.

Le champ de recherche de la barre d'outils de Safari intègre quelques fonctions supplémentaires : cliquez sur la loupe du champ de recherche pour accéder à la liste des suggestions de recherche, mais aussi à l'historique lié à votre recherche, ou encore pour lancer une recherche dans la page affichée.

Changer de moteur de recherche

Le champ de recherche des fenêtres de Safari n'est pas limité à Google : vous pouvez également choisir d'utiliser Bing, le moteur de recherche de Microsoft ou Yahoo!, pour vos recherches sur Internet :

❶ Cliquez sur la loupe à l'extrémité gauche du champ unifié d'adresse et de recherche.

❷ Regardez à la fin du menu et choisissez votre moteur de recherche en ligne.

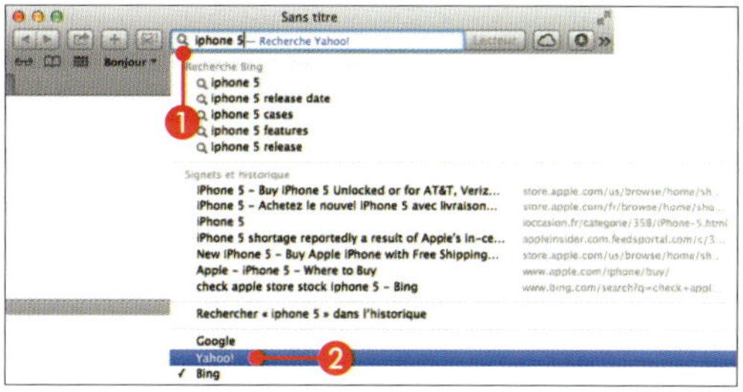

Ouvrir plusieurs pages Web dans une seule fenêtre

Traditionnellement, suivre un lien dans une page Web implique soit l'ouverture d'une nouvelle fenêtre, soit la perte de la page que l'on était en train de consulter. Tout cela est désormais de l'histoire ancienne : avec les onglets, il est possible d'ouvrir plusieurs pages Web dans une même fenêtre.

❶ Pour suivre un lien dans un nouvel onglet, maintenez la touche **cmd** enfoncée et cliquez sur le lien.

❷ Pour ouvrir un nouvel onglet avant de charger une nouvelle page Web, à partir d'une URL ou d'un signet, déroulez le menu **Fichier ▸ Nouvel onglet**.

NOTE

Pour créer plus vite un nouvel onglet, vous pouvez également cliquer sur le bouton + à l'extrémité droite de la barre des onglets.

Déplacer des onglets

Convaincu par l'utilisation des onglets ? Voici comment les déplacer pour réorganiser efficacement votre environnement de navigation Web :

❶ Glissez-déposez chaque onglet là où vous voulez le placer.

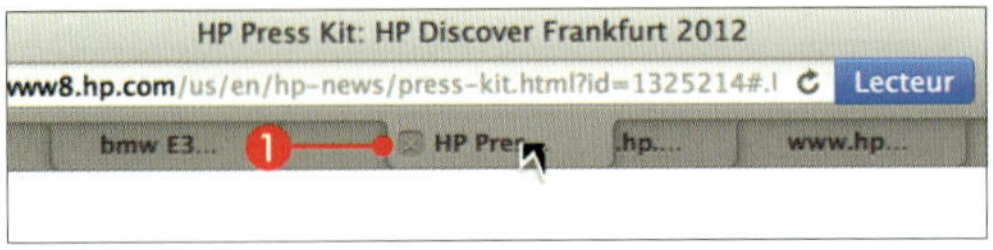

Si le nombre d'onglets ouverts est trop important pour tenir sur toute la largeur de la fenêtre, cliquez sur l'icône affichée à droite de la barre d'onglets pour accéder aux onglets cachés.

Fermer un onglet

Vous en avez fini avec la page Web ouverte dans un onglet ? Refermez cet onglet, sans perdre les autres ni fermer la fenêtre de Safari dans laquelle l'onglet est ouvert :

❶ Cliquez sur la croix de l'onglet voulu.

Vous pouvez passer d'un onglet à l'autre par leurs aperçus. Cliquez simplement pour cela sur le bouton situé à la droite du bouton **+** de la barre des signets. Magique, n'est-ce pas ?

Ouvrir une nouvelle fenêtre depuis un onglet

L'un des onglets ouverts dans une fenêtre de Safari pourrait bien servir de point de départ à une exploration plus approfondie du Web, centrée sur le sujet développé dans la page Web qui est ouverte. Pour cela, déplacez cet onglet dans une nouvelle fenêtre de Safari !

❶ Glissez-déposez l'onglet voulu hors de la fenêtre de Safari pour l'ouvrir dans une nouvelle fenêtre de Safari.

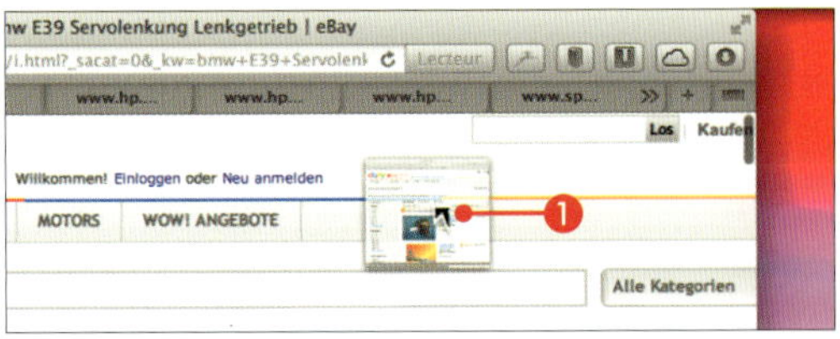

NOTE

Déroulez le menu **Signets ▸ Ajouter un signet pour ces onglets** afin de créer automatiquement un dossier de signets comprenant un signet pour chacun des onglets ouverts dans la fenêtre Safari active. Par la suite, vous pourrez rouvrir tous les éléments de ce dossier sous la forme d'onglets d'une même fenêtre en sélectionnant la commande **Ouvrir dans des onglets** à la fin de la liste des signets du dossier.

Lire plus confortablement une page Web

Les pages ne sont pas forcément adaptées à la lecture d'articles, notamment s'ils sont particulièrement longs ou réclament une réelle concentration : les sources de distraction, entre publicités et accroches visuelles diverses, sont nombreuses. C'est là qu'une nouvelle fonction de Safari prend tout son sens : le mode lecteur. Celui-ci permet, en un clic de souris, d'isoler le contenu important d'une page Web pour mieux la lire. Et il est possible, dès lors, d'ajuster la taille des caractères, d'imprimer ou d'envoyer par e-mail l'article voulu. Une technologie spécifique est là à l'œuvre pour détecter et isoler automatiquement un article d'une page Web. Et c'est très efficace.

❶ Pour profiter du lecteur au sein d'une page Web, cliquez simplement sur le bouton **Lecteur** à l'extrémité droite du champ d'adresse. L'effet est immédiat.

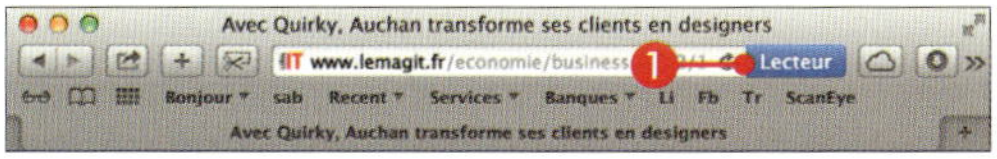

❷ Faites glisser le pointeur de la souris sur le bas de la page pour accéder aux commandes offertes par le lecteur :

❸ Utilisez les loupes – et + pour ajuster la taille des caractères.

❹ Cliquez sur l'imprimante pour imprimer le texte de l'article que vous êtes en train de lire.

❺ Cliquez sur l'enveloppe pour envoyer par e-mail l'article concerné.

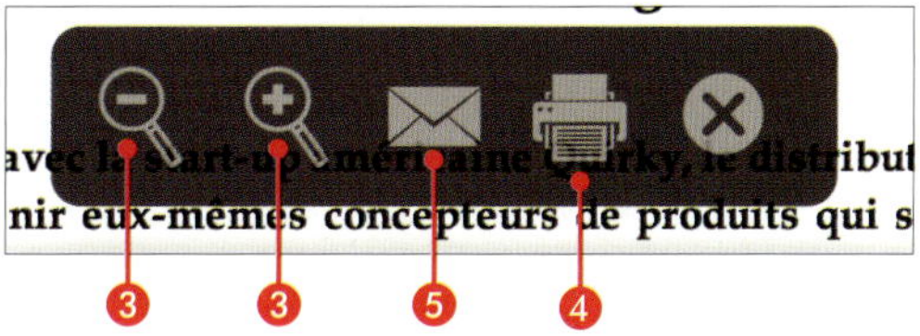

Lorsque vous avez fini, cliquez de nouveau sur le bouton **Lecteur** du champ d'adresse pour revenir à la page Web complète.

Enregistrer les adresses de sites Web

Lorsque vous surfez sur le Web, vous pouvez désirer « enregistrer » l'adresse d'un site Internet afin de pouvoir venir le consulter à nouveau facilement et rapidement. Pour cela :

1. Cliquez sur le bouton **Partager** de la barre d'outils.

2. Sélectionnez **Ajouter un signet**.

3. Si vous le souhaitez, renommez le signet dans le champ de saisie.

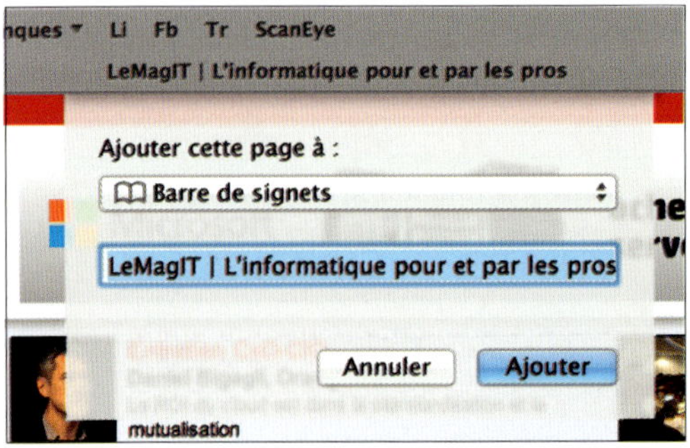

4. Déroulez la liste et choisissez l'emplacement d'enregistrement du signet.

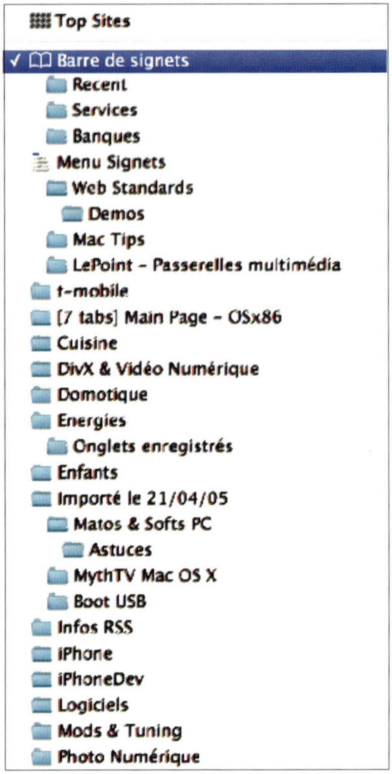

Votre signet est enregistré : vous pouvez y accéder en déroulant le menu **Signets**.

> NOTE
> Par défaut, les signets sont nommés d'après le titre de la page Web visitée, titre qui apparaît dans la barre de titre de la fenêtre de Safari.

Enregistrer des pages Web

Il est des pages Web que l'on veut conserver pour archive, ou tout simplement pour les faire partager, ultérieurement, à des proches ou des collègues. Pour cela :

1. Déroulez le menu **Fichier ▸ Enregistrer sous**.

2. Déroulez la liste **Format** et sélectionnez **Archive Web**.

3. Indiquez le nom sous lequel vous souhaitez enregistrer la page Web dans le champ **Exporter comme**.

4. Déroulez la liste **Où** et sélectionnez l'emplacement d'enregistrement.

5. Cliquez sur **Enregistrer**.

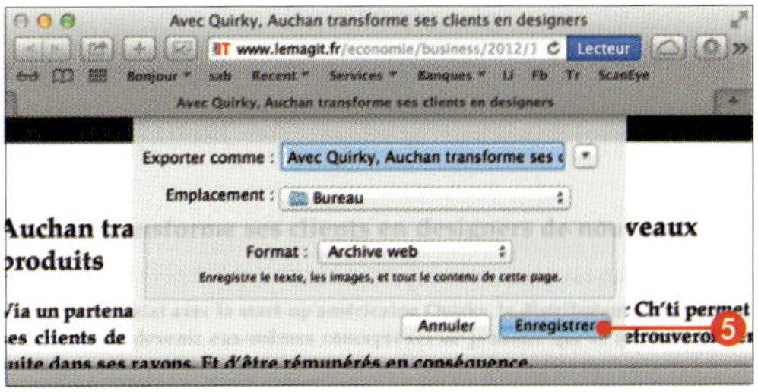

NOTE

Une autre solution consiste à imprimer les pages Web sous la forme de fichiers PDF (chapitre 14).

Revenir sur ses pas

Safari intègre une puissante fonction d'historique. Celle-ci permet notamment de revenir rapidement à une page consultée précédemment, jusqu'à plusieurs jours en arrière. Mais ce n'est pas tout : l'historique de Safari permet également de rouvrir la dernière fenêtre fermée ainsi que les fenêtres qui étaient ouvertes la dernière fois que Safari a été quitté. Les onglets éventuels de ces fenêtres sont intégralement rétablis.

Pour profiter de l'historique de Safari, déroulez le menu **Historique** :

1. Sélectionnez **Rouvrir la dernière fenêtre ayant été fermée** pour rétablir une fenêtre fermée accidentellement, ainsi que tous ses onglets.

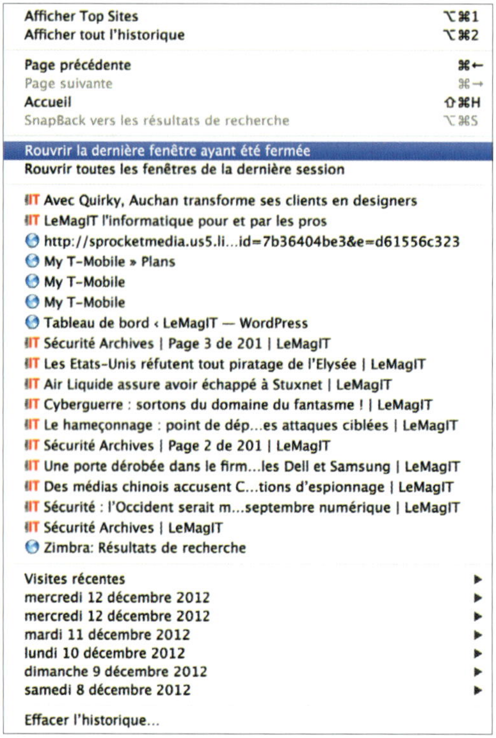

2. Sélectionnez **Rouvrir toutes les fenêtres de la dernière session** pour rétablir les fenêtres qui étaient ouvertes lorsque vous avez quitté Safari précédemment, ainsi que tous leurs onglets.

3. Sélectionnez l'une des pages Web de la liste pour la rouvrir.

4. Sélectionnez **Visites récentes** ou l'un des jours présentés dans le menu pour accéder à l'historique correspondant.

5. Sélectionnez **Afficher tout l'historique** pour accéder à la liste complète de l'historique dans la fenêtre de Safari.

> NOTE
>
> Lorsque vous faites une recherche sur le Web, vous pouvez être amené à parcourir un nombre important de pages Web. Pour revenir rapidement aux résultats de la recherche, le point de départ de votre navigation en ligne, déroulez le menu **Historique ▸ SnapBack vers les résultats de recherche**.

Lorsque vous demandez l'affichage de tout l'historique, vous accédez à une liste des pages Web visitées. Cette liste a plusieurs particularités :

- Elle intègre un affichage de type Coverflow, dont la taille est ajustable en déplaçant, à la souris, la barre de séparation entre les aperçus des pages Web visitées et la liste des adresses. Vous pouvez naviguer dans l'historique aussi bien *via* la liste des adresses qu'en passant d'une vignette de prévisualisation à l'autre. Un double clic sur l'une des vignettes permet de revenir à la page Web concernée.

- La zone de présentation des pages visitées en mode Coverflow intègre, en haut à gauche, un champ de recherche : utilisez-le pour retrouver plus rapidement une page Web déjà visitée, sans avoir à parcourir l'intégralité de votre historique de navigation en ligne.

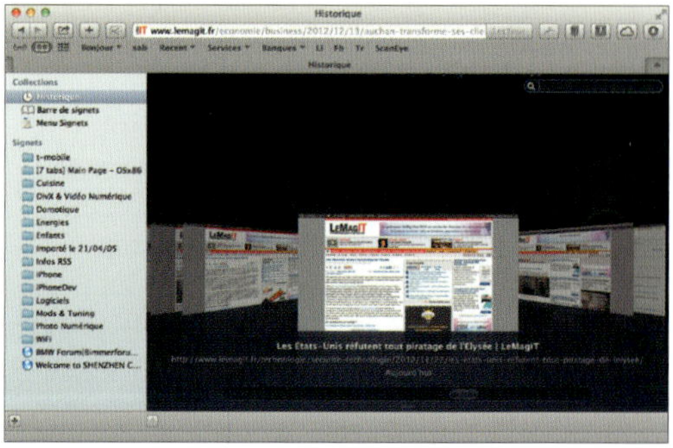

Personnaliser la galerie Top Sites

Pour vous permettre d'accéder encore plus vite aux sites Web que vous consultez le plus régulièrement, Safari intègre une page nommée Top Sites. Vous y accédez notamment en cliquant sur le bouton illustré d'une matrice de petits carrés situé à l'extrémité gauche de la barre de signets. La page Top Sites présente une série de vignettes – jusqu'à 24 – affichant chacune un aperçu actualisé du signet Web correspondant. Il vous suffit de cliquer sur l'une des vignettes pour accéder immédiatement à la page correspondante.

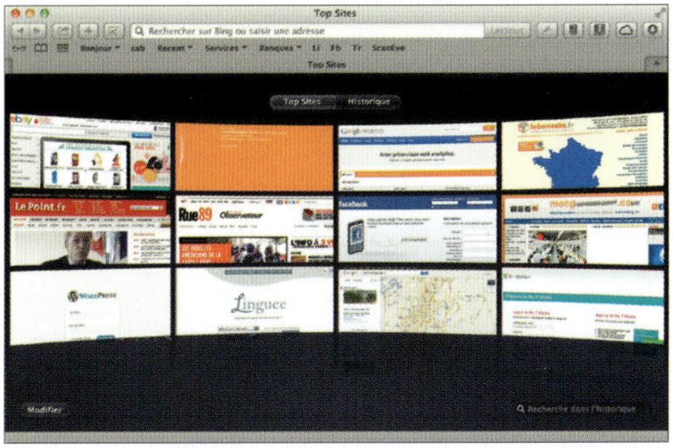

Par défaut, la page Top Sites est remplie automatiquement par Safari au fil de vos explorations du Web : elle se constitue donc suivant vos habitudes de consultation. Mais vous pouvez également en personnaliser le contenu, afin de supprimer des sites que vous aviez l'habitude de consulter, mais que vous avez délaissés, ou bien pour en ajouter de nouveaux, que vous venez de découvrir. Pour personnaliser la page Top Sites :

1. Cliquez sur le bouton **Modifier**, en bas à gauche de la page Top Sites.

2. Adaptez le nombre de vignettes et leur taille à celle de votre fenêtre en cliquant sur le bouton **Petite**, **Moyenne** ou **Grande**.

3. Si vous voulez exclure l'un des sites ajoutés par Safari à la page Top Sites, cliquez sur le bouton illustré d'une croix, en haut à gauche de la vignette correspondante.

4. Pour figer l'emplacement d'une vignette dans la page Top Sites et interdire Safari de le faire changer à l'avenir, suivant l'évolution de vos habitudes de navigation, cliquez sur la punaise, en haut à gauche de la vignette correspondante. Si la punaise est sur fond bleu, l'emplacement de la vignette est sauvegardé ; sinon, le fond de la punaise est noir.

5. Modifiez l'agencement de la page Top Sites par simple glisser-déposer, en déplaçant les vignettes.

6. Ajoutez une nouvelle page Web à la page Top Sites en glissant-déposant son URL à l'emplacement voulu, dans la page Top Sites.

7. Lorsque vous avez fini de personnaliser la page Top Sites, cliquez sur le bouton **Terminé**, en bas à gauche de la page.

Gérer ses signets

À mesure que le temps passe, les signets s'accumulent, le plus souvent dans un joyeux fatras totalement désorganisé. Il devient alors difficile de s'y retrouver. Pour éviter cela, classez régulièrement vos signets dans des dossiers. En outre, vous pouvez les répartir entre le menu Signets et la barre de signets. Certains signets, rarement sollicités, peuvent être conservés en marge de ces deux espaces d'accès rapide.

1 Pour organiser vos signets, déroulez le menu **Signet** ▸ **Afficher tous les signets** ou cliquez sur l'icône en forme de livre ouvert, à l'extrémité droite de la barre de signets.

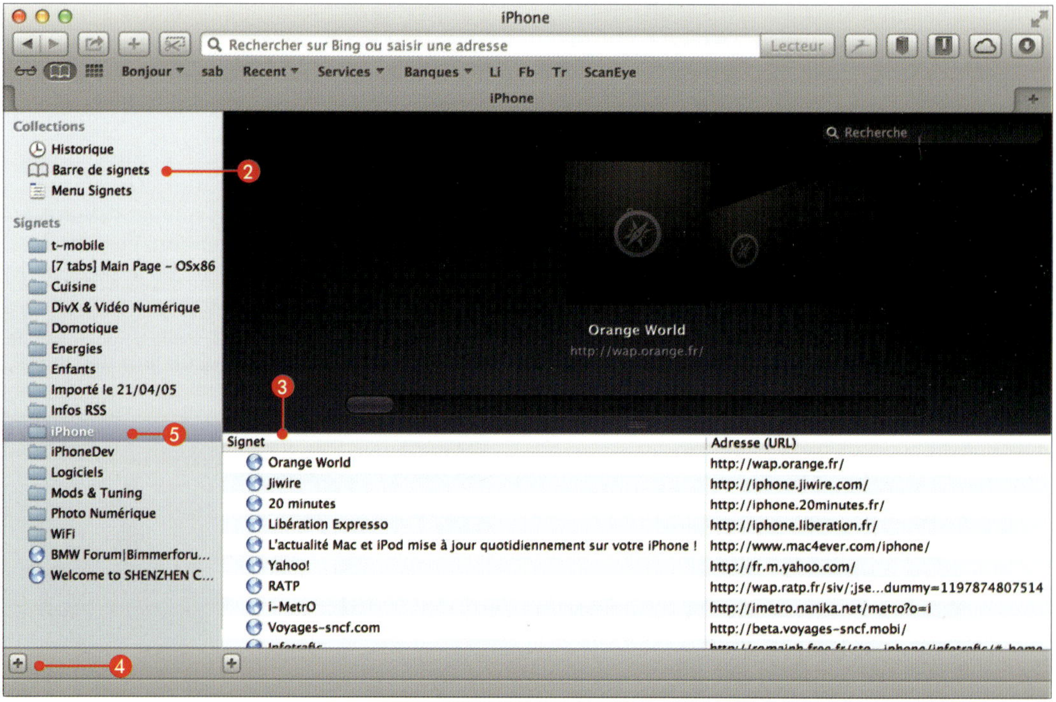

> **NOTE** Vous pouvez à tout moment exporter vos signets à l'intention d'un autre navigateur Web ou les importer *via* le menu **Fichier** de Safari et ses commandes **Importer des signets** et **Exporter des signets**.

❷ La zone de gauche présente des collections prédéfinies par Apple : l'historique, la barre de signets, le menu Signets, Bonjour – pour les sites Web internes à un réseau informatique local –, ainsi que vos dossiers de signets. Comme pour l'historique, les signets sont affichés avec la présentation Coverflow.

❸ Les signets correspondant au dossier ou à la collection sélectionnée apparaissent dans le cadre principal de la fenêtre, sous la zone de prévisualisation Coverflow.

❹ Pour ajouter un dossier, cliquez sur le bouton + en bas de la fenêtre.

❺ Pour renommer un dossier, cliquez sur son nom puis tapez son nouveau nom.

❻ Pour ajouter un signet à un dossier, glissez-déposez le signet depuis le cadre principal sur le dossier voulu.

❼ Pour déplacer un dossier, glissez-déposez-le à l'emplacement voulu, y compris dans un autre dossier ou dans une collection.

❽ Pour supprimer un dossier ou un signet, sélectionnez-le et appuyez sur la touche **Effacement arrière**.

Naviguer en toute discrétion

Par souci de discrétion, vous pouvez souhaiter surfer sans que Safari ne conserve la moindre trace de vos activités sur le Web. C'est notamment utile lorsque vous empruntez pour quelques minutes le Mac d'un proche pour consulter vos comptes bancaires.

❶ Pour surfer sans laisser de traces, déroulez le menu **Safari** et sélectionnez **Navigation privée**.

❷ Lorsque vous avez fini, fermez les fenêtres que vous avez utilisées.

❸ Déroulez à nouveau le menu **Safari** et sélectionnez **Navigation privée**.

Votre séance de surf n'a pas laissé de traces, ni dans l'historique, ni ailleurs.

> NOTE
>
> Vous ne voulez pas que vos activités en ligne soient suivies par des sites Web à des fins commerciales ? Activez l'option **Demander aux sites Web de ne pas me suivre**, dans les préférences de Safari, sous l'onglet **Confidentialité** : cette option active une fonction permettant au navigateur d'indiquer aux serveurs Web, de manière automatique et transparente, qu'il ne faut pas suivre vos traces.

Chapitre 6

Échanger des courriers électroniques

Dans ce chapitre :

- Configurer un compte de messagerie
- Envoyer un e-mail
- Ajouter une pièce jointe
- Envoyer des messages plus élégants
- Ajouter des destinataires cachés
- Créer un dossier pour ranger ses courriels
- Signaler des pourriels
- Mettre en avant ses correspondants prioritaires
- Définir une signature

Mail est le logiciel de messagerie électronique fourni avec OS X Mountain Lion. À l'instar de son concurrent Thunderbird, de la fondation Mozilla, Mail permet d'envoyer et de recevoir des courriels – sur des comptes POP et IMAP –, de mettre automatiquement en quarantaine les pourriels, *etc.* En outre, Mail propose des modèles élégants de courriers électroniques mis en page et adaptés à différentes occasions.

Configurer un compte de messagerie

C'est la première opération : à son lancement, juste après l'installation de Mountain Lion, Mail invite son utilisateur à configurer un compte de messagerie. Voici la marche à suivre :

❶ Indiquez votre nom complet, votre adresse e-mail ainsi que le mot de passe d'accès à votre messagerie électronique, dans les champs correspondants.

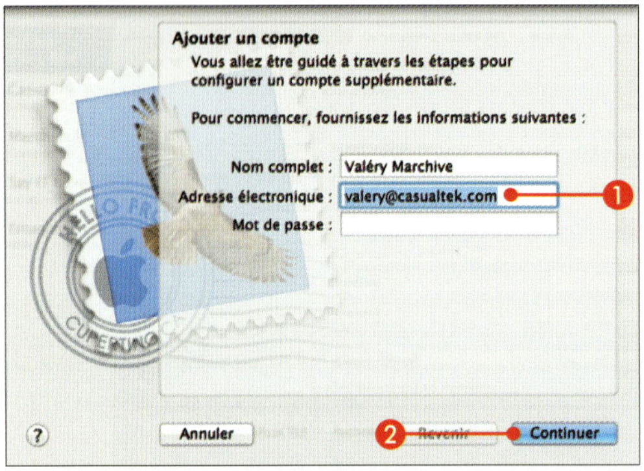

❷ Cliquez sur **Continuer**.

❸ Déroulez la liste **Type de compte** et sélectionnez **POP**, **IMAP** ou **Exchange** selon les indications fournies par votre prestataire de messagerie.

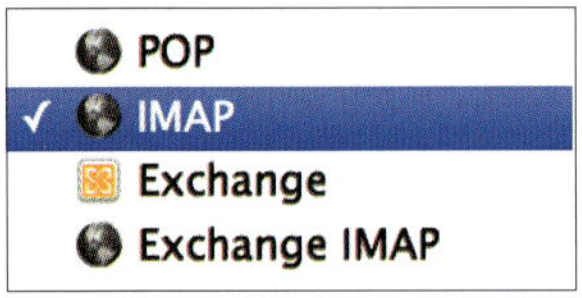

> **NOTE** Si vous utilisez le service iCloud d'Apple, procédez plutôt à la configuration depuis le panneau de préférences système **iCloud**.

❹ Dans l'ordre, fournissez un intitulé descriptif pour ce nouveau compte de messagerie, indiquez le nom du serveur à interroger pour s'y connecter, vérifiez votre nom d'utilisateur et votre mot de passe.

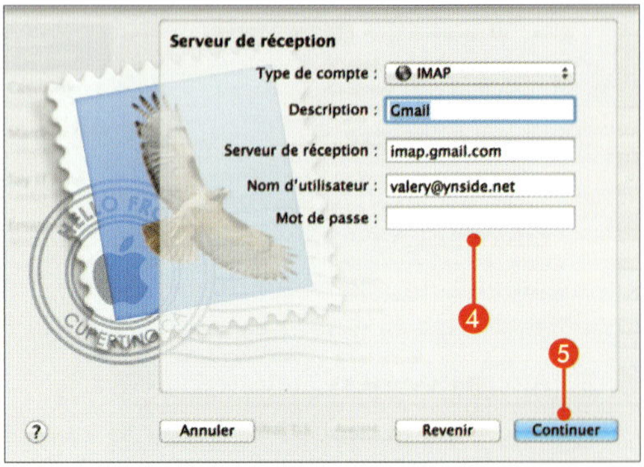

❺ Cliquez sur **Continuer**, deux fois de suite.

❻ Dans l'ordre, donnez un intitulé descriptif au serveur de messagerie sortant, son adresse, puis si nécessaire, votre nom d'utilisateur et votre mot de passe pour ce serveur.

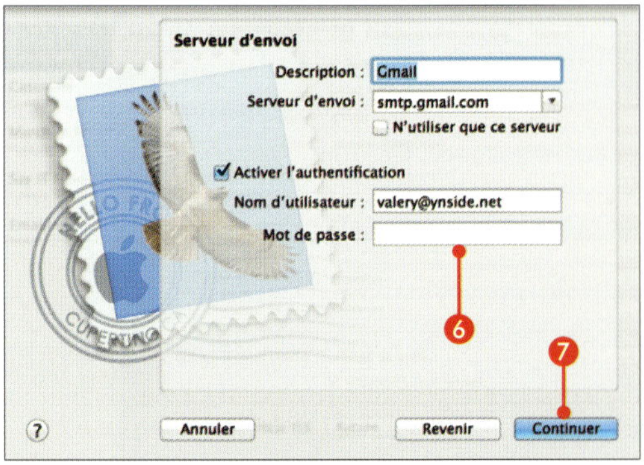

❼ Cliquez sur **Continuer**, deux fois de suite.

8 Pour finir, cliquez sur **Créer**.

Votre compte de messagerie est prêt à l'emploi. Mail se charge aussitôt de se connecter au serveur de messagerie entrant pour relever votre courrier électronique.

NOTE Par la suite, il est possible de configurer Mail pour utiliser des comptes de messagerie supplémentaires. Pour cela, déroulez le menu **Mail ▸ Préférences**. Activez l'onglet **Comptes** et cliquez sur le bouton **+**. Suivez les instructions à l'écran. Mais vous pouvez également gérer vos comptes de messagerie dans les Préférences Système. Cela s'avèrera même plus simple et plus rapide avec des services avancés tels que de Google qui propose, en plus de la messagerie, la gestion des comptes et de l'agenda.

Envoyer un e-mail

Pour composer un nouveau courriel, déroulez le menu **Fichier ▸ Nouveau message** :

1 Dans le champ **À**, indiquez les adresses électroniques des destinataires. Mail vous aide dans cette opération : à mesure que vous tapez nom, prénom ou partie de l'adresse électronique d'un correspondant, Mail suggère la suite.

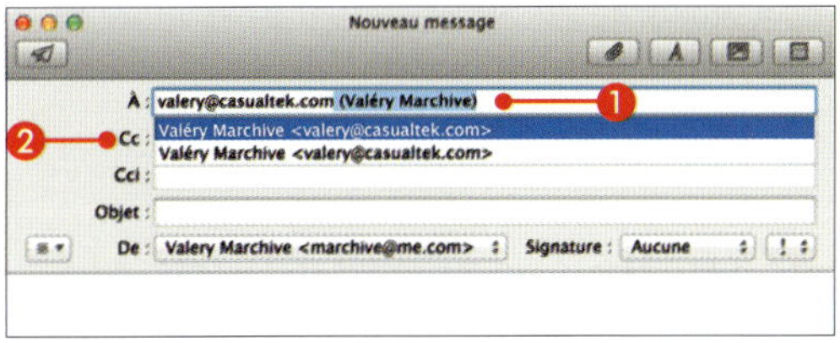

2 Dans le champ **Cc**, indiquez les adresses électroniques des personnes auxquelles vous voulez adresser une copie de votre message.

3 Dans le champ **Objet**, indiquez le titre de votre message.

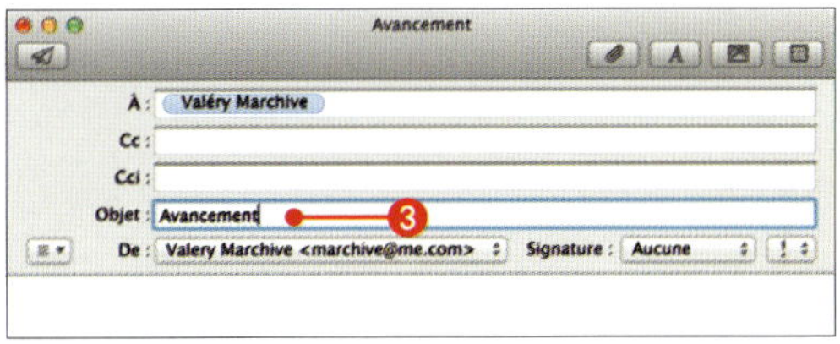

4 Si vous utilisez plusieurs comptes de messagerie, déroulez la liste **De** et sélectionnez l'adresse e-mail avec laquelle vous souhaitez expédier votre message : c'est à cette adresse que vos correspondants vous répondront.

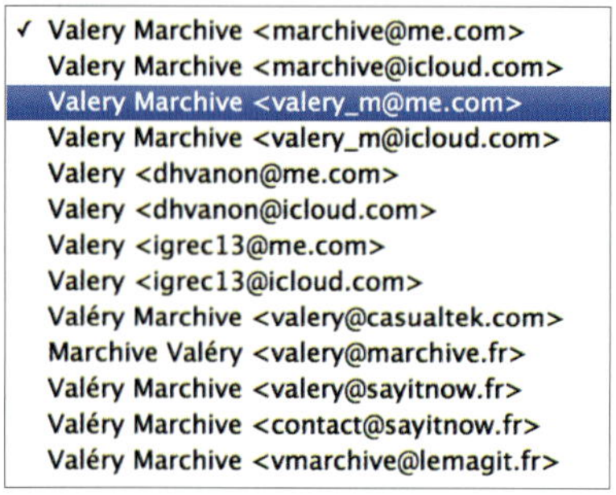

5 Le cas échéant, déroulez la liste suivante pour sélectionner la signature voulue.

6 Utilisez le cadre principal de la fenêtre pour taper votre message.

7 Lorsque vous avez fini, cliquez sur le bouton **Envoyer** pour expédier votre missive ou fermez la fenêtre et sélectionnez **Enregistrer** pour l'enregistrer dans la boîte aux lettres Brouillons. Vous pourrez reprendre votre message plus tard avant de l'envoyer.

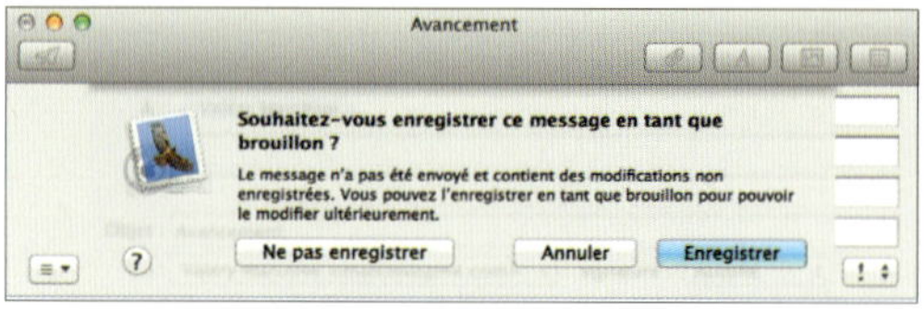

NOTE

Avant d'envoyer votre message, utilisez le bouton **A** de la barre d'outils pour modifier l'apparence de votre texte.

Ajouter une pièce jointe

Pour joindre un fichier à votre message électronique, vous avez plusieurs options :

1 Cliquez sur le bouton illustré d'un trombone de la barre d'outils de la fenêtre de composition, puis sélectionnez le fichier et validez par **OK**.

2 Ou glissez-déposez le fichier voulu depuis le Finder sur le cadre principal de la fenêtre de composition de message.

3 La pièce jointe est ajoutée ; cliquez sur le bouton **Envoyer** pour expédier votre courriel.

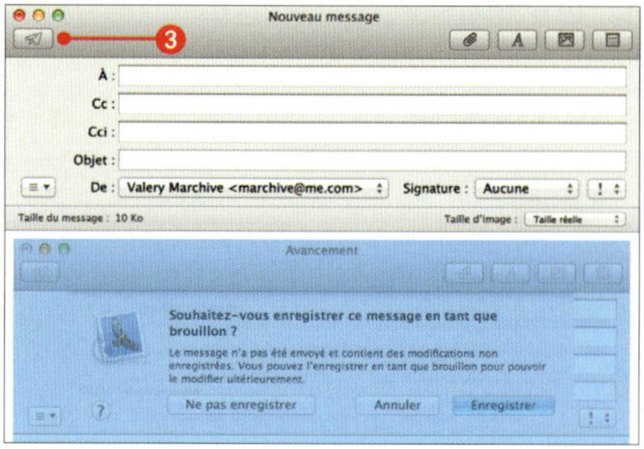

Pour adresser un fichier à un correspondant, glissez-déposez l'icône de ce fichier depuis le Finder sur l'icône de Mail dans le Dock : Mail crée automatiquement un nouveau message avec le fichier en pièce jointe. Vous pouvez également sélectionner le fichier voulu dans une fenêtre du Finder puis cliquer sur le bouton **Partager** et sélectionner **Courrier électronique**.

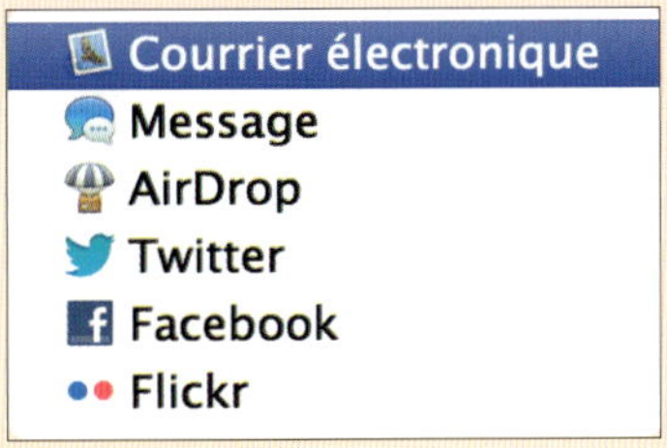

Envoyer des messages plus élégants

Mail intègre des modèles prédéfinis de courriers électroniques construits comme les pages Web, avec le langage HTML. Ces modèles permettent, notamment, l'intégration de textes et de photos personnels.

❶ Pour utiliser les modèles, cliquez sur le bouton **Afficher les modèles**, à l'extrémité droite de la barre d'outils par défaut de la fenêtre.

❷ La sous-fenêtre des modèles apparaît au-dessus du cadre de texte. Les modèles sont répartis en six catégories.

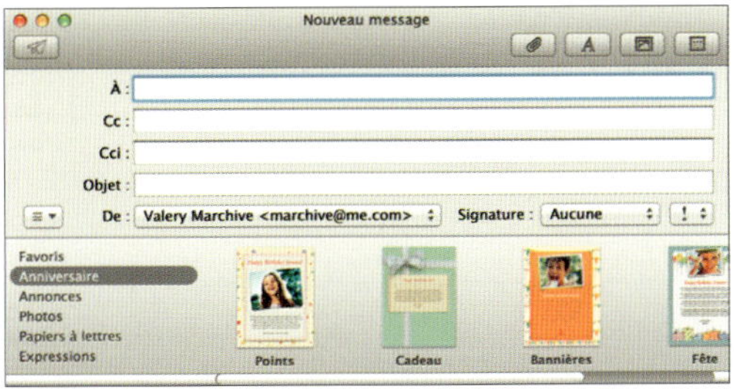

❸ Sélectionnez un modèle dans la liste : le cadre de texte de la fenêtre de composition est aussitôt modifié selon le modèle.

❹ Glissez-déposez vos photos dans les cadres prévus à cet effet dans le modèle sélectionné.

❺ Mail vous permet d'ajuster la disposition de vos photos lorsque vous utilisez des modèles. Pour recadrer une photo, double-cliquez simplement dessus puis utilisez la glissière pour agrandir/réduire, et la souris pour déplacer la photo dans le cadre. Cliquez à l'extérieur du cadre lorsque vous avez fini.

❻ Tapez votre texte dans l'espace prévu à cette fin.

❼ Cliquez sur **Envoyer** lorsque vous avez fini.

Ajouter des destinataires cachés

Dans certains cas, vous pouvez souhaiter permettre à un tiers de suivre une correspondance sans que quelqu'un d'autre que ce tiers et vous-même en soit avisé – un responsable hiérarchique lors d'une négociation avec un partenaire, par exemple. C'est le principe de la copie cachée.

❶ Pour adresser une copie cachée d'un courriel, cliquez sur le bouton à gauche du champ **De** et sélectionnez le champ **Cci**.

❷ Indiquez l'adresse des destinataires cachés dans le champ **Cci**.

❸ Expédiez votre message.

Créer un dossier pour ranger ses courriels

Pour ranger leurs courriels, la plupart des internautes font appel à des dossiers. Mail fait quant à lui référence à des boîtes aux lettres. Pour créer une nouvelle boîte aux lettres :

1. Cliquez sur le bouton + en bas de la barre latérale de la fenêtre de Mail.

2. Sélectionnez **Nouvelle boîte aux lettres**.

3. Déroulez la liste **Emplacement** et sélectionnez **Sur mon Mac**.

4. Indiquez un intitulé explicite pour votre nouvelle boîte aux lettres dans le champ **Nom**.

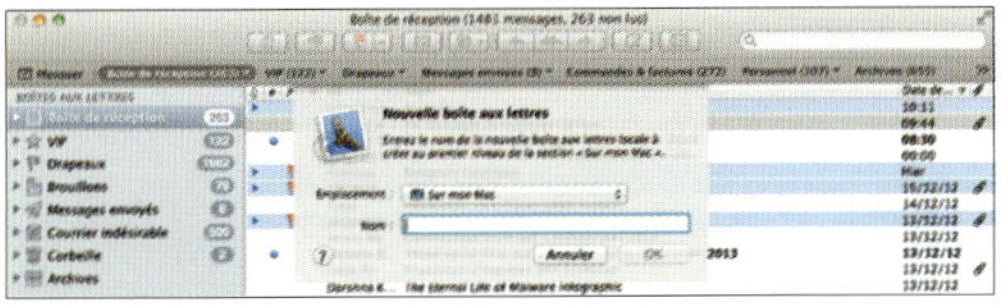

5. Cliquez sur **OK**.

Votre nouvelle boîte aux lettres est immédiatement ajoutée à la rubrique **Sur mon Mac** dans la barre latérale de la fenêtre principale de Mail.

6. Pour déplacer des messages dans cette nouvelle boîte aux lettres, sélectionnez-les dans la liste des messages et glissez-déposez-les sur la nouvelle boîte aux lettres, dans la barre latérale.

7. Pour consulter le contenu d'une boîte aux lettres, sélectionnez-la dans la barre latérale.

> NOTE
>
> Les services de messagerie IMAP tels que ceux d'iCloud ou de Gmail ne s'appuient pas sur un stockage local des messages, sur le disque dur du Mac, mais sur un stockage déporté, sur Internet, sur les serveurs de messagerie. N'hésitez donc pas à créer des *dossiers* ou des *boîtes aux lettres* directement sur ces serveurs, *via* le menu **Emplacement** lors de la création d'une nouvelle boîte aux lettres.

Signaler des pourriels

Mail sait détecter les *spams* ou pourriels, ces messages publicitaires qui ne manquent pas de polluer les boîtes de messagerie électronique des internautes. Il s'agit d'une fonction qui nécessite d'être activée, puis un peu d'apprentissage.

1 Pour activer le filtrage des pourriels, déroulez le menu **Mail ▸ Préférences**.

2 Activez l'onglet **Indésirable** pour configurer le comportement de Mail vis-à-vis des pourriels (*spams*).

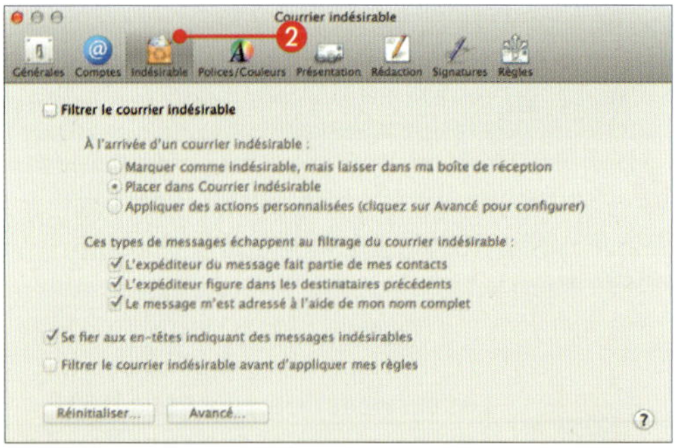

3 Validez l'option **Filtrer le courrier indésirable** pour que Mail puisse filtrer les pourriels.

4 À la rubrique **À l'arrivée d'un courrier indésirable,** validez l'option **Placer dans Courrier indésirable** pour que les pourriels détectés par Safari soient automatiquement transférés dans la boîte aux lettres dédiée.

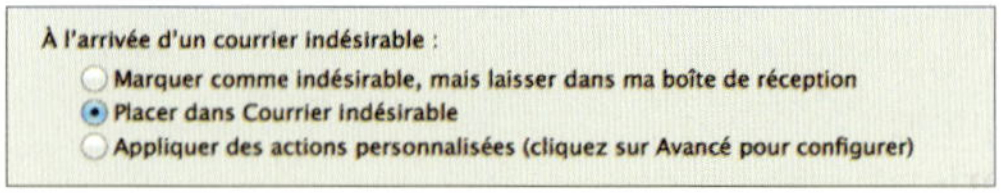

5 Cochez la case **Se fier aux en-têtes indiquant des messages indésirables** pour permettre à Mail d'effectivement traiter comme indésirables les messages signalés comme tels par votre fournisseur de service de messagerie électronique (ou d'accès à Internet), sans autre forme d'analyse.

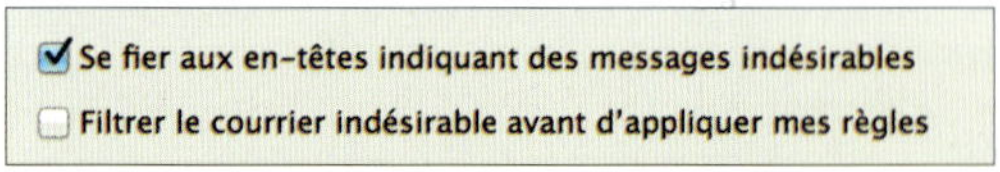

Désormais, Mail peut filtrer les pourriels et les ranger automatiquement dans une boîte aux lettres dédiée, intitulée **Courrier indésirable**. Certains messages peuvent toutefois passer entre les mailles du filet. Lorsque c'est le cas, vous devez indiquer manuellement à Mail que le message en question est indésirable – il se servira de cette information pour améliorer son filtrage. Pour signaler un message indésirable, procédez comme suit :

6 Cliquez sur le bouton illustré d'une main fermée avec un pouce orienté vers le bas.

Le message ainsi signalé est automatiquement transféré dans la boîte **Courrier indésirable**.

Mettre en avant ses correspondants prioritaires

Il s'agit d'une nouvelle fonctionnalité de Mail, introduite avec Mountain Lion : une boîte aux lettres dédiée à vos correspondants les plus importants. En quelque sorte, on peut y voir une boîte aux lettres intelligente, modifiable aisément à tout moment en ajoutant ou en retirant quelqu'un de la liste de ses correspondants prioritaires. Intitulée VIP, cette boîte aux lettres rassemble donc vos échanges avec ces correspondants.

Pour ajouter un correspondant à votre liste de VIP, c'est très simple :

1. Alors que vous consultez un message de ce correspondant, faites un clic droit sur son nom ou son adresse e-mail.

2. Dans la liste, sélectionnez **Ajouter aux VIP**.

Dès lors, vous pouvez ouvrir la boîte aux lettres VIP : tous vos échanges avec ce correspondant y apparaissent. Ultérieurement, vous pouvez revenir sur votre décision initiale et supprimer ce correspondant de la liste de vos VIP :

3. Alors que vous consultez un message de ce correspondant, faites un clic droit sur son nom ou son adresse e-mail.

4. Dans la liste, sélectionnez **Supprimer des VIP**.

> NOTE
>
> Cliquez sur le triangle à côté de la boîte aux lettres **VIP** dans la barre latérale de la fenêtre principale de Mail : vous verrez apparaître la liste de tous vos VIP. Et ainsi accéder spécifiquement aux échanges que vous avez eus avec chacun d'entre eux.

Définir une signature

Mail peut ajouter automatiquement une signature à la fin des messages que vous composez. C'est pratique et rapide. Et cela peut éviter d'oublier d'ajouter une formule de politesse à la fin de ses messages.

> NOTE
>
> Chaque signature est associée à un compte de messagerie. Mais il est possible de définir autant de signatures que l'on veut par compte de messagerie.

❶ Pour définir une telle signature, déroulez le menu **Mail ▸ Préférences**.

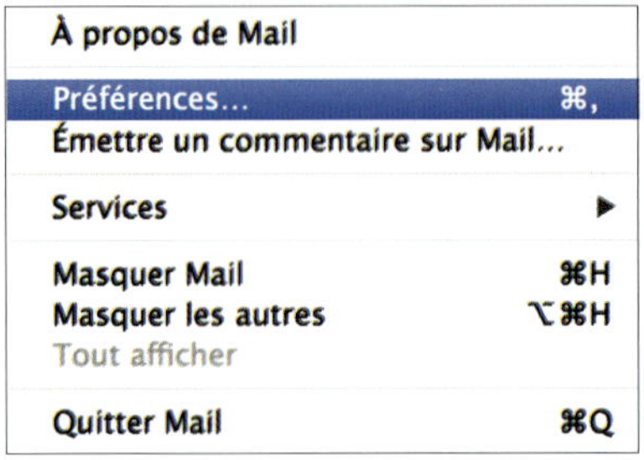

❷ Activez l'onglet **Signatures.**

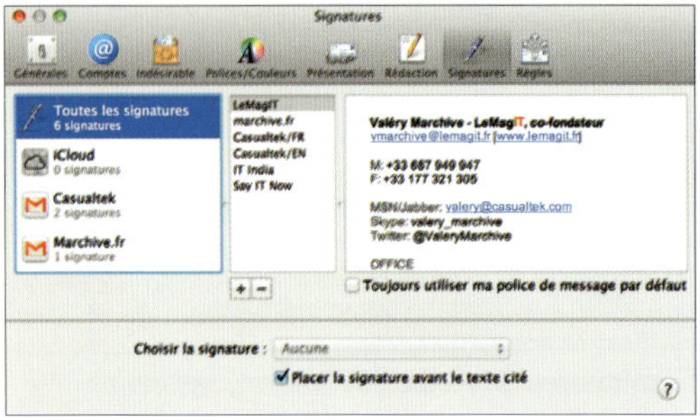

❸ Dans la colonne de gauche, sélectionnez le compte pour lequel vous voulez créer une signature.

❹ Cliquez sur le bouton + en bas de la colonne médiane.

❺ Donnez un intitulé à la signature dans le champ surligné.

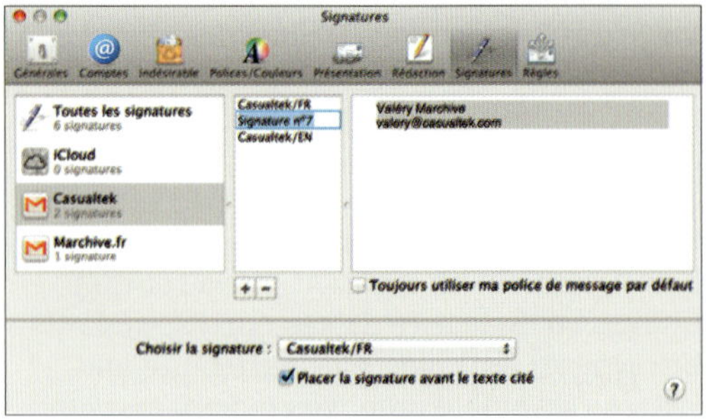

❻ Composez votre signature dans le cadre de droite.

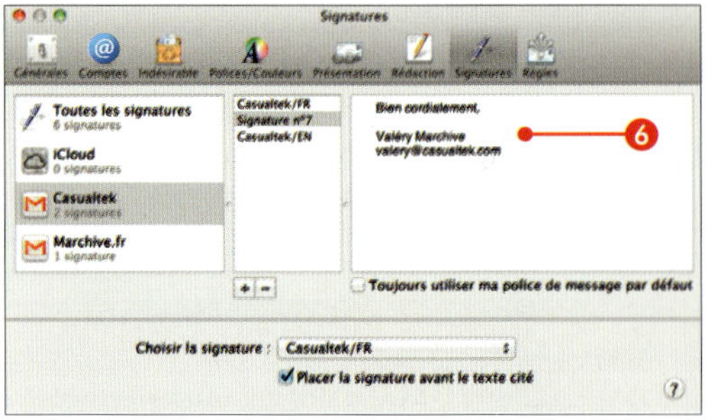

Votre signature est immédiatement utilisable.

> NOTE
>
> Tapez **cmd+T** pendant la composition de votre signature pour accéder aux options typographiques : police, taille de caractères, couleurs, *etc*.

Chapitre 7

Dialoguer en ligne avec Messages

Dans ce chapitre :

- Ajouter un compte de messagerie instantanée
- Gérer sa connexion
- Ajouter un contact
- Regrouper des contacts
- Engager une conversation
- Échanger documents et photos

Messages est le logiciel de messagerie instantanée d'OS X. Il est compatible avec les services AIM, Yahoo!, Jabber, Facebook et Google Talk. Il donne surtout accès au service iMessage d'Apple. Celui-ci est intégré aux iPhone, iPad et iPod touch et permet de communiquer rapidement entre utilisateurs de ces appareils et utilisateurs de Mac, pour un coût quasi nul. Il est intimement lié à l'identifiant Apple de l'utilisateur et, le cas échéant, à son numéro de téléphonie mobile.

Ajouter un compte de messagerie instantanée

Messages se lance d'un clic sur son icône dans le Dock. Il propose aussitôt de configurer un compte de messagerie instantanée, si vous n'avez pas déjà configuré votre compte iCloud à l'installation de votre Mac. Sinon, vous pouvez passer directement à l'utilisation de l'outil ou profiter des lignes suivantes pour ajouter un compte de messagerie instantanée supplémentaire.

1. Au premier lancement de Messages, cliquez sur le bouton **Continuer**.

2. Déroulez la liste **Type de compte** et sélectionnez le type de compte correspondant au service de messagerie instantanée que vous voulez utiliser.

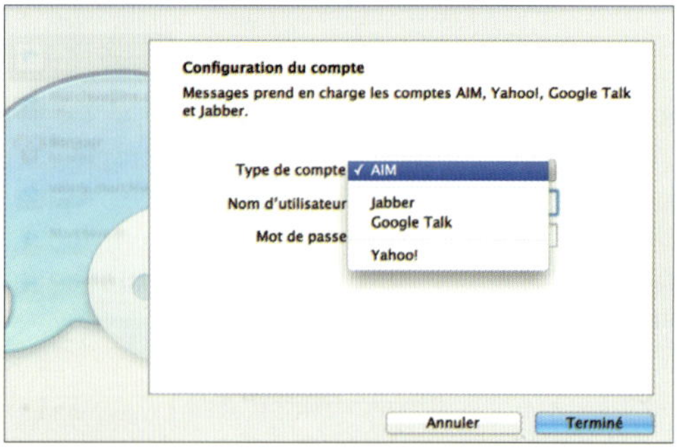

3. Indiquez vos pseudonyme et mot de passe dans les champs correspondants.

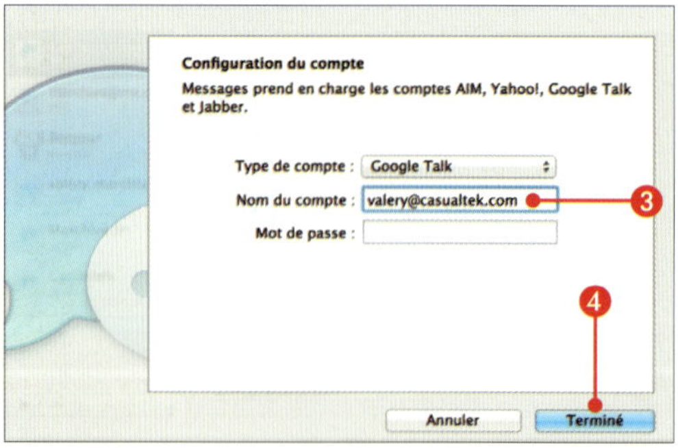

4. Cliquez sur le bouton **Terminé**.

Messages cherche automatiquement à se connecter à Internet. Dès la connexion activée, la liste de vos correspondants habituels apparaît.

> **NOTE** Pour un compte ICQ, sélectionnez le type de compte AIM. Et pour la messagerie instantanée de Facebook, sélectionnez le type de compte Jabber.

Pour ajouter des comptes de messagerie instantanée supplémentaires, déroulez le menu **Messages** ▸ **Préférences** et activez l'onglet **Comptes**.

> **NOTE** Messages gère tous vos comptes de manière totalement unifiée : lorsque vous changez votre statut de connexion, cela vaut pour chacun de vos comptes. Et tous vos contacts, quel que soit le compte de messagerie correspondant, sont affichés dans une seule et même fenêtre : la liste des contacts. Messages ne supporte pas le service de messagerie instantanée Microsoft, Live Messenger. Mais vous pouvez toujours utiliser le logiciel *ad hoc* de Microsoft ou bien l'excellent et très complet Adium.

Gérer sa connexion

Une fois un compte de messagerie instantanée configuré, Messages se connecte automatiquement à Internet dès son lancement. Pour autant, vous pouvez souhaiter ne pas être dérangé et inviter vos contacts à vous joindre ultérieurement.

1 Pour gérer votre connexion au service Messages, cliquez sur **Disponible** sous votre pseudonyme, en haut de la liste des contacts, pour dérouler le menu d'état.

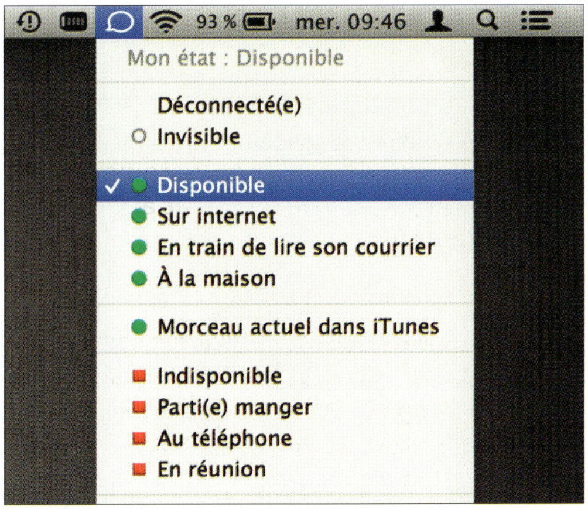

2 Sélectionnez l'état que vous souhaitez afficher.

> NOTE
>
> Dans le menu d'état, sélectionnez **Morceau actuel dans iTunes** pour indiquer à vos contacts ce que vous êtes en train d'écouter.

Vous pouvez également gérer votre statut de connexion directement depuis la liste de vos contacts : regardez sous votre nom, en haut de la liste de vos contacts, une petite liste locale vous permet de modifier votre état.

Ajouter un contact

La liste des contacts (figure 10-5) est l'un des éléments centraux de Messages : elle permet de suivre qui est connecté, disponible ou non ; de vérifier les services pris en charge par un contact (vidéo, audio, partage d'écran…) ; d'engager une conversation, *etc.*

1 Pour afficher cette liste, déroulez le menu **Fenêtre ▸ Amis**.

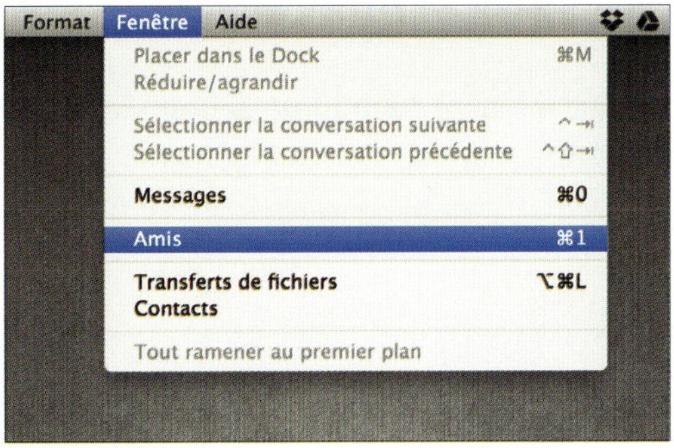

❷ Pour ajouter un contact, cliquez sur le bouton + en bas de la liste.

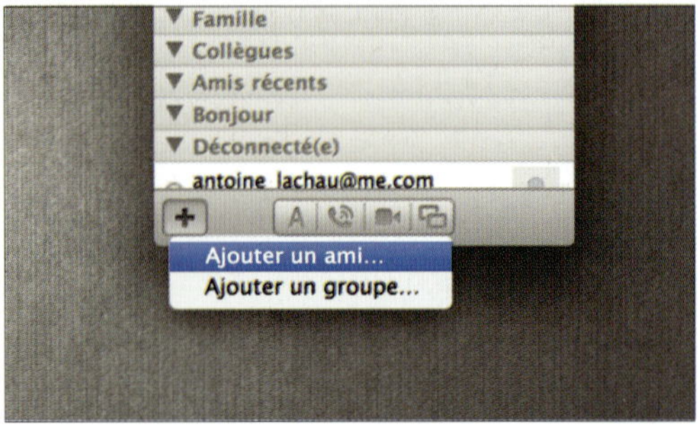

❸ Sélectionnez **Ajouter un ami**.

❹ Dans le champ **Nom du compte**, indiquez le pseudonyme de votre contact.

❺ Cliquez sur **Ajouter**. Votre contact est aussitôt ajouté à la liste.

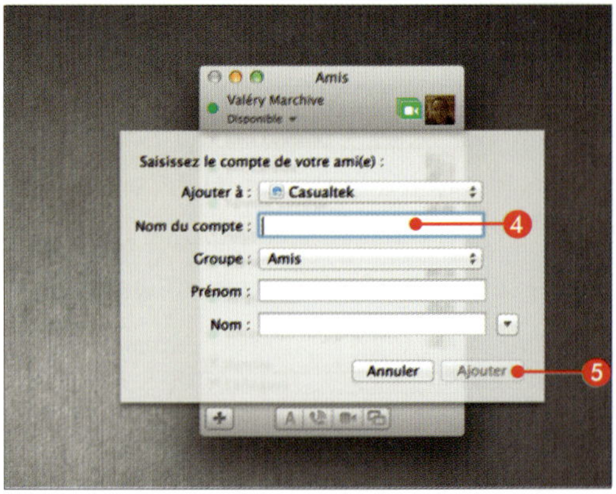

NOTE

Cliquez sur le bouton à droite du champ **Nom de famille** pour accéder au Carnet d'adresses et ajouter rapidement un contact à Messages à partir de sa fiche.

Regrouper des contacts

À mesure que la liste de vos contacts croît, vous risquez de ressentir le besoin de l'organiser par groupes, afin d'en améliorer la lisibilité.

❶ Pour créer un nouveau groupe de contacts, cliquez sur le bouton + en bas de la liste.

❷ Sélectionnez **Ajouter un groupe**.

3 Tapez l'intitulé du groupe dans le champ **Saisissez le nom du groupe**.

4 Cliquez sur le bouton **Ajouter**.

5 Pour ajouter un contact à un groupe après sa création, glissez-déposez le contact dans le groupe auquel vous souhaitez l'affecter.

> **NOTE** Les contacts qui ne sont pas connectés à Messages apparaissent tous dans le groupe **Déconnecté(e)** de la liste des contacts. Ils ne retrouvent leur groupe d'affectation qu'une fois connectés à Messages.

Les groupes peuvent être développés ou fermés : pour cela, cliquez alternativement sur le triangle à gauche du nom du groupe dans la liste des contacts.

À tout moment, vous renommez un groupe en faisant un clic droit sur son nom puis en sélectionnant **Renommer le groupe**.

> **NOTE** Les messages indésirables peuvent aussi être reçus *via* Messages. Le logiciel est ainsi pourvu d'une fonction de blocage de contacts. Pour empêcher un chatteur indésirable de vous déranger, faites un clic droit sur son nom dans la liste des contacts et sélectionnez **Bloquer la personne**.

Engager une conversation

Engager une conversation avec l'un de vos contacts est évidemment très simple :

1 Double-cliquez sur le contact voulu dans la liste.

2 Tapez votre texte dans le champ prévu à cet effet en bas de la fenêtre qui apparaît. De son côté, votre correspondant est alerté de votre invitation et un message l'invite à l'accepter ou la décliner, voire à vous bloquer.

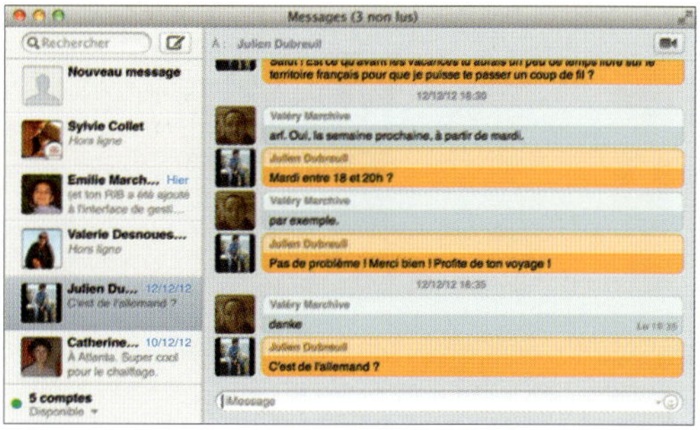

Votre échange se poursuit tant que vous conservez la fenêtre de conversation ouverte.

> **NOTE** Vous pouvez engager une conversation avec tous les membres d'un groupe simultanément. Pour cela, faites un clic droit sur le nom du groupe et sélectionnez **Envoyer un message instantané aux membres**.

Et si la liste de vos contacts est trop longue pour que vous puissiez rechercher manuellement l'un d'entre eux, tapez **cmd+F** et lancez la recherche : dès que vous commencez à taper, Messages filtre la liste de vos contacts sur la base de votre saisie au clavier.

> **NOTE** Vous pouvez suivre plusieurs conversations dans une même fenêtre Messages, en parallèle : chaque conversation apparaît dans un onglet dédié. Et, bien sûr, vous pouvez réarranger les onglets par glisser-déposer à loisir.

Enfin, notez que vous pouvez directement lancer une conversation depuis la fenêtre de Messages, en cliquant sur le bouton illustré d'un crayon, en haut à gauche de la fenêtre : c'est alors un message vierge qui vous est proposé et vous devez commencer par indiquer le ou les destinataires.

Échanger documents et photos

En cours de conversation, vous pouvez décider de transmettre à l'un de vos contacts des documents : fichiers bureautiques, images, musique, vidéos, *etc.*

1. Pour permettre à votre contact de télécharger le document, glissez-déposez le fichier correspondant depuis le Finder sur son nom dans la liste des contacts.

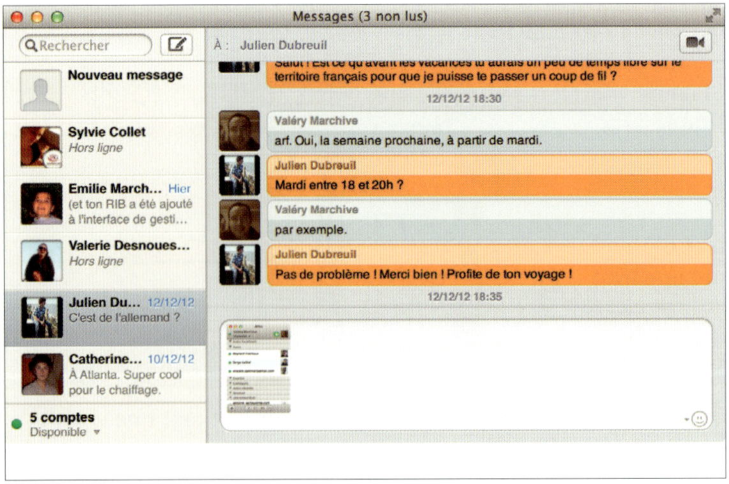

2. Appuyez sur la touche **Entrée**.

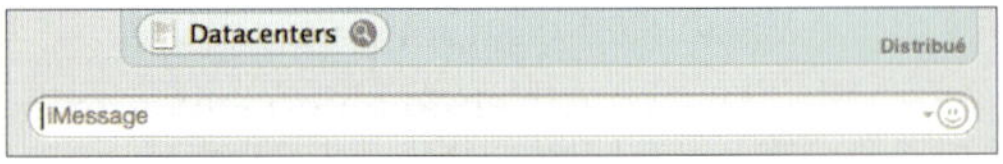

Le transfert est immédiat.

Chapitre 8

Communiquer en vidéo avec FaceTime

Dans ce chapitre :

- Ajouter un identifiant Apple
- Ajouter des adresses d'appel
- Passer un appel
- Répondre à un appel
- Gérer ses appels

FaceTime, c'est d'abord un service de vidéoconférence pour iPhone, iPad et iPod touch. Mais pas seulement. Apple fournit, avec Mountain Lion, un logiciel dédié à l'utilisation de FaceTime. Il permet donc de dialoguer en direct et en vidéo avec des utilisateurs de terminaux mobiles iOS, mais aussi d'autres Mac, sous Mountain Lion ou Snow Leopard – mais ces derniers devront acheter le logiciel FaceTime sur l'App Store. Oui, vous avez bien compris : avec FaceTime, assis derrière votre Mac, vous pouvez discuter en vidéo avec des amis ou des collègues simplement équipés de leur iPhone, iPod touch ou iPad ! Et bien sûr aussi avec des personnes elles-mêmes assises derrière leur Mac.

Ajouter un identifiant Apple

FaceTime s'appuie sur votre identifiant Apple pour vous identifier, cette adresse e-mail qui constitue votre nom d'utilisateur sur l'App Store ou dans iTunes. Depuis FaceTime, vous pouvez créer un identifiant Apple ou utiliser un identifiant existant. C'est d'ailleurs la première chose que demande FaceTime à son lancement : une identification. Et l'on comprend bien que ce soit indispensable pour pouvoir vous joindre…

> **NOTE**
>
> Si vous utilisez par ailleurs un iPhone ou un iPad avec FaceTime, veillez à indiquer le même identifiant Apple sur ces différents appareils, y compris votre Mac : cela permettra à vos correspondants de vous joindre à tout moment, sur n'importe lequel de vos terminaux compatibles FaceTime. Dès lors, votre identifiant Apple devient un peu plus qu'une simple adresse de courrier électronique : c'est une sorte de super numéro de téléphone quasiment universel.

Si vous n'avez pas encore d'identifiant Apple, c'est un bon moment pour en créer un. C'est simple, gratuit et ne prend que quelques instants :

1. Cliquez sur le bouton **Créer un compte**.

2. Remplissez le formulaire qui apparaît dans la partie droite de la fenêtre puis cliquez sur **Suivant**. Attention à bien utiliser une adresse e-mail valide : un e-mail de confirmation vous sera envoyé afin de vérifier votre adresse. De la même manière, préférez associer votre compte Apple à votre adresse de courrier électronique personnelle principale, celle que connaissent la plupart de vos proches.

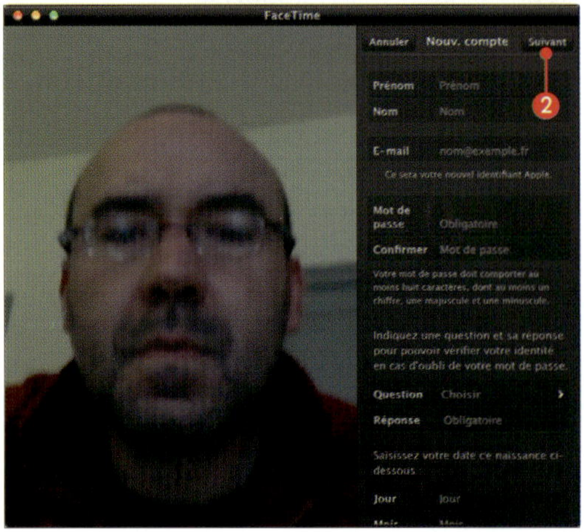

3. Cliquez une nouvelle fois sur **Suivant** puis sur **Terminer**. Vous pouvez commencer à utiliser FaceTime.

Si vous disposez déjà d'un identifiant Apple, c'est encore plus rapide :

1. Indiquez l'adresse e-mail correspondante dans le premier champ du formulaire.

2. Indiquez votre mot de passe dans le champ suivant puis cliquez sur **Se Connecter**.

C'est tout : vous êtes prêt à communiquer *via* FaceTime. Notez que votre identifiant Apple est enregistré par l'application : vous n'aurez pas à l'indiquer de nouveau lors de son prochain lancement.

Ajouter des adresses d'appel

Certes, vos amis peuvent vous appeler *via* FaceTime en utilisant l'adresse e-mail associée à votre identifiant Apple. Mais vous utilisez probablement d'autres adresses e-mail, de manière plus ou moins fréquente. Et peut-être avez-vous envie de pouvoir être joint sur ces adresses-là. FaceTime vous permet d'ajouter d'autres adresses sur lesquelles être joint. Chacune fera l'objet d'une vérification par e-mail. Pour ajouter une nouvelle adresse, procédez comme suit :

1. Déroulez le menu **FaceTime ▸ Préférences**.

2. Là, ajoutez autant d'adresses e-mail complémentaires que vous le souhaitez puis cliquez sur le bouton **OK**.

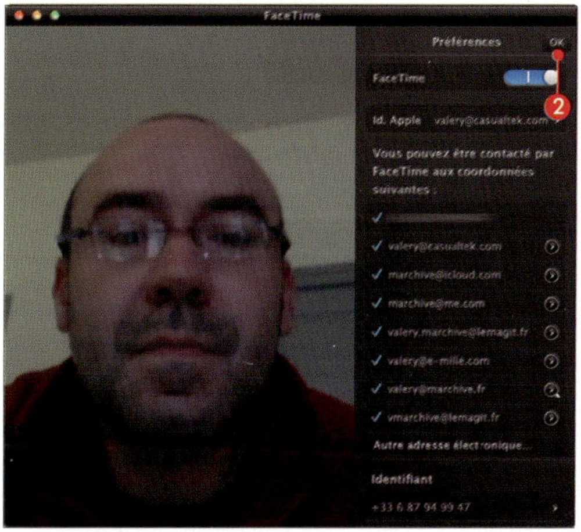

> **NOTE** Vous ne voulez pas utiliser FaceTime ? Désactivez l'interrupteur des préférences de l'application : vous ne recevrez plus d'appels FaceTime sur votre Mac.

Passer un appel

Passer un appel est très simple : lorsqu'aucune conversation n'est engagée, la fenêtre de FaceTime vous présente la liste de vos contacts dans sa colonne de droite.

Cette liste est directement tirée du Carnet d'adresses et vous retrouvez même vos groupes, pour peu que vous utilisiez cette fonction pour organiser vos contacts. Une liste de favoris vient compléter l'édifice pour accélérer la prise de contact avec vos correspondants habituels. Une fois que vous avez cliqué sur le nom de l'un de vos contacts, choisissez l'adresse d'appel – e-mail ou numéro de téléphone mobile – et FaceTime se charge du reste.

NOTE

FaceTime est intégré à OS X Mountain Lion, bien qu'il apparaisse sous la forme d'une application autonome : pas besoin d'ouvrir celle-ci pour appeler quelqu'un en vidéoconférence, il vous suffit de cliquer sur son numéro de téléphone mobile ou sur son adresse e-mail dans Carnet d'adresses !

Répondre à un appel

Lorsque quelqu'un essaie de vous appeler et que votre Mac est connecté à Internet, FaceTime se lance automatiquement. Vous pouvez alors choisir entre répondre à l'appel ou le rejeter. L'espace principal de la fenêtre vous présente l'image qu'enverra votre webcam une fois la communication établie. Un bandeau semi-transparent, en haut de la fenêtre, vous indique le nom et, le cas échéant, la photo de votre correspondant.

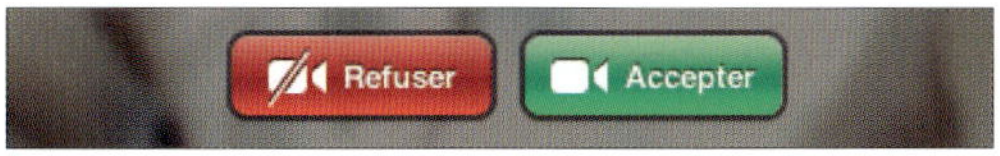

NOTE

Si votre iPhone, iPad ou iPod touch est connecté à votre réseau Wi-Fi lorsque quelqu'un tente de vous appeler par FaceTime, celui-ci sonnera également ! Et vous pourrez choisir de prendre l'appel indifféremment sur n'importe lequel de ces appareils.

En cours de conversation, c'est l'image de votre correspondant qui occupe l'essentiel de l'espace de la fenêtre. Lorsque vous déplacez le pointeur de la souris sur la fenêtre, une petite palette d'outils apparaît, avec trois boutons :

1. Le premier vous permet de couper temporairement votre micro ;
2. Le second, de raccrocher ;
3. Et le troisième, de passer l'affichage en plein écran.

Hasardez-vous également à passer le pointeur de la souris sur le petit cadre, en bas à droite de l'affichage, qui reprend l'image que vous transmettez à votre correspondant : d'un clic dessus, vous pouvez changer le format de l'image, passant ainsi du portrait au paysage et vice-versa.

NOTE

Inutile de garder ouverte l'application FaceTime. D'ailleurs, la fermeture de sa fenêtre entraîne automatiquement celle de l'application : un composant logiciel associé à FaceTime fonctionne en tâche de fond, en permanence. Il se chargera de relancer l'application lors d'un appel entrant.

Gérer ses appels

Bien sûr, comme avec tout système de communication en temps réel, vous êtes susceptible de manquer des appels avec FaceTime : vous n'étiez pas devant votre Mac au moment où l'appel est arrivé ; vous étiez occupé à autre chose… FaceTime garde pour cela une trace des appels que vous avez reçus, manqués et passés :

❶ Pour accéder à cette liste, cliquez sur le bouton **Récents** en bas de la colonne droite de la fenêtre de FaceTime.

Tout est là et vous pouvez en profiter pour rappeler vos correspondants.

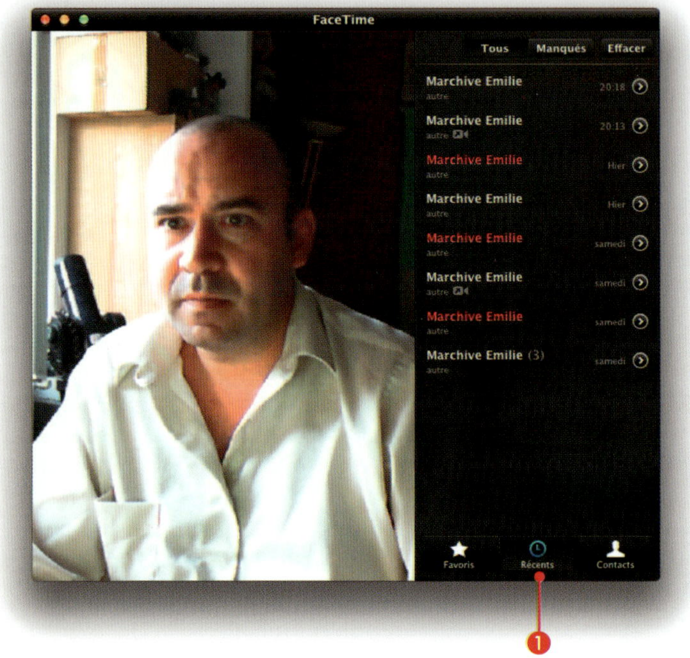

Chapitre 9

Partager avec Twitter et Facebook

Dans ce chapitre :

- Enregistrer un compte Twitter
- Partager sur Twitter
- Publier rapidement un tweet
- Enregistrer un compte Facebook
- Partager sur Facebook
- Actualiser rapidement son statut Facebook

Les réseaux sociaux – et tout particulièrement Twitter et Facebook – ont pris une place considérable dans les activités de nombreux internautes. Fort de ce constat, Apple a décidé d'intégrer certaines fonctionnalités de base de ces réseaux sociaux directement au cœur d'OS X. Messages permet de discuter par écrit avec ses amis sur Facebook. Mais l'intégration va beaucoup plus loin que cela : en fait, depuis de nombreux endroits et applications d'OS X, vous pouvez partager directement des contenus sur les réseaux sociaux. Et même recevoir des notifications lorsqu'un ami modifie son statut Facebook, ou lorsque vous êtes cité par quelqu'un sur Twitter, par exemple.

Enregistrer un compte Twitter

Pour que fonctionne l'intégration de Twitter au sein d'OS X, il est nécessaire que vous disposiez, bien sûr, d'un compte Twitter et que celui-ci soit enregistré par OS X. Un processus qui ne prend que quelques instants :

❶ Déroulez le menu **Pomme ▸ Préférences Système**.

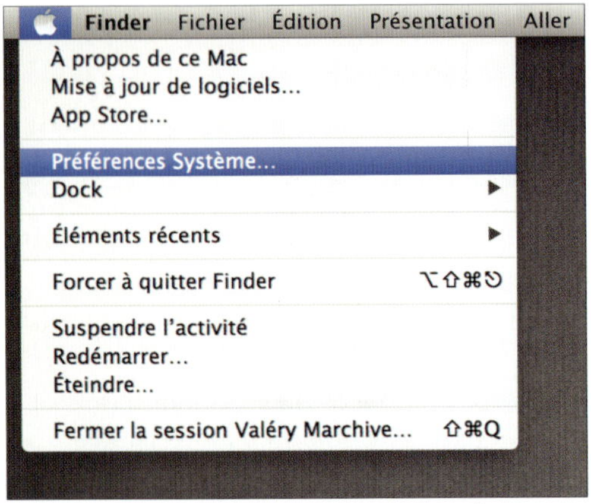

❷ Cliquez sur l'icône **Mail, Contacts et Calendrier**.

❸ Dans la liste de droite, cliquez sur **Twitter**.

❹ Renseignez les champs de la fenêtre puis cliquez sur **Ouvrir une session**. Voilà, c'est fini !

Notez que vous pouvez enregistrer ainsi plusieurs comptes Twitter, si vous en manipulez plusieurs en parallèle : tous bénéficieront de la même intégration à OS X.

Si vous le souhaitez, cliquez sur le bouton **Mettre à jour les contacts** : OS X se chargera alors d'enrichir la liste de vos contacts des informations liées aux personnes que vous suivez sur Twitter.

Partager sur Twitter

Twitter est intégré aux fonctions de partage présentes à de nombreux endroits d'OS X Mountain Lion : dans Safari, dans le Finder, *etc.* Les solliciter s'avère donc particulièrement simple :

❶ Sélectionnez, si nécessaire, l'élément à partager – comme un fichier, dans le Finder, par exemple.

❷ Cliquez sur le bouton **Partager.**

❸ Dans la liste, sélectionnez **Twitter.**

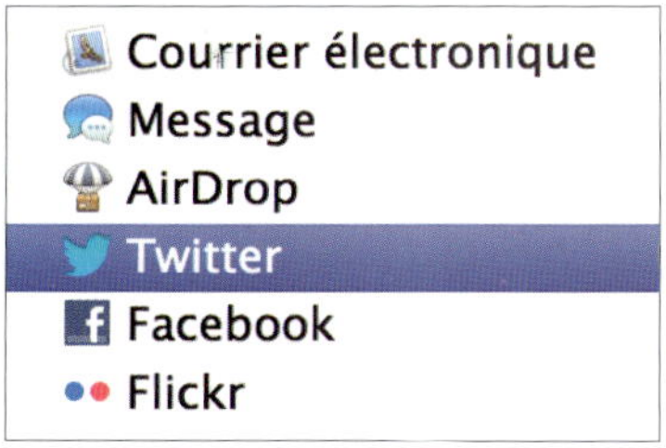

❹ Une nouvelle fenêtre apparaît alors, qu'il vous revient de remplir pour pouvoir procéder effectivement au partage sur Twitter.

❺ Indiquez votre texte dans l'espace *ad hoc*. Un compteur vous permet de vous assurer de ne pas dépasser la taille limite autorisée pour votre publication.

❻ Si vous le souhaitez, cliquez sur **Ajouter lieu** pour ajouter le lieu d'où est envoyée votre publication – si elle s'y rapporte, bien sûr.

❼ Cliquez sur le bouton **Envoyer.** C'est parti !

Publier rapidement un tweet

Vous pouvez également choisir de vous exprimer sur Twitter sans partager pour autant de lien ou de document… Pour cela, sollicitez le Centre de notifications :

❶ Ouvrez le **Centre de notifications**.

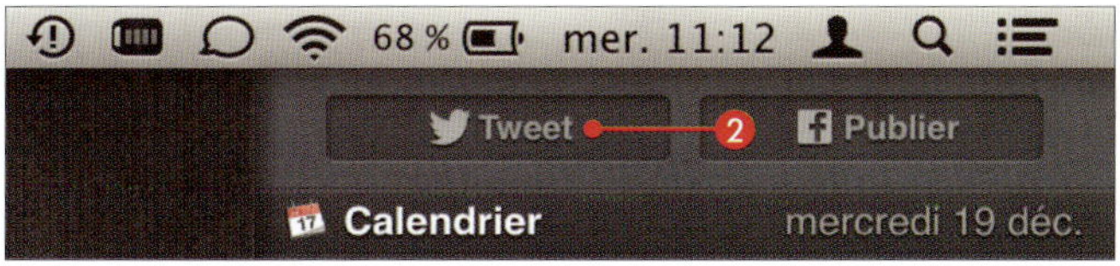

❷ Tout en haut de celui-ci, cliquez sur le bouton **Tweet**. Vous retrouvez la fenêtre de partage sur Twitter, vide, cette fois-ci, et prête à recevoir votre prose.

❸ Cliquez sur le bouton **Envoyer**. C'est parti !

NOTE

Pour accéder à des fonctionnalités plus complètes de Twitter, vous pouvez recourir à des applications compatibles avec ce service, à commencer par l'application Twitter officielle, distribuée dans l'App Store.

Enregistrer un compte Facebook

Pour que fonctionne l'intégration de Facebook au sein d'OS X, il est nécessaire que vous disposiez, bien sûr, d'un compte Facebook et que celui-ci soit enregistré par OS X. Un processus qui ne prend que quelques instants :

❶ Déroulez le menu **Pomme ▸ Préférences Système**.

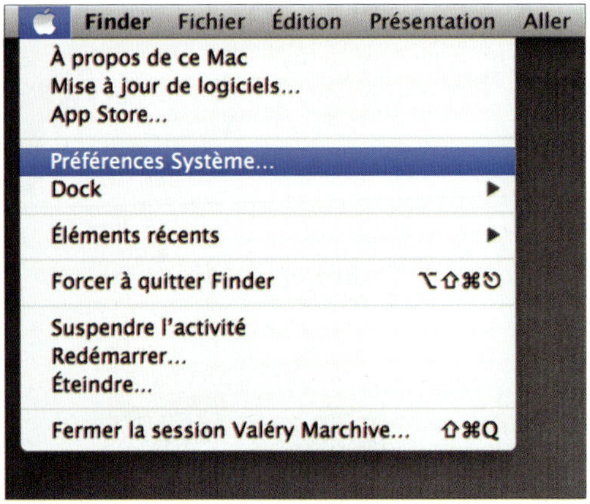

❷ Cliquez sur l'icône **Mail, Contacts et Calendrier**.

❸ Dans la liste de droite, cliquez sur **Facebook**.

❹ Renseignez les champs de la fenêtre puis cliquez sur **Ouvrir une session**. Voilà, c'est fini !

Contrairement à ce dont il est capable avec Twitter, OS X ne sait gérer qu'un seul compte Facebook à la fois. Mais il sait également lier la liste de vos contacts à la liste de vos amis Facebook – notamment pour enrichir les photos de profil de la première à partir des photos que vos amis ont publiées sur Facebook. Pour ce faire, cliquez sur le bouton **Obtenir les photos du profil**.

Partager sur Facebook

À l'instar de Twitter, Facebook est intégré aux fonctions de partage présentes à de nombreux endroits d'OS X Mountain Lion : dans Safari, dans le Finder, *etc.* Les solliciter s'avère donc particulièrement simple :

1. Sélectionnez, si nécessaire, l'élément à partager – comme un fichier, dans le Finder, par exemple.

2. Cliquez sur le bouton **Partager.**

3. Dans la liste, sélectionnez **Facebook.**

4. Une nouvelle fenêtre apparaît alors, qu'il vous revient de remplir pour pouvoir procéder effectivement au partage sur Facebook.

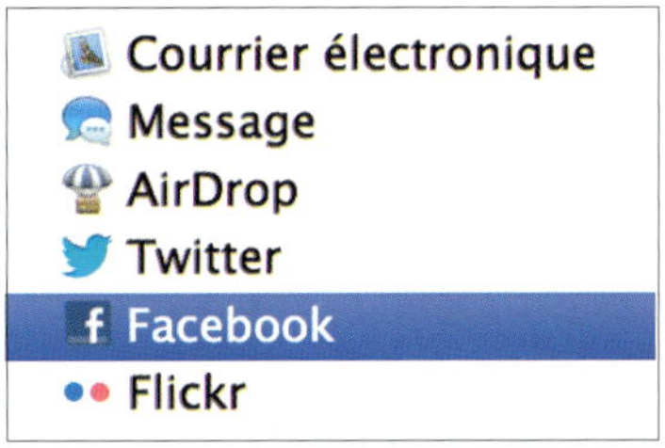

5. Indiquez votre texte dans l'espace *ad hoc*. Un compteur vous permet de vous assurer de ne pas dépasser la taille limite autorisée pour votre publication.

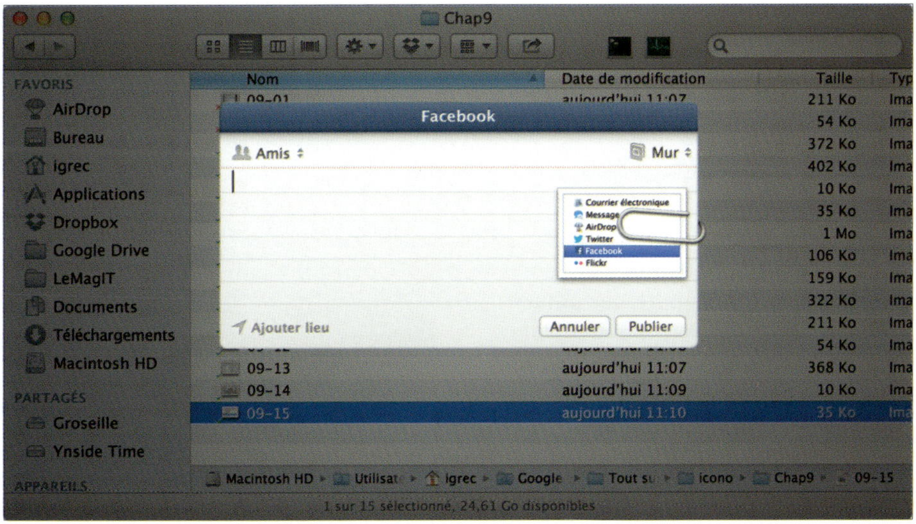

6 Si vous le souhaitez, cliquez sur **Ajouter lieu** pour ajouter le lieu d'où est envoyée votre publication – si elle s'y rapporte, bien sûr.

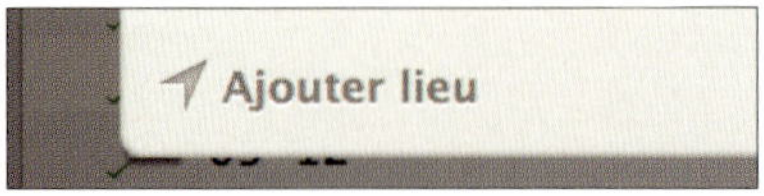

7 Avec Facebook, OS X vous propose de gérer la confidentialité de votre publication : cliquez sur le bouton **Amis** et sélectionnez, dans la liste, qui pourra consulter votre publication.

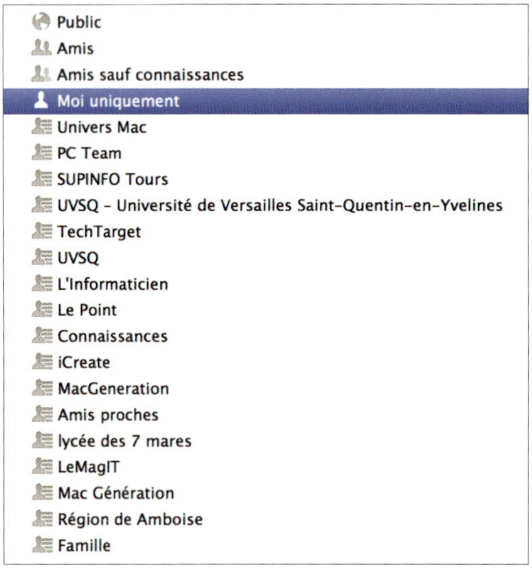

8 De la même manière, vous pouvez choisir l'endroit où sera publiée une image que vous choisissez de partager sur Facebook : déroulez pour cela la liste **Mur** et sélectionnez l'emplacement voulu.

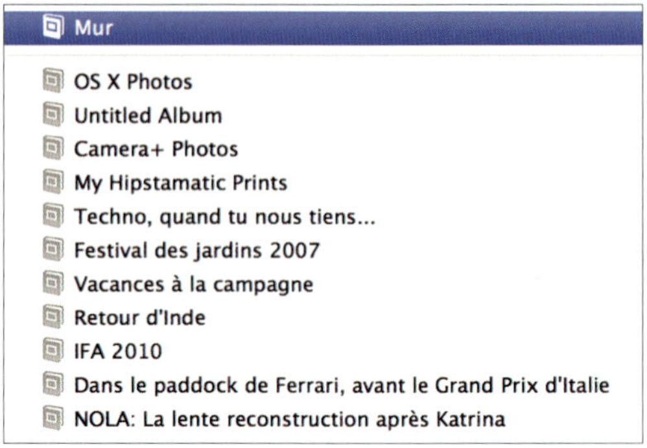

9 Lorsque vous avez fini, cliquez sur le bouton **Publier.** C'est parti !

Actualiser rapidement son statut Facebook

Vous pouvez également choisir de vous exprimer sur Facebook sans partager pour autant de lien ou de document… Pour cela, sollicitez le Centre de notifications :

1 Ouvrez le **Centre de notifications**.

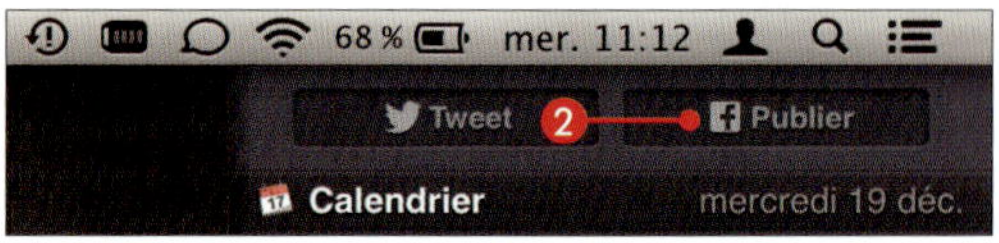

❷ Tout en haut de celui-ci, cliquez sur le bouton **Publier**. Vous retrouvez la fenêtre de partage sur Facebook, vide, cette fois-ci, et prête à recevoir votre prose.

❸ Là encore, choisissez le niveau de confidentialité de votre publication en cliquant sur **Amis**.

❹ Cliquez sur le bouton **Publier**. C'est parti !

NOTE

L'intégration de Facebook avec OS X Moutain Lion vous permet d'éviter de devoir vous identifier pour accéder au service en ligne dans Safari : c'est OS X qui se charge d'utiliser les identifiants que vous avez enregistrés.

Chapitre 10

S'organiser avec son MacBook Pro Retina

Dans ce chapitre :

- Enregistrer et modifier un contact
- Ajouter un contact depuis Mail
- Retrouver un contact
- Appeler directement un contact
- Enregistrer un rendez-vous
- Changer l'affichage de l'agenda
- Ajouter un agenda publié sur Internet
- Enregistrer ses notes
- Ajouter un rappel
- Supprimer un rappel

OS X est doté de plusieurs applications très pratiques pour s'organiser. Contacts permet, comme son nom l'indique, de gérer les coordonnées physiques et électroniques de ses contacts : adresses postales, numéros de téléphone, adresses mail, *etc.* Contacts met ses ressources à la disposition de toutes les applications OS X qui souhaitent y faire appel. Calendrier permet de suivre ses rendez-vous, ses tâches sur plusieurs agendas pour, par exemple, dissocier vie privée et vie professionnelle. À cela s'ajoutent un gestionnaire de tâches très pratique, ainsi qu'un outil de prise de notes.

Enregistrer et modifier un contact

Par défaut, l'application Contacts présente une fenêtre divisée en deux parties : à gauche, la liste des contacts ; le cadre principal, à droite, présente les informations relatives au contact sélectionné dans la colonne précédente.

L'enregistrement d'un nouveau contact est d'une grande simplicité :

1 Cliquez sur le bouton + en bas de la liste des contacts.

2 Remplissez les champs surlignés l'un après l'autre, dans la partie droite.

3 Cochez la case **Société** si la fiche correspond à une entreprise plutôt qu'à une personne.

4 Le cas échéant, glissez-déposez le fichier correspondant à la photo de la personne ou au logo de l'entreprise depuis le Finder dans le cadre en haut à gauche de la fiche.

Si la photo ne contient qu'un seul visage – une photo individuelle par opposition à une photo de groupe, notamment –, l'application Contacts se charge automatiquement de centrer la photo sur le visage. Mieux encore : si vous avez des photos de la personne voulue dans iPhoto (chapitre 13), et qu'elles ont été identifiées par la fonction Visages, vous pouvez choisir rapidement parmi elles ! Il vous suffit de double-cliquer sur le bouton **édition** du cadre photo de la fiche puis sur le bouton **Faces** de la fenêtre, en bas à gauche.

5 Cliquez sur le bouton **Terminé** lorsque vous avez fini.

Certains champs, comme les adresses électroniques, les numéros de téléphone, les amis et assistants, ou encore les adresses postales peuvent être multipliés à loisir en cliquant sur le bouton + correspondant entouré de vert. Le bouton entouré de rouge permet de supprimer un champ surnuméraire.

> **NOTE** Lorsque vous consultez la fiche d'un contact, cliquez sur l'étiquette de son adresse postale – domicile, travail, *etc.* – et sélectionnez **Situer sur une carte** pour localiser l'adresse avec le service Google Maps.

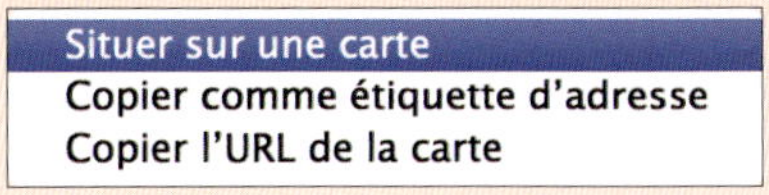

À tout moment, il est possible de modifier la fiche d'un contact, avec autant d'options que pour sa création initiale. Pour cela, cliquez simplement sur le bouton **Modifier** en bas de la fenêtre de l'application Contacts après avoir sélectionné la fiche voulue.

Ajouter un contact depuis Mail

On l'a vu, les autres applications d'OS X peuvent communiquer avec le Carnet d'adresses. Mail est tout particulièrement bien placé pour cela.

❶ Pour ajouter un contact à l'application Contacts à partir de Mail, cliquez sur son nom dans l'en-tête de message.

❷ Sélectionnez **Ajouter à Contacts**.

Si vous n'avez pas de message immédiatement disponible pour retrouver un contact :

❶ Déroulez le menu **Fenêtre ▸ Destinataires précédents**.

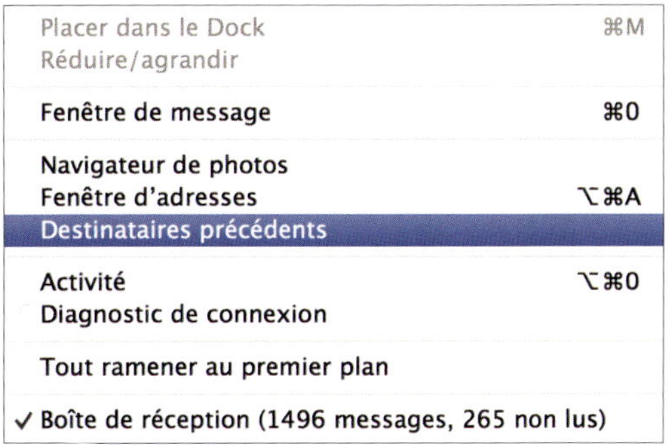

❷ Dans la liste, sélectionnez le contact à ajouter à l'application Contacts.

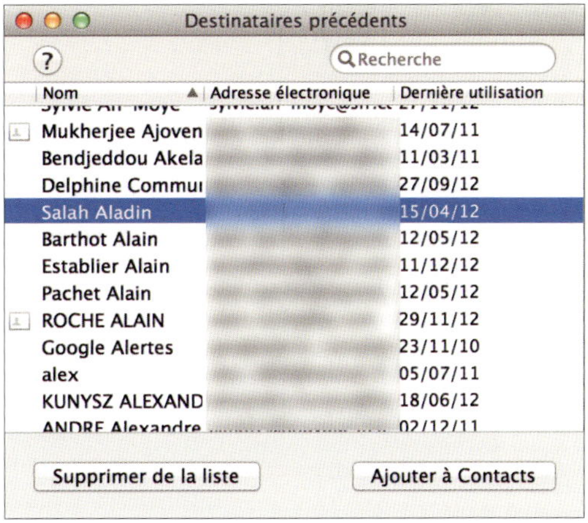

3 Cliquez sur le bouton **Ajouter à Contacts**.

Enfin, vous pouvez double-cliquer sur la carte de visite virtuelle (vCard) ajoutée en pièce jointe à un courriel : elle sera automatiquement ouverte par l'application Contacts et ajoutée aux autres contacts.

Retrouver un contact

La fenêtre de l'application Contacts intègre un champ de recherche : utilisez-le pour retrouver rapidement un contact, y compris à partir d'un numéro de téléphone à la manière d'un annuaire inversé :

1 Cliquez sur le champ de recherche en haut de la fenêtre de Contacts.

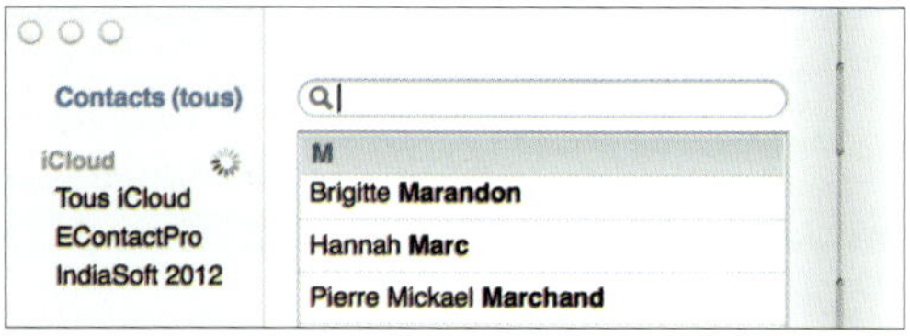

2 Commencez à taper le sujet de votre recherche. Les résultats apparaissent à mesure que vous tapez et que s'affine la liste.

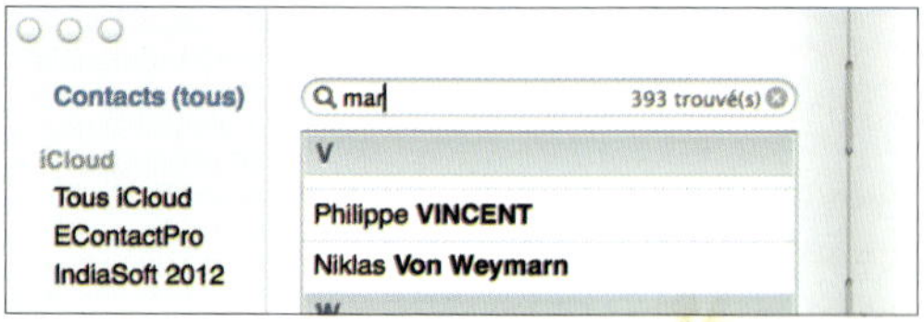

Appeler directement un contact

Lorsque vous avez trouvé la fiche du contact que vous voulez joindre, vous n'avez peut-être même pas besoin de décrocher votre téléphone pour l'appeler…

1 Si vous utilisez Skype ou que votre correspondant utilise FaceTime, cliquez simplement sur l'intitulé de l'un de ses numéros de téléphone.

2 Cliquez sur l'option qui vous paraît la plus appropriée.

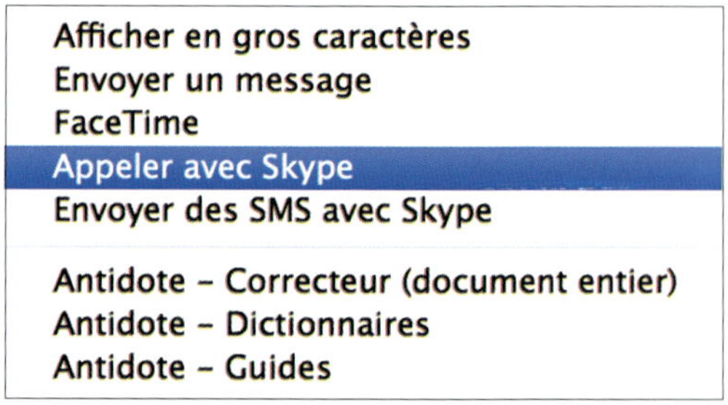

Enregistrer un rendez-vous

L'enregistrement d'un nouvel événement est l'une des opérations de base de Calendrier. Du coup, Apple semble s'être attaché à la rendre particulièrement simple en proposant plusieurs options particulièrement efficaces :

1 Cliquez sur le bouton + en haut à gauche, dans la barre d'outils de Calendrier. Tapez alors les éléments d'information sur votre rendez-vous, en langage naturel – en utilisant par exemple une date et une heure précises, mais aussi « matin, midi, soir, dîner », *etc.* –, sur le modèle du texte grisé de la fenêtre qui apparaît. Validez ensuite par **Entrée**.

2 Double-cliquez sur une date et une heure dans le cadre principal de Calendrier. Un nouvel événement est créé à l'heure et la date choisis ; il ne vous reste plus qu'à en indiquer l'intitulé.

3 Dernière option : déroulez le menu **Fichier ▸ Nouvel événement**.

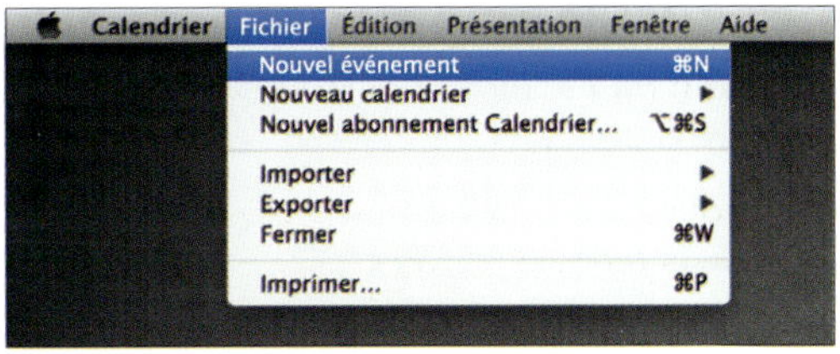

L'intitulé d'un événement peut être modifié à tout moment : il suffit de double-cliquer dessus.

> NOTE
> Vous pouvez créer un événement à partir de n'importe quelle information textuelle, depuis la plupart des applications d'OS X Mountain Lion : il vous suffit de sélectionner et de faire un clic droit sur une date écrite, puis de sélectionner **Créer un événement Calendrier**.

Changer l'affichage de l'agenda

Par défaut, Calendrier présente les calendriers par semaines. Cet affichage peut être modifié à tout moment à l'aide des trois boutons **Jour**, **Semaine**, **Mois** et même **Année** de la barre d'outils de Calendrier.

Les flèches gauche et droite de la barre d'outils permettent, selon l'affichage, de passer d'un jour à l'autre, d'une semaine à l'autre, ou d'un mois à l'autre. Le bouton **Aujourd'hui** permet de revenir au jour courant.

Pour accéder à plus d'options d'affichage de Calendrier, déroulez le menu **Présentation**.

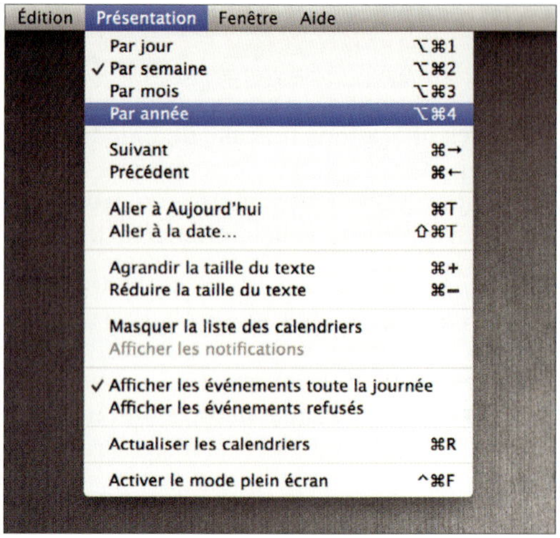

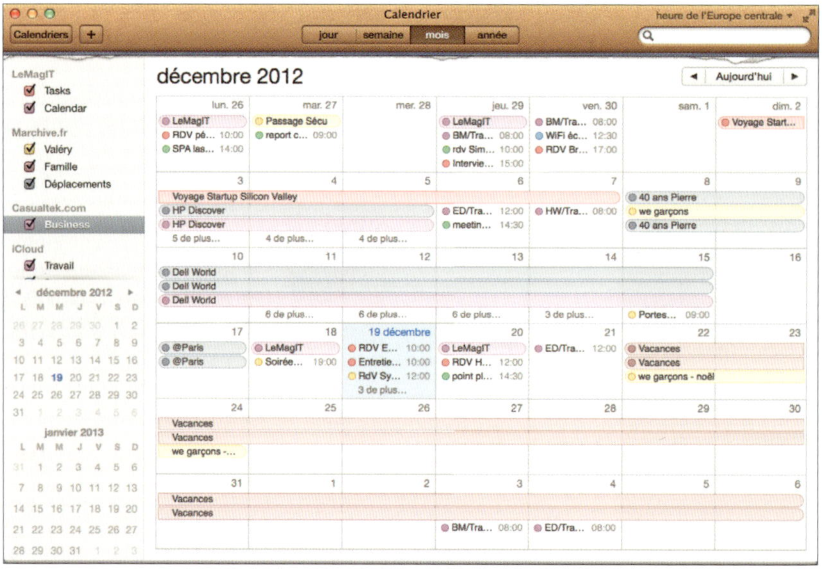

Ajouter un agenda publié sur Internet

La plupart des calendriers partagés sont très aisément accessibles :

❶ Pour profiter d'un calendrier partagé, déroulez le menu **Fichier** ▸ **Nouvel abonnement Calendrier**.

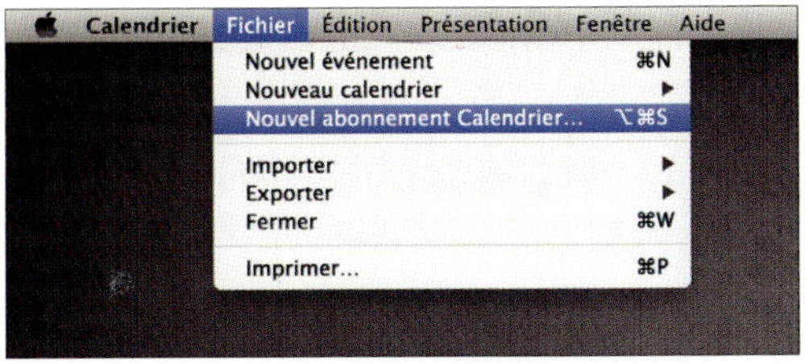

2. Indiquez l'adresse Web du calendrier partagé dans le champ prévu à cet effet.

3. Cliquez sur **S'abonner**.

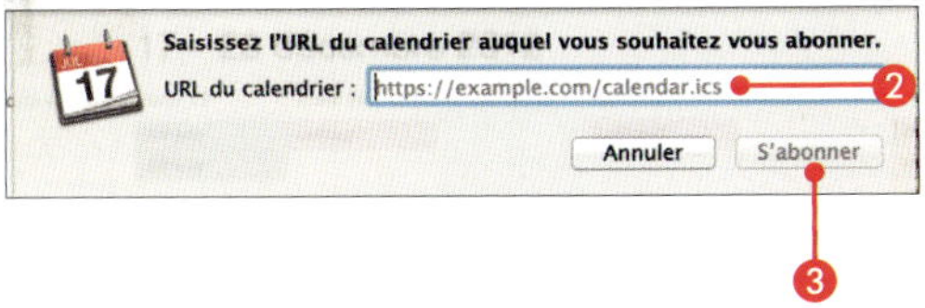

Le calendrier partagé est automatiquement ajouté à la liste de vos calendriers.

> **NOTE**
> Lorsque vous cliquez sur le lien d'un calendrier partagé sur le Web, dans une page affichée par Safari, Calendrier s'y abonne automatiquement.

Enregistrer ses notes

Se passer d'un bloc-notes ? C'est évidemment possible. Mais l'objet reste pratique pour jeter rapidement quelques idées – ou plus – sur le papier. Avec l'application Notes, il s'agit de faire plus et d'enregistrer ces notes sur Internet pour mieux les synchroniser avec un iPhone et un iPad, par exemple, au travers du réseau. Ces notes ne sont pas exposées aux quatre vents : elles sont stockées dans… un simple serveur de messagerie. Par défaut, Notes peut donc utiliser iCloud pour stocker les notes. Mais il supporte également tout compte de messagerie configuré pour utiliser le protocole IMAP.

La création d'une nouvelle note ne nécessite que quelques étapes :

1. Cliquez sur le bouton + en bas à gauche de la fenêtre de Notes.

2. Commencez à taper votre texte dans la partie jaune de la fenêtre.

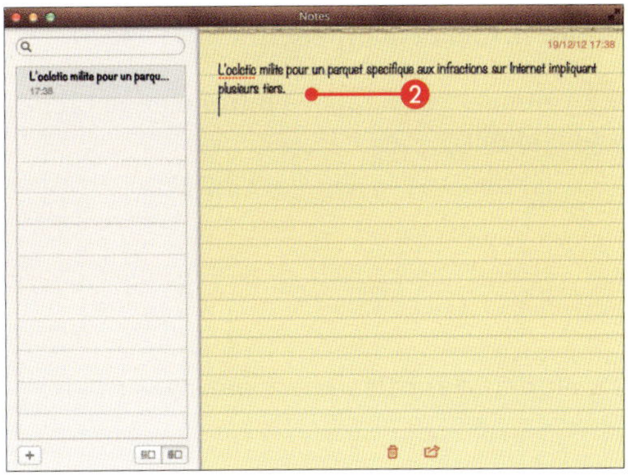

C'est aussi simple que ça ! Ne cherchez même pas à sauvegarder : votre texte sera enregistré automatiquement sur Internet.

> NOTE
> Vous ne souhaitez pas taper votre texte ? Pensez à le dicter en utilisant les fonctions de dictée vocale d'OS X Mountain Lion.

Vous pouvez choisir d'utiliser des polices différentes de celle proposée par défaut par Apple pour la prise de notes. Et même des couleurs, des graisses, des tailles variées… Faites appel pour cela au menu **Format**.

Ajouter un rappel

La gestion de ces tâches est assurée par une application dédiée, Rappels. Ce qui ne manque pas d'intérêt. De fait, les rappels sont synchronisés entre Mac, iPhone, iPad, *etc.* Ils peuvent faire l'objet d'alertes, non seulement à un moment précis que vous définissez comme bon vous semble, mais également à un lieu, ou même les deux. Vous pouvez ainsi définir un pense-bête électronique pour vous souvenir d'acheter du pain lorsque vous arrivez au supermarché, le lundi à 11 h. Une fonction très puissante.

La création d'un nouveau rappel est très rapide :

❶ Cliquez sur l'une des lignes du bloc-notes virtuel de Rappels.

❷ Commencez à taper l'intitulé de la tâche à accomplir.

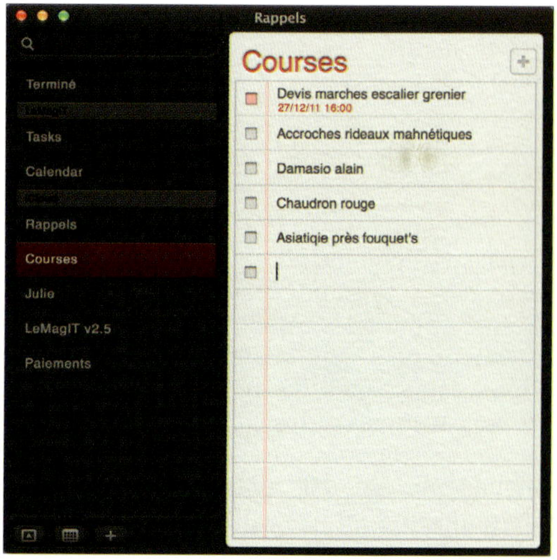

❸ Lorsque vous avez fini, double-cliquez sur la tâche enregistrée, ou cliquez sur le bouton **i** à l'extrémité droite de la ligne correspondante.

❹ Cochez la case **Un jour** pour définir un jour et une heure auxquels la tâche concernée doit vous être rappelée.

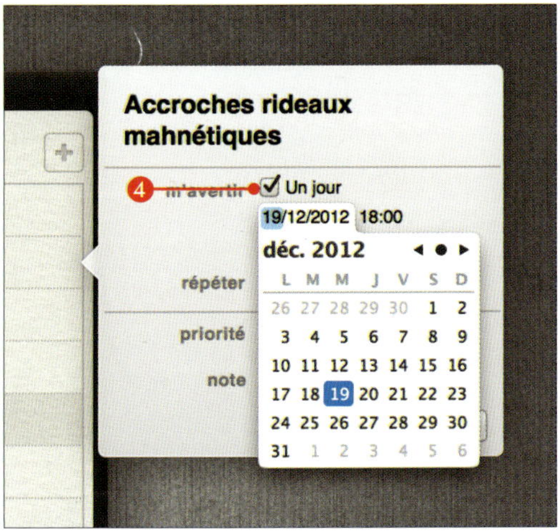

❺ Cochez la case **À un emplacement** pour définir un lieu de rappel. L'application Rappels demande alors à utiliser votre localisation pour utiliser, par défaut, le lieu où vous vous trouvez.

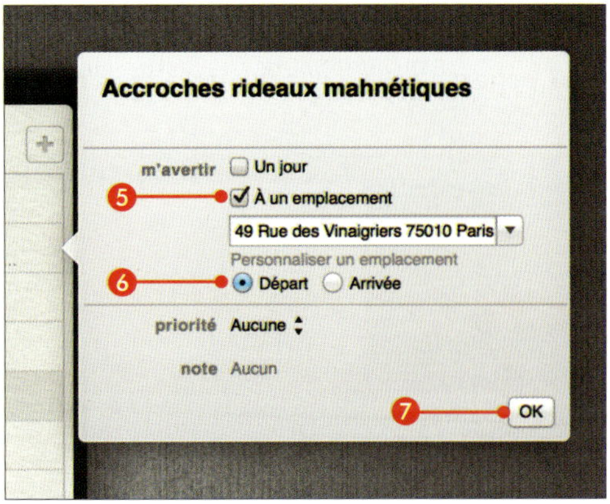

❻ Cochez **Départ** ou **Arrivée** selon que vous souhaitez être alerté en quittant le lieu défini – votre lieu de travail, par exemple – ou en y arrivant.

❼ Lorsque vous avez fini, cliquez sur le bouton **OK**.

C'est aussi simple que ça ! Ne cherchez même pas à sauvegarder : votre texte sera enregistré automatiquement sur Internet, et synchronisé avec vos terminaux mobiles iOS.

Supprimer un rappel

Peut-être, au bout d'un certain temps, voudrez-vous supprimer des notes frappées d'obsolescence ? C'est également très simple :

❶ Cochez la case à gauche de la tâche achevée.

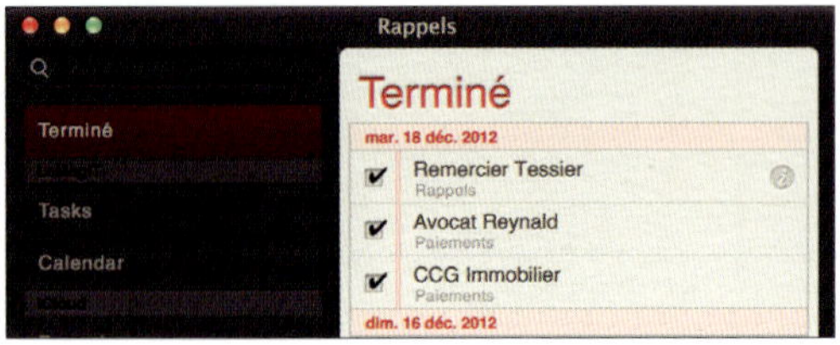

❷ Toutes les tâches achevées sont rangées sous l'intitulé **Terminé**, dans la barre latérale de Rappels. Il vous reste à sélectionner la tâche à supprimer et à appuyer sur la touche **Effacement arrière**.

Chapitre 11

Lire et partager des vidéos

Dans ce chapitre :

- Lire une vidéo avec QuickTime Player
- Éditer une vidéo avec QuickTime Player
- Partager une vidéo sur YouTube
- Importer une vidéo dans iMovie
- Créer un nouveau projet iMovie
- Couper, assembler des séquences avec iMovie
- Ajuster le cadrage d'une séquence
- Ajustement finement la sélection d'une séquence
- Corriger le bouger avec iMovie
- Ajouter un effet vidéo à une séquence
- Insérer un titre
- Insérer une transition
- Ajouter une bande-son à sa vidéo
- Partager sa vidéo

QuickTime Player est le lecteur multimédia fourni avec OS X Mountain Lion : il permet d'écouter des fichiers audio et de visualiser des vidéos dans de nombreux formats différents. En audio, QuickTime Player prend en charge naturellement les fichiers compressés aux formats AAC, AMR, Apple Lossless, MP3 et WAV, notamment. En vidéo, les principaux formats pris en charge par QuickTime Player sont 3GPP, Cinepak, DV, DVCPRO, H.263, H.264 (MPEG-4), Motion-JPEG, MPEG-1 et Sorenson Video. Pour compléter cette liste, il est recommandé d'utiliser les extensions gratuites Perian (www.perian.org) et Flip4Mac (www.flip4mac.com).

De son côté, iMovie est un logiciel de montage vidéo complet – moins qu'une solution professionnelle, mais déjà doté de fonctions puissantes – permettant de réaliser des films de très belle qualité.

Lire une vidéo avec QuickTime Player

Lorsque vous double-cliquez sur l'icône d'un fichier multimédia du disque dur de votre Mac, QuickTime Player en lance automatiquement la lecture dans une fenêtre dédiée. Cette fenêtre se caractérise essentiellement par les contrôles de lecture qu'elle propose dans sa partie inférieure. De haut en bas, vous trouverez :

❶ La glissière de réglage du niveau sonore de lecture.

❷ Les boutons de contrôle avec, de gauche à droite, le retour rapide, la mise en pause/lecture et l'avance rapide. Mais il faut aussi compter avec trois commandes supplémentaires : l'affichage sous la forme de vignettes des éventuels chapitres de la vidéo ; la commande d'exportation (voir plus loin) ; et celle d'affichage en plein écran.

❸ La barre de progression qui affiche, de gauche à droite, le temps écoulé depuis le début du fichier multimédia, une glissière permettant de déplacer le point de lecture dans le fichier multimédia, et un oscillographe pour le son.

NOTE En cours de lecture, cliquez sur le chronomètre à l'extrémité droite de la barre de progression de la fenêtre de QuickTime Player pour alterner entre l'affichage de la durée restante et celui de la durée totale de la vidéo.

❹ Certaines vidéos sont proposées en plusieurs langues, à l'instar des DVD vidéo. Déroulez le menu **Présentation ▸ Langue** pour choisir la piste-son qui vous convient. Pour obtenir des sous-titres, déroulez le menu **Présentation ▸ Sous-titres**.

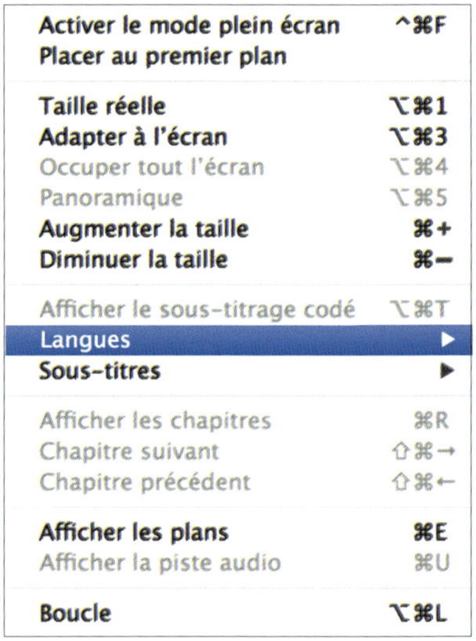

Lire une vidéo en plein écran

Il est toujours plus confortable de regarder un film en plein écran que dans une petite fenêtre.

❶ Pour profiter de ce mode d'affichage, déroulez le menu **Présentation ▸ Activer le mode plein écran**.

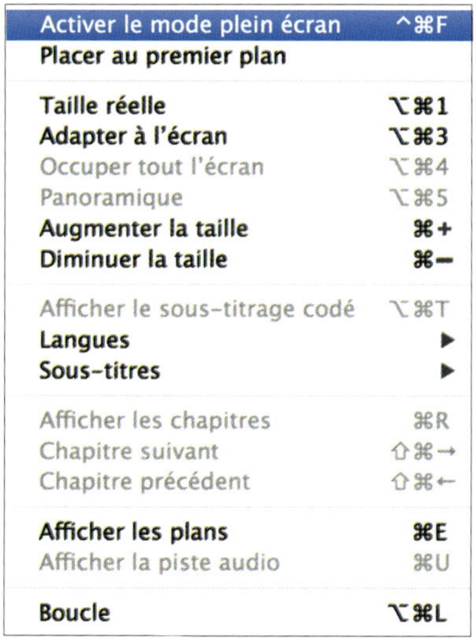

❷ La vidéo est automatiquement agrandie et adaptée aux dimensions de l'écran principal de votre Mac. Lorsque vous déplacez la souris alors que vous regardez une vidéo en plein écran, un bandeau de commandes s'affiche en surimpression. Il reprend presque exactement les commandes de la partie inférieure de la fenêtre de lecture de QuickTime Player.

❸ Pour quitter l'affichage en plein écran, quittez le mode plein écran comme pour toute autre application OS X.

> **NOTE** Si deux écrans sont connectés à votre Mac, vous pouvez choisir celui qui sera utilisé pour l'affichage plein écran de la vidéo que vous êtes en train de lire : placez simplement la fenêtre de QuickTime Player sur l'écran que vous voulez utiliser puis activez la lecture en plein écran.

Éditer une vidéo avec QuickTime Player

QuickTime Player propose des fonctions d'édition de séquence vidéo basiques – c'est le moins que l'on puisse dire… – mais qui peuvent néanmoins s'avérer utiles : cela peut permettre de supprimer les publicités enregistrées en trop au début et à la fin d'une émission de télévision, par exemple, mais pas les publicités intermédiaires.

Pour utiliser ces fonctions d'édition de QuickTime Player :

❶ Tapez **cmd+T**. La bande de commandes de QuickTime Player cède la place à la bande d'édition, ou d'élagage si l'on s'en réfère aux termes retenus par Apple.

2 Déplacez la partie gauche du cadre jaune de sélection jusqu'au début de la séquence que vous voulez conserver.

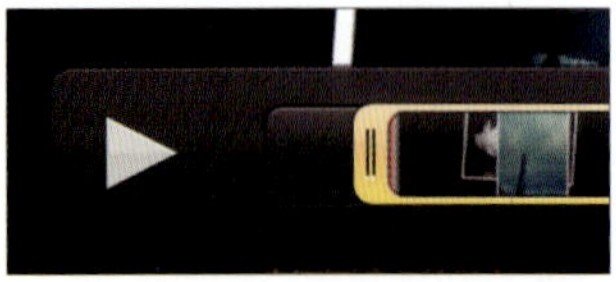

3 Déplacez la partie droite du cadre jaune de sélection jusqu'à la fin de la séquence que vous voulez conserver.

4 Pour vérifier que vous avez bien sélectionné tout ce que vous voulez conserver de la séquence d'origine, faites glisser votre souris dans le cadre jaune de sélection en maintenant le bouton (gauche) enfoncé : les images correspondantes défilent à l'écran.

NOTE

Tapez **cmd+U** : au lieu de vignettes de prévisualisation, l'outil d'élagage de QuickTime Player affiche un oscillogramme de la bande son.

5 Lorsque vous êtes prêt, cliquez sur **Élaguer**. La partie sélectionnée est conservée ; le reste est supprimé.

6 Déroulez le menu **Fichier ▸ Exporter** pour enregistrer votre séquence retaillée. Le fichier d'origine n'est pas modifié.

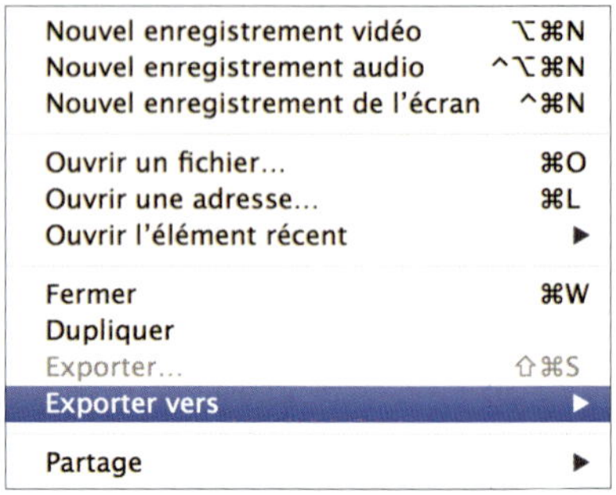

Heureusement, QuickTime Player va un peu plus loin : il permet aussi de couper des éléments au sein d'une vidéo, en jouant sur la segmentation des plans.

1 Tapez **cmd+Y**. La bande de commandes de QuickTime Player cède la place à la bande de scission par plans.

2 Sélectionnez un plan en cliquant dessus et supprimez-le. Ou bien double-cliquez dessus pour… l'élaguer !

3 À la fin d'un plan existant, vous pouvez également en ajouter un autre, *via* le menu **Édition ▸ Ajouter un plan après la sélection**. Vous n'avez alors qu'à choisir le fichier correspondant. Et en cas de défaut d'alignement entre les plans, déroulez le menu **Édition ▸ Alignement du plan** pour corriger le défaut.

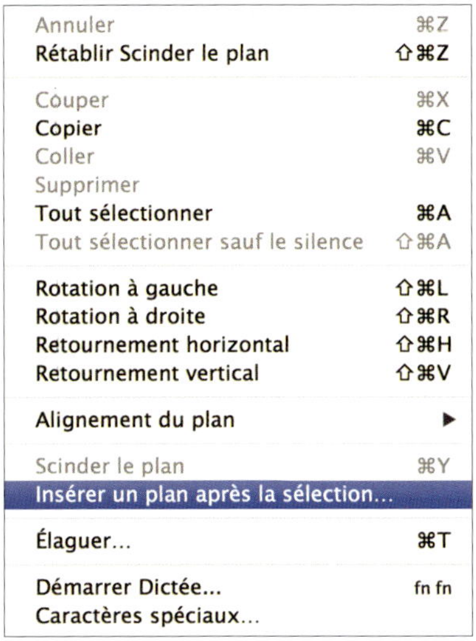

❹ Lorsque vous êtes prêt, cliquez sur **Terminer**.

> NOTE
>
> Le plan que vous voulez utiliser a été tourné dans le « mauvais sens » ? Ce n'est pas un souci : vous pouvez faire « tourner » vos plans pour les remettre à l'endroit. Cela se passe dans le menu **Édition** : toutes les options de rotation sont là.

Partager une vidéo sur YouTube

Une fois votre vidéo éditée, vous pouvez avoir envie de la partager avec vos proches. Ça tombe bien, QuickTime Player intègre désormais des fonctions d'exportation vers iTunes, Flickr, Facebook… et bien sûr YouTube et Viméo. Mais, avant de faire appel à l'une de ces fonctions, assurez-vous de bien disposer des droits nécessaires sur les vidéos que vous souhaitez partager. Par exemple, vous n'avez pas le droit de partager sur Internet (Vimeo ou YouTube, notamment) des enregistrements d'émissions de télévision, à moins que les détenteurs des droits sur ces émissions ne vous en aient explicitement donné l'autorisation.

Pour envoyer une vidéo sur YouTube, vous devez disposer d'un compte d'utilisateur auprès de ce service de Google ; votre vidéo doit durer moins de 10 minutes.

❶ Déroulez le menu **Fichier ▸ Partage ▸ YouTube**.

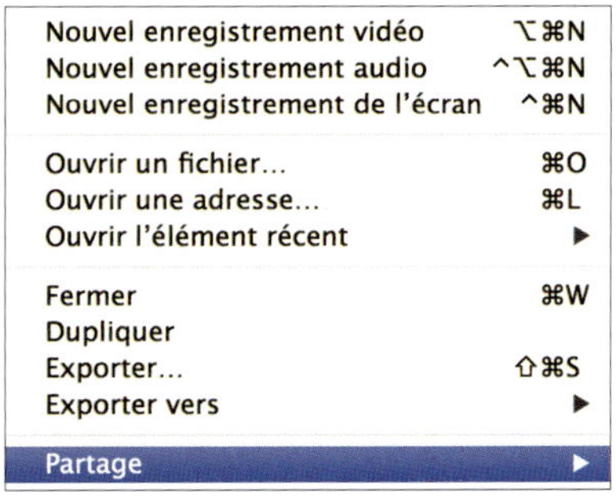

❷ Indiquez votre nom d'utilisateur YouTube et le mot de passe associé dans les champs *ad hoc* puis cliquez sur **Se connecter**.

❸ Renseignez le formulaire suivant conformément aux indications puis cliquez sur **Suivant**. Cliquez ensuite sur **Partager**.

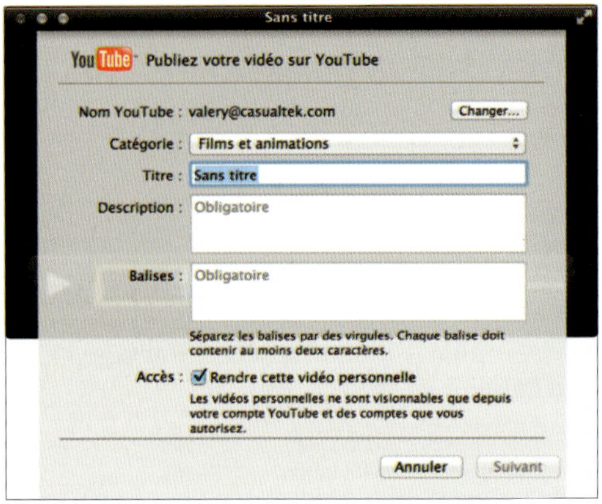

L'opération d'exportation commence alors. Elle peut prendre plusieurs dizaines de minutes – selon la durée de votre vidéo et sa définition –, car votre séquence est d'abord recompressée avant d'être transmise à YouTube.

De la même manière, QuickTime Player vous permet de convertir vos vidéos pour votre iPhone/iPod ou votre Apple TV : ça se passe dans le menu **Fichier ▸ Exporter vers ▸ iTunes**.

Importer une vidéo dans iMovie

iMovie propose des fonctionnalités bien plus étoffées que Quicktime Player pour le montage vidéo. Pour en profiter, la première étape, c'est bien sûr de rapatrier la vidéo filmée avec votre Caméscope. Pour cela, branchez ce dernier à votre Mac *via* un câble USB. Suivez le guide :

❶ Lancez iMovie et suivez les instructions à l'écran.

❷ Une fois arrivé à la fenêtre principale du logiciel, cliquez sur le bouton orné d'une caméra, à gauche de la barre médiane de la fenêtre.

❸ Utilisez les contrôles de déplacement dans la bande pour sélectionner le point de départ de la séquence à copier.

❹ Cliquez sur le bouton **Capture** (pour un Caméscope analogique) ou **Tout importer** (pour un Caméscope numérique).

5 Si votre source vidéo est en haute définition, 720p ou plus, iMovie vous demandera de choisir entre une importation en pleine qualité – jusqu'à 40 Go par heure de vidéo… – ou en qualité modérément dégradée, en 960 × 540 pixels.

6 Sélectionnez le disque d'enregistrement dans le menu déroulant **Enregistrer dans** puis cliquez sur **Importer**.

7 Lorsque vous avez fini, cliquez sur **Terminé**. Le processus d'importation commence alors ; il sera suivi de celui de la création des aperçus de la vidéo. L'ensemble peut être très long, car la durée du processus dépend notamment de la puissance de calcul de votre Mac.

Les séquences copiées apparaissent dans la liste **Bibliothèque d'événements**, en bas à gauche de la fenêtre principale d'iMovie. Remarquez l'élément **Vidéos iPhoto** de la **Bibliothèque** : il répertorie toutes les vidéos que vous avez prises avec votre appareil photo numérique et qui ont été transférées dans iPhoto !

NOTE

Avec un Caméscope numérique, vous pouvez choisir les séquences à importer. Pour cela, désactivez l'option **Automatique** de la fenêtre d'importation et sélectionnez **Manuel**. Décochez alors la case sous les séquences que vous ne souhaitez pas importer et cliquez sur **Importer les éléments cochés**.

Créer un nouveau projet iMovie

Le moment est venu de passer au montage proprement dit. Prenez une grande inspiration et brandissez votre souris : attention, ça va aller très vite !

1 Déroulez le menu **Fichier** ▸ **Nouveau projet**.

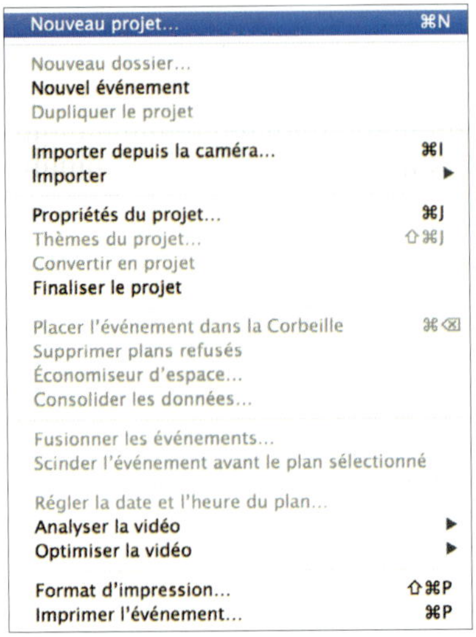

2 Baptisez votre projet, dans le champ **Nom du projet**, et choisissez un thème visuel parmi ceux proposés dans le grand cadre de la fenêtre.

3 Déroulez la liste **Proportions** et sélectionnez le format d'image voulu.

4 Cliquez sur le bouton **Créer**. Vous voilà prêt à procéder au montage.

> NOTE
>
> Après coup, si vous avez un doute sur la pertinence de votre choix pour le thème de votre projet, vous pourrez revenir dessus : il vous suffira de faire un clic droit sur le cadre du projet et de sélectionner **Thèmes du projet** dans le menu local.

Couper, assembler des séquences avec iMovie

La fenêtre iMovie se sépare en plusieurs zones : le cadre Projet, en haut à gauche ; la prévisualisation, en haut à droite ; et la Bibliothèque en bas.

1 Commencez par sélectionner la séquence à utiliser pour le montage, dans la **Bibliothèque**. La séquence apparaît dans le cadre inférieur droit sous la forme d'une série de vignettes.

2 Glissez votre souris sur la série de vignettes : la vidéo s'affiche en même temps dans le cadre de prévisualisation, en haut à droite de la fenêtre d'iMovie.

3 Cliquez sur le début de la séquence à sélectionner pour le montage.

4 À l'aide de la souris, ajustez la taille de la séquence en déplaçant les extrémités gauche et droite du cadre de sélection jaune.

5 Ça y est, vous avez choisi la première séquence de votre montage ! Glissez-déposez la sélection jaune dans le cadre central de la partie supérieure de la fenêtre : la séquence est ajoutée à votre projet vidéo.

Renouvelez cette série d'opérations autant de fois que nécessaire pour ajouter à votre projet de montage vidéo toutes les séquences voulues.

NOTE

L'organisation globale de la fenêtre d'iMovie est fixe. Néanmoins, vous pouvez glisser-déplacer la barre médiane de la fenêtre : la taille des autres zones de la fenêtre est ajustée automatiquement.

Ajuster le cadrage d'une séquence

Votre séquence vidéo est mal cadrée ? Elle a été tournée « à l'envers » ? Vous pouvez corriger cela dans iMovie :

❶ Cliquez sur la roue crantée en début d'une séquence, dans le bouton bleu.

❷ Sélectionnez **Rognage et rotation**.

❸ Cliquez sur les deux flèches de la fenêtre de prévisualisation pour faire tourner votre vidéo dans le sens horaire ou dans le sens antihoraire.

❹ Ajustez le cadrage à l'aide de la souris en déplaçant les coins du rectangle vert de sélection.

❺ Lorsque vous êtes prêt, cliquez sur **Terminé**.

Attention : le rognage peut réduire la qualité de votre vidéo finale. Par exemple, si vous rognez l'image d'une séquence en définition 720p et que vous cherchiez à produire une vidéo en 720p, la baisse de qualité sera visible. Mais si vous rognez légèrement une vidéo en 1080p pour produire un film en 720p, il est possible qu'aucune baisse de qualité ne soit perceptible.

Ajuster finement la sélection d'une séquence

Vous avez un doute ? Auriez-vous coupé trop large ? Vous pouvez modifier votre montage.

❶ Sélectionnez la séquence que vous voulez affiner, dans le cadre **Projet**.

❷ Cliquez sur le bouton illustré d'une roue crantée, à l'extrémité gauche de la séquence sélectionnée.

❸ Sélectionnez **Éditeur de précision**.

❹ Sélectionnez le rond bleu, au milieu du cadre inférieur, et déplacez-le pour ajuster la transition entre les plans.

Deux boutons, en haut de la barre d'outils de la zone de travail, vous permettent d'afficher des éléments graphiques d'informations supplémentaires susceptibles de vous aider dans votre montage : le premier affiche les doublures voix ainsi que les sous-titres, notamment ; le second affiche l'oscillogramme de la piste-son d'origine – une information très utile pour réaliser une coupe lorsqu'un intervenant cesse de parler.

❺ Vous pouvez aussi déplacer, indépendamment l'une de l'autre, chacune des séquences, la première étant en haut, et la seconde en bas.

❻ Pour enchaîner précisément deux séquences, cliquez sur la première à l'endroit où vous voulez que soit enchaînée la seconde.

❼ Cliquez sur la seconde, à l'endroit où vous voulez que la première séquence lui cède la place.

❽ Vous pouvez faire la même chose pour les pistes audio afin, notamment, de permettre à la bande-son d'une séquence de se substituer à celle de l'autre.

❾ Lorsque vous avez fini, cliquez sur **Terminé**.

Corriger le bouger avec iMovie

Il n'est pas rare que les vidéos prises au Caméscope présentent un bouger – susceptible de donner le mal de mer à ceux qui regarderont le film monté… Plus le zoom utilisé lors de la prise de vue est puissant, plus le risque est important. C'est là qu'intervient la stabilisation logicielle.

1. Cliquez sur le petit bouton illustré d'une roue crantée, à gauche d'une séquence lorsque vous la survolez à la souris dans la zone de montage.

2. Cochez la case **Lisser l'animation du plan**.

3. Patientez quelques minutes pendant qu'iMovie travaille.

4. Cliquez sur **Terminé** lorsque vous avez fini.

Ajouter un effet vidéo à une séquence

Vous pouvez également « jouer » avec vos séquences, en les agrémentant d'effets vidéo. iMovie en propose vingt.

1. Cliquez sur le petit bouton illustré d'une roue crantée, à gauche d'une séquence lorsque vous la survolez à la souris dans la zone de montage.

2. Sélectionnez **Ajustements de plan.**

❸ Cliquez sur le bouton **Effet vidéo**.

❹ Choisissez l'effet vidéo à appliquer à la séquence, dans la palette de miniatures.

❺ Outre ces effets prédéfinis, vous pouvez également jouer sur la vitesse de défilement de votre vidéo, pour l'accélérer ou, au contraire, produire un ralenti. Ajustez la glissière **Vitesse** à cette fin. Enfin, cochez la case **Inverser** pour… inverser le sens de défilement du plan et donner ainsi l'effet d'un rembobinage !

Insérer un titre

iMovie vous permet d'agrémenter votre montage de titres très simplement. Ce serait dommage de vous en priver !

❶ Cliquez sur le bouton marqué d'un **T** dans la barre médiane de la fenêtre d'iMovie, à l'extrémité droite, pour afficher la liste des styles de titres disponibles.

❷ Un cadre apparaît alors, avec l'ensemble des styles de titres proposés.

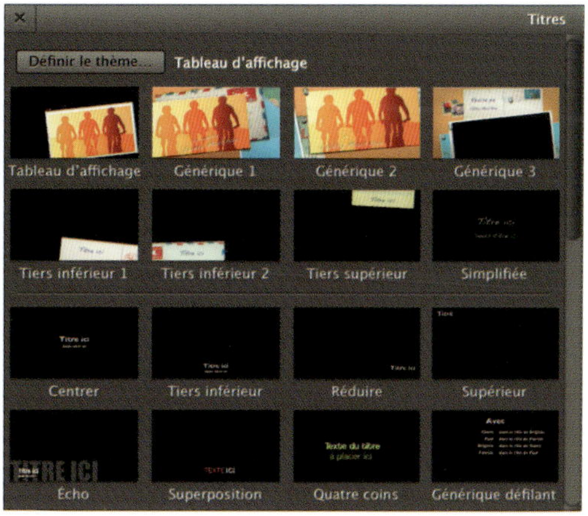

❸ Glissez-déposez le style de titre qui vous convient le mieux dans le cadre central de la partie supérieure de la fenêtre, à l'emplacement où vous souhaitez le voir apparaître.

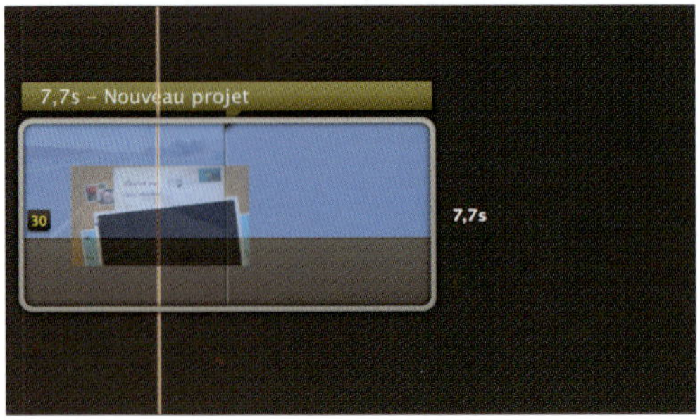

❹ Le titre apparaît aussitôt en surimpression de la vidéo, dans le cadre de prévisualisation. Certains titres vous imposeront de choisir, par exemple, un arrière-plan. Tapez ensuite votre texte dans les champs *ad hoc*.

❺ Lorsque vous avez fini, cliquez sur **Terminé**.

> NOTE
>
> Vous pouvez bien sûr, et à tout moment, ajuster la durée d'affichage de votre titre, de même que le moment dans votre vidéo, à partir duquel il doit apparaître : déplacez à la souris le début et la fin de la barre jaune correspondant à votre titre dans la zone de montage.

Insérer une transition

Lors de votre montage, vous serez sûrement amené à assembler, les unes derrière les autres, des séquences sans rapport visuel évident entre elles. Pour éviter que le phénomène ne semble trop brutal à la visualisation de la vidéo finale, pensez à insérer des transitions entre chaque séquence :

❶ Cliquez sur l'avant-dernier bouton à droite de la barre médiane de la fenêtre d'iMovie pour afficher les transitions.

❷ Glissez-déposez la transition qui vous convient entre deux séquences, dans le cadre central de la partie supérieure de la fenêtre d'iMovie : votre transition est ajoutée !

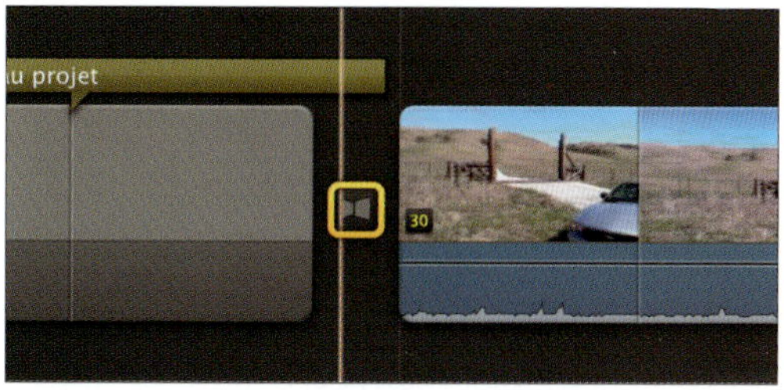

Ajouter une bande-son à sa vidéo

Réaliser une prise de son irréprochable avec un Caméscope relève de la gageure. Et puis, bien sûr, il y a des moments où l'on préfère ne pas entendre ce qui a pu être enregistré ! Pour tous ces cas-là, et bien d'autres encore, iMovie permet d'ajouter un doublage sonore :

❶ Cliquez sur le bouton illustré d'une note de musique dans la barre médiane de la fenêtre d'iMovie, à droite : la liste des effets sonores et musiques disponibles apparaît, y compris l'ensemble de votre discothèque iTunes !

❷ Sélectionnez le morceau que vous voulez utiliser et glissez-déposez-le dans le cadre au centre de la partie supérieure de la fenêtre d'iMovie ou précisément sur une séquence : dans le premier cas, l'élément sonore concernera l'ensemble du montage ; dans le second, il ne sera audible que pour la séquence visée.

> **NOTE** Vous pouvez aussi faire des commentaires dans vos vidéos ! Pour cela, cliquez sur le bouton illustré d'un micro, dans la barre médiane d'iMovie, afin de pouvoir enregistrer votre voix.

❸ Et si vous ne voulez pas que l'on entende, en plus du doublage, la piste-son d'origine de votre vidéo, cliquez sur la petite roue crantée au début de la piste verte de doublage audio. Là, sélectionnez **Ajustements audio**. Cochez la case **Réduire le volume des autres pistes à** et ajustez la glissière jusqu'à obtenir **0 %**. Cliquez alors sur **Terminé** : la bande-son d'origine de la séquence concernée n'est plus audible !

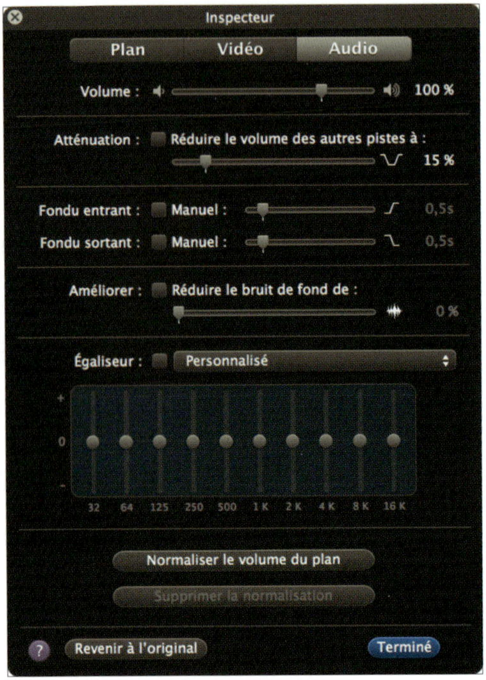

NOTE

Si vous ne voulez pas utiliser votre bibliothèque iTunes pour doubler vos vidéos, vous pouvez aussi utiliser des créations musicales originales réalisées avec GarageBand. Ou même des échantillons sonores fournis par Apple : ils sont rangés sous les rubriques **Effets sonores iMovie** et **Effets sonores iLife** de la liste des éléments audio.

Partager sa vidéo

Lorsque votre montage est terminé, vous pouvez passer à la diffusion de votre création. Ce n'est pas plus compliqué que le travail de montage que vous venez d'effectuer :

1. Déroulez le menu **Partage** et sélectionnez **Exporter le film**.

2. Indiquez l'emplacement d'enregistrement et sélectionnez la taille d'exportation.

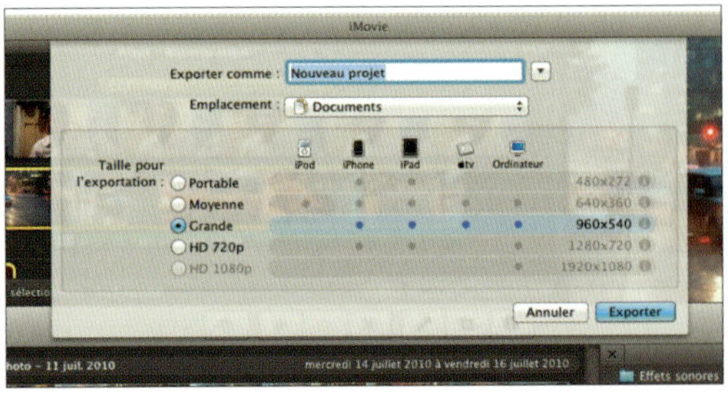

3. Cliquez sur le bouton **Exporter**.

La durée de l'opération dépend de la puissance de votre Mac et de la durée de votre film.

Chapitre 12

Tout pour la musique

Dans ce chapitre :

- Ajouter de la musique à iTunes
- Ripper un CD avec iTunes
- Passer d'un type de contenus à l'autre
- Parcourir sa discothèque
- Profiter de ses contenus multimédias
- Ajuster la restitution sonore
- Créer des listes de lecture
- Laisser Genius choisir sa musique
- Écouter sa musique sur sa chaîne Hi-Fi
- Profiter de la musique d'un autre Mac
- Accéder à l'iTunes Store

iTunes est un puissant logiciel de gestion de discothèque et vidéothèque qu'Apple fournit gratuitement avec OS X. En cela, iTunes offre une interface simple et élégante de consultation de ses contenus multimédia. Il permet en outre de modifier les informations relatives à ces contenus, telles que les pochettes, les noms des artistes ou encore le classement des chansons.

iTunes est indispensable à l'utilisation des baladeurs multimédias iPod et de l'iPhone et du lecteur multimédia de salon Apple TV.

Ajouter de la musique à iTunes

C'est l'opération de base ! Il s'agit d'enregistrer dans sa bibliothèque iTunes les fichiers audio/vidéo de son Mac :

❶ Déroulez le menu **Fichier ▸ Ajouter à la bibliothèque**.

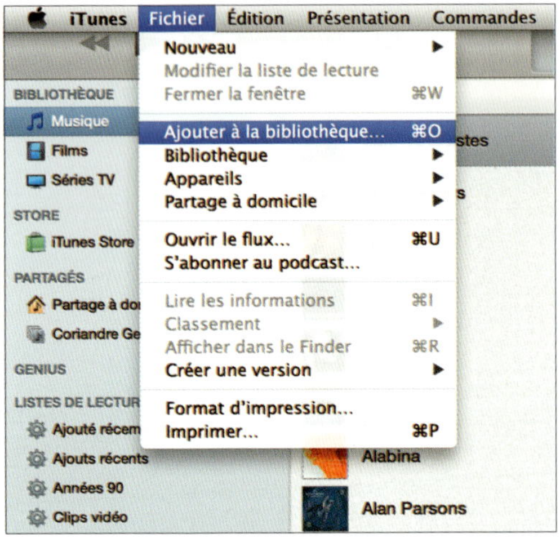

❷ Sélectionnez les fichiers ou les dossiers à ajouter dans iTunes.

❸ Cliquez sur **Ouvrir**.

L'ajout commence aussitôt. La durée de l'opération peut varier de quelques secondes à plusieurs dizaines de minutes en fonction du nombre de fichiers concernés.

Les fichiers ne sont disponibles pour l'écoute, la visualisation ou la copie sur un iPod ou une Apple TV qu'une fois l'ajout terminé.

> NOTE
> Par défaut, iTunes copie les fichiers ajoutés dans le dossier **Musique/iTunes** de votre espace personne,l sur le disque dur de votre Mac. Ce comportement peut être modifié à partir des préférences d'iTunes.

Ripper un CD avec iTunes

Lorsque vous insérez un CD audio dans le lecteur de disques optiques de votre Mac, iTunes se lance aussitôt et entame la lecture du CD. Le logiciel se connecte alors à une base de données sur Internet, référençant la quasi-totalité des CD audio commercialisés dans le monde : iTunes récupère ainsi le nom de l'album, les artistes associés, le titre des chansons, *etc*.

Et de vous proposer alors d'importer le CD audio dans la bibliothèque.

❶ Cliquez sur **Oui** pour que le CD audio soit copié sur le disque dur de votre Mac et ajouté à la bibliothèque iTunes : vous pourrez en profiter à loisir sans avoir à l'insérer de nouveau dans le lecteur de disques optiques de votre Mac.

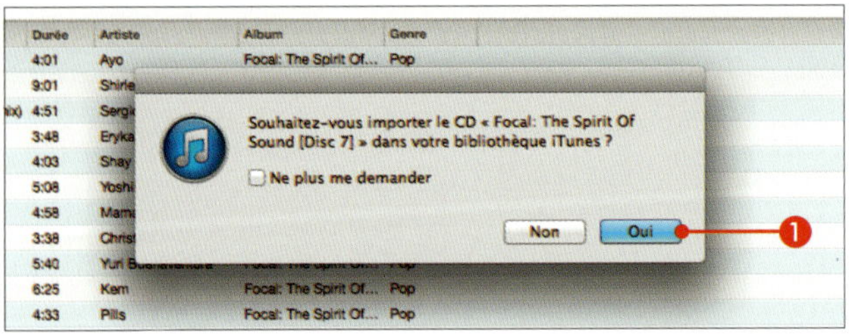

Tant que l'importation n'est pas terminée, il est impossible d'éjecter le CD. Une fois l'importation finie, cliquez sur le bouton d'éjection en bas à droite de la fenêtre d'iTunes pour éjecter le CD audio.

NOTE

Si vous déclinez l'offre d'iTunes, vous pouvez à tout moment lancer manuellement l'importation du CD audio en le sélectionnant sous le bouton **Bibliothèque**, puis en cliquant sur le bouton **Importer le CD** en haut à droite de la fenêtre d'iTunes.

Passer d'un type de contenus à l'autre

iTunes peut stocker votre musique, mais aussi des films, des vidéos personnelles, des séries TV, des livres, *etc*. La navigation entre tous ces contenus se fait *via* le premier bouton situé à gauche dans la barre d'outils :

1. Cliquez sur ce bouton pour afficher la liste **Bibliothèque**.

2. Sélectionnez le type de contenu dont vous souhaitez profiter.

Par commodité, nous évoquerons ici ce bouton sous le nom de « bouton Bibliothèque. »

Parcourir sa discothèque

Pour la musique, iTunes propose plusieurs présentations : liste de morceaux, planche d'albums, et liste des albums par artistes.

1. Cliquez sur l'une de ces présentations dans la barre supérieure du cadre principal de la fenêtre d'iTunes.

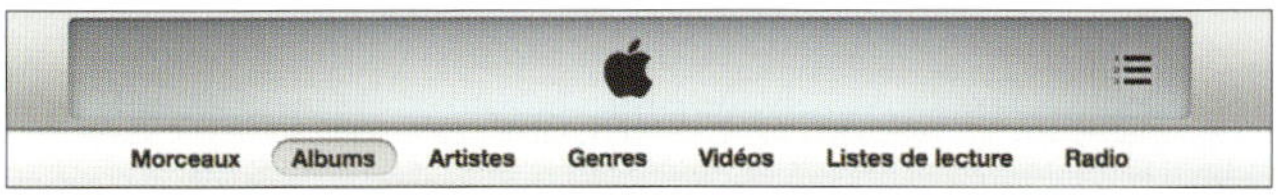

Votre discothèque apparaît automatiquement suivant la mise en forme choisie. Par exemple, en présentation par albums, ceux-ci sont triés par ordre alphabétique :

❶ Double-cliquez sur la vignette d'un album pour lancer sa lecture complète.

❷ Cliquez sur la vignette d'un album pour accéder à la liste des morceaux. Double-cliquez alors sur un morceau pour en lancer la lecture.

Profiter de ses contenus multimédias

Déclencher la lecture d'un fichier géré par iTunes est simple :

❶ Double-cliquez sur le fichier voulu.

La lecture commence aussitôt. Les vidéos sont affichées dans une fenêtre séparée.

La barre d'outils d'iTunes comprend l'essentiel des contrôles disponibles pendant la lecture avec, de gauche à droite :

- **Retour** : cliquez sur ce bouton pour revenir au début du fichier ; maintenez votre clic sur ce bouton pour déclencher un retour rapide.
- **Pause** : cliquez sur ce bouton pour alterner entre lecture et pause.
- **Avance** : cliquez sur ce bouton pour passer au fichier suivant ; maintenez votre clic sur ce bouton pour déclencher une avance rapide.
- **Volume** : déplacez la glissière pour ajuster le niveau sonore pendant la lecture.
- **AirPlay** : cliquez sur ce bouton pour afficher la liste des périphériques AirPlay disponibles.

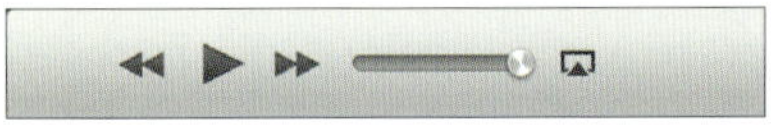

L'écran de contrôle, au milieu de la barre d'outils, offre en plus une barre de progression qui indique l'avancement de la lecture du fichier avec son nom, la durée écoulée et le temps de lecture récent :

❶ Cliquez sur un point précis de la barre de progression pour accéder à l'endroit correspondant du fichier.

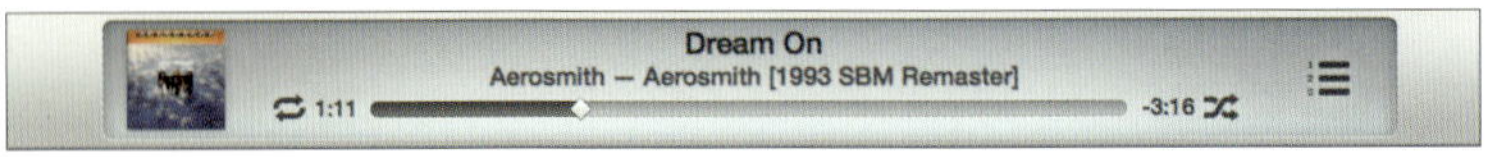

2 Cliquez sur les deux flèches à gauche de la barre de progression pour lancer la lecture en boucle de l'album en cours de lecture.

3 Cliquez sur les deux flèches à droite de la barre de progression pour lancer la lecture aléatoire.

4 Cliquez sur la liste à trois éléments à l'extrémité droite de l'écran de contrôle pour affiche la liste des morceaux dont la lecture s'enchaînera.

NOTE

Vous n'avez pas envie de revenir systématiquement à la fenêtre d'iTunes pour contrôler la lecture d'un album ? Pensez à utiliser les touches spéciales de votre clavier !

Réduire la fenêtre d'iTunes

Une fois que vous avez choisi l'album ou la liste de lecture que vous voulez écouter, vous n'avez plus vraiment besoin de la fenêtre d'iTunes dans toute son ampleur. Alors, activez le lecteur réduit !

1 Cliquez sur le bouton situé à gauche du bouton de passage en plein écran, en haut à droite de la fenêtre d'iTunes.

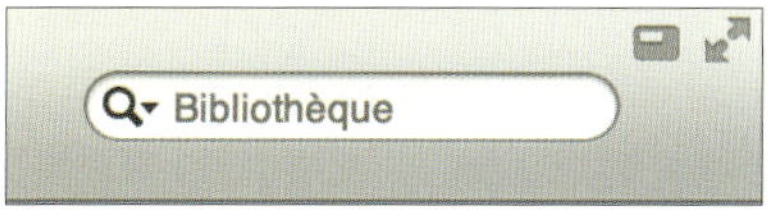

2 Le lecteur réduit apparaît aussitôt. Il regroupe l'essentiel des contrôles de lecture.

3 Pour retrouver la fenêtre complète d'iTunes, cliquez simplement sur le petit rectangle à gauche de la fenêtre, sous la croix.

Ajuster la restitution sonore

iTunes propose un égaliseur graphique qui permet d'ajuster finement les réglages de diffusion sonore. Il s'applique aussi bien à la musique qu'aux vidéos.

1 Pour afficher l'égaliseur sonore, déroulez le menu **Fenêtre ▸ Égaliseur**.

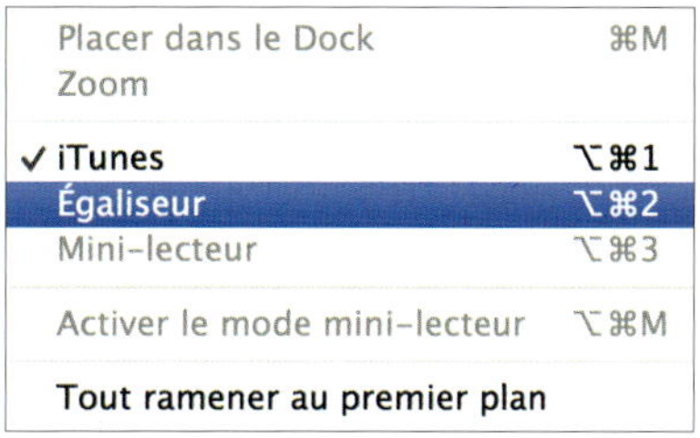

2 Cochez la case **Activé**.

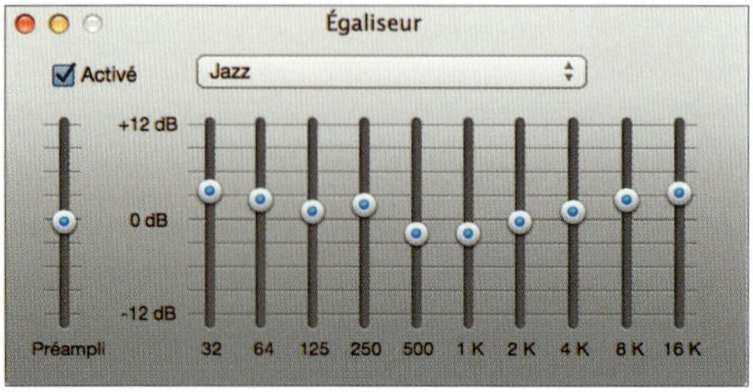

3 Déroulez la liste **Activé** et sélectionnez l'un des réglages prédéfinis ou ajustez manuellement l'égaliseur sur les dix bandes d'égalisation prévues.

Vous pouvez refermer la fenêtre : l'égaliseur reste actif.

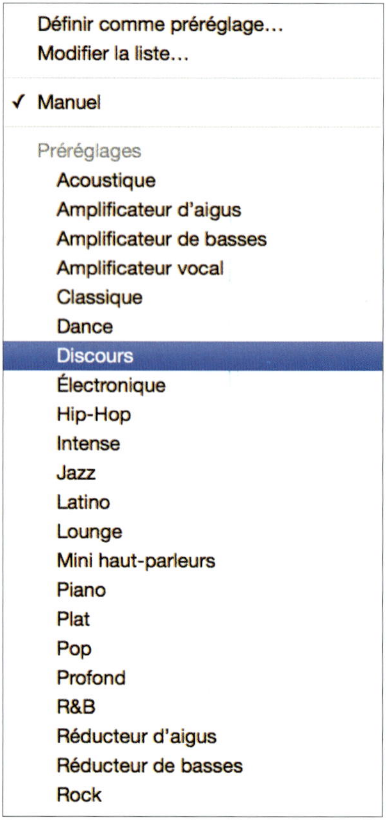

Créer des listes de lecture

Les listes de lecture consistent en des extraits de la bibliothèque. Elles peuvent être notamment utilisées pour préparer le remplissage d'un iPod ou tout simplement constituer des listes de musiques adaptées à une ambiance, un environnement : travail, détente, surf sur Internet, *etc*.

1 Cliquez sur le bouton **Bibliothèque**, puis sélectionnez **Musique**.

❷ Dans la barre de navigation, cliquez sur **Listes de lecture**.

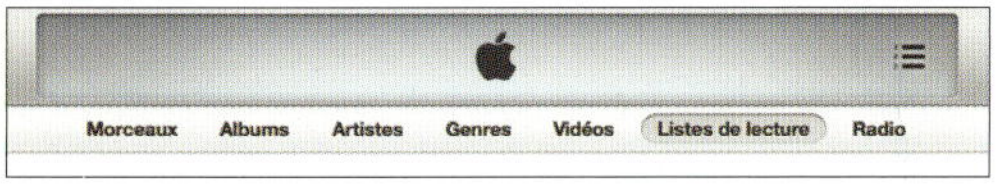

❸ Pour créer une liste de lecture, cliquez sur le bouton + en bas de la fenêtre d'iTunes.

❹ Tapez le nom de la nouvelle liste de lecture dans le champ surligné de la barre latérale d'iTunes.

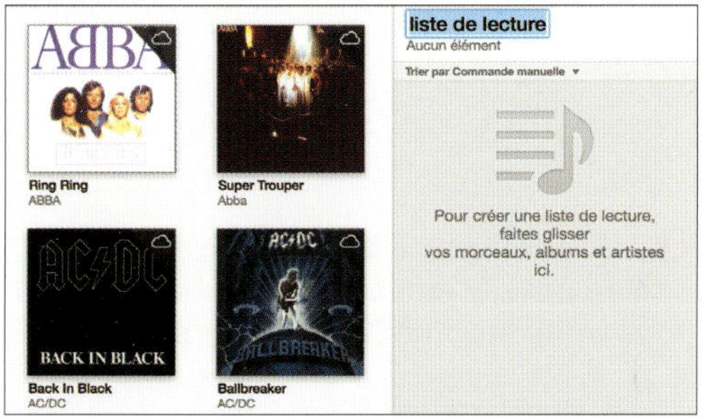

❺ Glissez-déposez les morceaux à ajouter à la liste depuis la bibliothèque sur l'icône de la nouvelle liste de lecture dans la barre latérale d'iTunes.

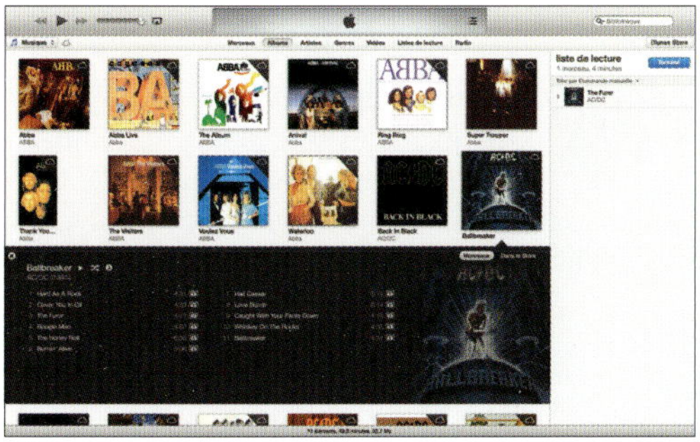

❻ Cliquez sur le bouton **Terminé** lorsque vous avez fini.

Les morceaux ne sont pas déplacés ni copiés ailleurs sur le disque dur : ils sont juste « virtuellement » ajoutés à la liste.

❶ Pour consulter le contenu d'une liste, cliquez sur la liste correspondante dans la barre latérale d'iTunes.

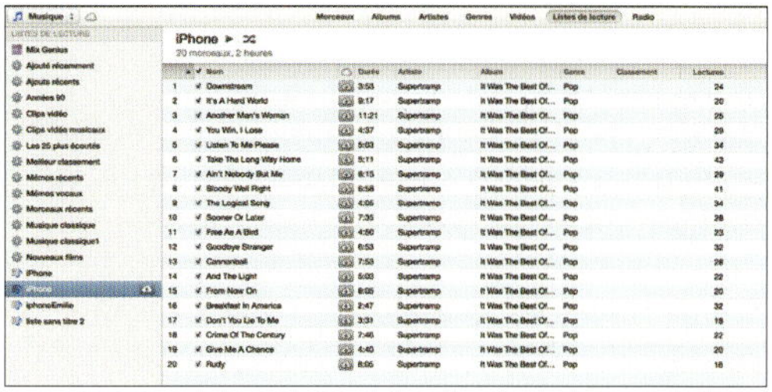

❷ Double-cliquez sur le premier morceau à lire.

La lecture commence aussitôt et se poursuit jusqu'à la fin de la liste de lecture.

> **NOTE** Pour créer une liste de lecture encore plus vite, sélectionnez les éléments à intégrer à la liste puis déroulez le menu **Fichier ▸ Nouvelle liste de lecture à partir de la sélection**.

Laisser Genius choisir sa musique

Genius est une fonction de recommandation de morceaux musicaux intégrée à iTunes. Elle s'appuie à la fois sur la discothèque de votre Mac et sur l'iTunes Store. Genius remonte régulièrement des informations sur vos habitudes d'écoute – anonymement – à Apple pour lui permettre d'affiner les recommandations de Genius en fonction des goûts des utilisateurs d'iTunes.

Genius, c'est d'abord un outil de production de listes de lecture semi-aléatoires à partir d'un morceau déjà sélectionné, sur la base de son style musical et sa tonalité d'ensemble. Si besoin, activez Genius au préalable en déroulant le menu **Store ▸ Activer Genius**. Ne vous inquiétez pas : le processus initial de collecte des données de la bibliothèque peut être… assez long.

1. Sélectionnez un morceau dans votre discothèque.

2. Faites un clic droit sur ce morceau et sélectionnez **Créer une liste de lecture.**

3. iTunes affiche alors une sélection de morceaux de votre discothèque qui, selon lui, seraient appropriés à une écoute enchaînée, à partir du morceau que vous avez sélectionné.

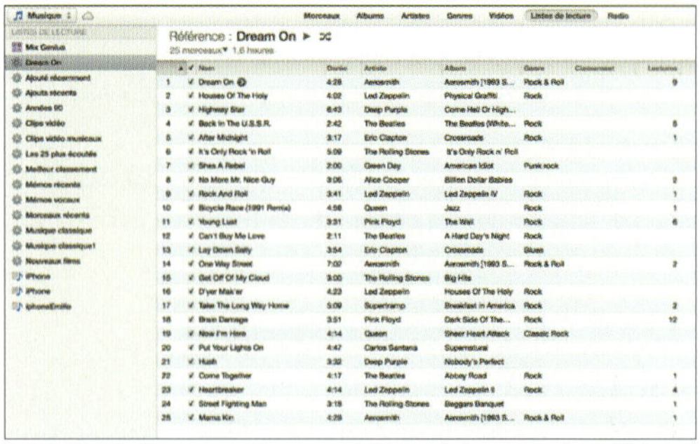

4. Cliquez sur le bouton **Actualiser** pour obtenir une autre proposition.

5. Déroulez la liste **Morceaux** et sélectionnez le nombre de morceaux que vous souhaitez que Genius vous suggère.

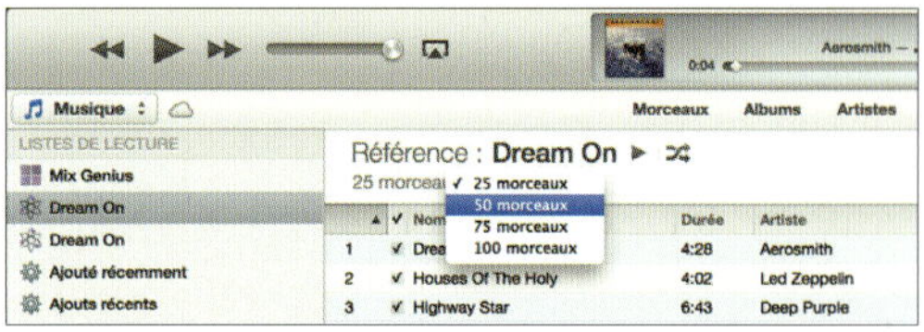

> **NOTE** Vous pouvez utiliser iTunes, quitter Genius, puis y revenir à tout moment, sans que les résultats de la suggestion soient perdus : vous les retrouverez parmi les **Listes de lecture**.

Écouter sa musique sur sa chaîne Hi-Fi

AirPlay est probablement l'une des fonctions les plus intéressantes d'iTunes. Pour faire simple, cette fonction permet d'envoyer musique et vidéos pour les diffuser depuis iTunes vers une Apple TV, une borne AirPort Express, un équipement Hi-Fi compatible – et même la Freebox Server ! Concrètement, en s'appuyant sur cette fonction, votre Mac ne se contente plus de stocker des contenus multimédias : c'est un serveur multimédia pour vos appareils connectés.

❶ La vidéo que vous voulez regarder commence à se lire. Appuyez sur le bouton représentant un rectangle avec une flèche pointant vers l'intérieur du rectangle, à l'extrémité droite des commandes de lecture.

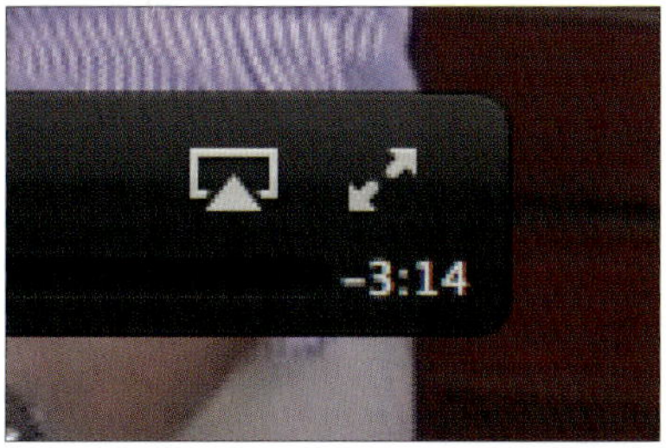

❷ C'est le bouton de commande d'AirPlay. Dès que vous appuyez dessus, une liste s'affiche pour vous proposer les différents terminaux de lecture (les récepteurs AirPlay) disponibles. Dans la liste, choisissez celui que vous voulez utiliser.

Voilà, c'est tout. Frustré ? On vous avait pourtant prévenu… c'est simple, très simple !

Avec la musique, les options sont toutefois un peu plus complètes.

❶ Le bouton AirPlay apparaît dans la fenêtre d'iTunes, à droite de la glissière de réglage du volume. Là encore, d'un clic dessus, choisissez le dispositif vers lequel envoyer votre musique.

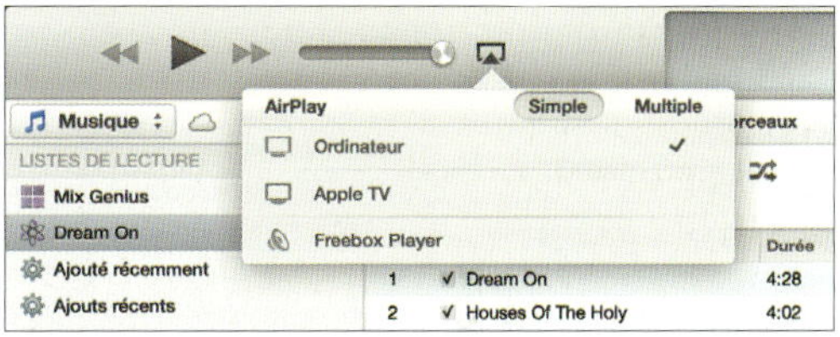

Mais il y a mieux, vous pouvez envoyer la musique vers plusieurs appareils de lecture compatibles AirPlay, simultanément :

❶ Cliquez sur le bouton AirPlay et cliquez sur **Multiple**.

❷ Cliquez sur le rond à droite du nom de chaque périphérique AirPlay que vous voulez utiliser puis ajustez son volume de restitution sonore avec la glissière correspondante.

Profiter de la musique d'un autre Mac

iTunes permet de partager en réseau le contenu de sa bibliothèque multimédia. Les bibliothèques ainsi partagées apparaissent automatiquement dans la rubrique **Partagés** de la liste **Bibliothèques partagées**.

1 Pour accéder aux contenus partagés d'un autre Mac, cliquez simplement sur la bibliothèque correspondante depuis le bouton **Bibliothèques partagées**.

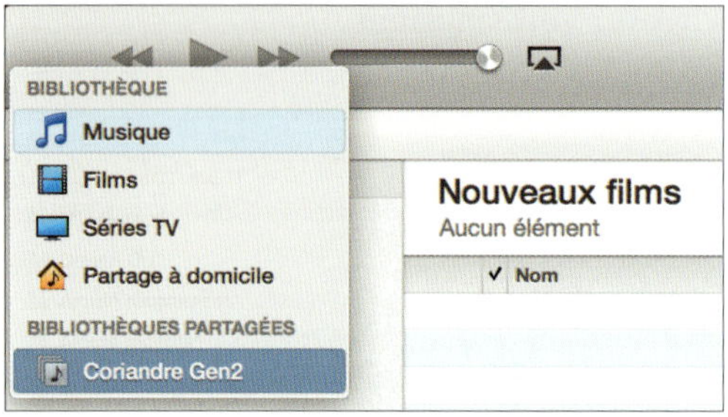

La durée du chargement dépend de la taille de la bibliothèque et de la rapidité du réseau. Mais cette fonction ne vous permet que de consulter des contenus partagés… pas de les copier sur votre Mac pour ensuite, par exemple, les transférer sur votre iPhone ou votre iPad. Pour accéder à ce niveau de confort supplémentaire, il vous faut activer le partage à domicile. Une fonction intimement liée à AirPlay. Elle vous permet également d'automatiser le transfert des morceaux, livres, vidéos et même applications iOS achetées d'une machine à l'autre au sein de votre partage domestique.

1 Pour activer le partage à domicile, déroulez le menu **Fichier ▸ Partage à domicile ▸ Activer le partage à domicile**.

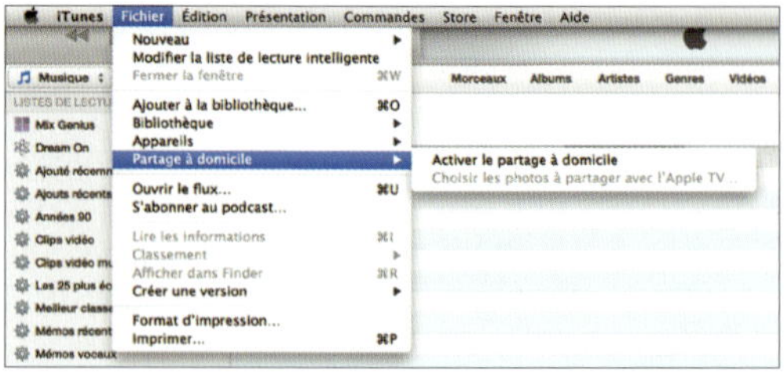

2 Indiquez votre identifiant Apple et le mot de passe correspondant dans les champs *ad hoc*, puis cliquez **Activer le partage à domicile**.

L'activation est quasi immédiate. Mais il y a un bémol : c'est vous qui allez devoir enrôler chacun de vos Mac domestiques dans le partage à domicile, manuellement, en reproduisant les deux étapes ci-dessus et en indiquant votre identifiant Apple et votre mot de passe. Et cela ne vaut pas seulement pour les Mac : cela est également valable pour les iPhone, iPad, iPod touch et Apple TV dont vous pourriez vouloir en faire profiter pour utiliser la fonction AirPlay.

Accéder à l'iTunes Store

L'iTunes Store est le service de vente en ligne de contenus multimédias d'Apple. L'accès à l'iTunes Store se fait d'un simple clic sur le bouton éponyme dans la barre de navigation de la fenêtre d'iTunes.

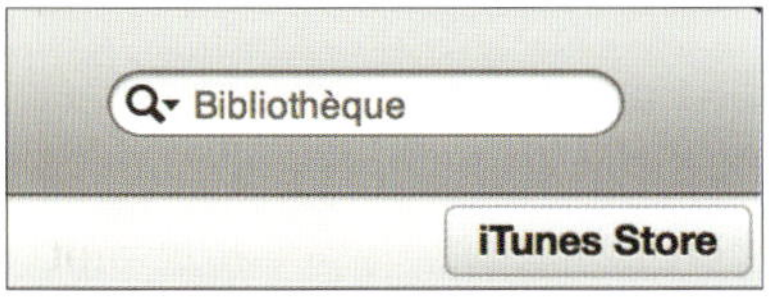

À la première connexion, iTunes vous demandera de créer gratuitement un compte d'utilisateur pour l'iTunes Store : suivez les instructions à l'écran. Vous n'êtes pas tenu de fournir d'informations de paiement si vous ne prévoyez pas d'acheter sur l'iTunes Store. Et si vous changez d'avis, croyez bien qu'Apple vous permettra de fournir les informations de votre carte bancaire le moment venu.

Pour le reste, la navigation au sein de l'iTunes Store se passe comme dans un site Web. Avec une exception : c'est le champ de recherche de la barre d'outils d'iTunes qui sert à lancer une recherche au sein du catalogue de l'iTunes Store.

> **NOTE** Chaque semaine, Apple offre un nouveau tube à télécharger gratuitement à partir de la page d'accueil de l'iTunes Store

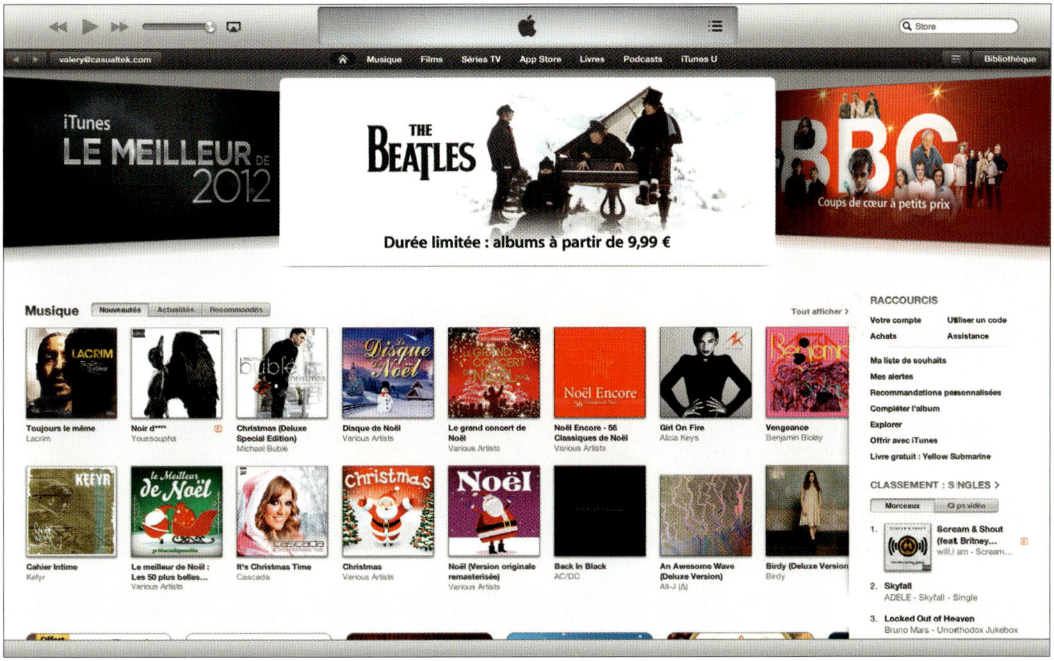

Chapitre 13

Des images plein les yeux

Dans ce chapitre :

- Importer ses photos numériques avec iPhoto
- Regrouper des photos par événements
- Scinder des événements
- Personnaliser la vignette d'un événement
- Associer un lieu à une photo
- Indiquer le nom d'un sujet
- Retrouver un visage
- Retoucher une photo
- Supprimer les yeux rouges
- Redresser une photo
- Recadrer une photo
- Appliquer des effets
- Partager ses photos sur Internet
- Partager avec ses proches via iCloud

Comme un grand nombre de Français, vous avez craqué pour un appareil photo numérique ? Vous allez apprécier d'autant plus votre MacBook Pro Retina ! Apple l'a en effet équipé d'un logiciel dédié à la photo numérique : iPhoto.

Avec ce logiciel, vous allez pouvoir enregistrer vos photos numériques sur le disque dur de votre Mac en moins de trois clics de souris ! iPhoto vous permettra ensuite de classer vos photos – par événement, par lieu, ou même encore par visage ! –, de les retoucher pour les embellir, et d'en obtenir des tirages papier, *via* votre propre imprimante ou en commandant des tirages auprès d'Apple.

Importer ses photos numériques avec iPhoto

Le transfert de photos numériques depuis un appareil photo ou sa carte mémoire vers le logiciel iPhoto de votre Mac ne vous prendra que quelques clics :

1 Connectez votre appareil photo numérique ou le lecteur de carte mémoire à votre Mac, sur un port USB. Cela fonctionne aussi avec votre iPhone, votre iPod ou votre iPad.

Avec un appareil photo numérique, iPhoto se lance automatiquement. Sinon, lancez-le manuellement. Dans sa barre latérale, vous pouvez constater la présence d'une rubrique intitulée **Appareils** dans laquelle figure votre carte mémoire ou votre appareil photo numérique, selon que vous avez connecté l'un ou l'autre. iPhoto vous propose alors d'importer les photos, ce qui revient à les copier dans votre Bibliothèque.

NOTE : Si votre appareil photo numérique n'apparaît pas dans la barre latérale d'iPhoto, c'est qu'il utilise un système de communication spécifique : dans ses menus, réglez la connexion USB sur le mode **Impression**, en suivant les indications du constructeur.

2 Pour lancer la copie de vos photos sans autre forme de procès, cliquez sur le bouton **Tout importer**. Sinon, sélectionnez d'un clic chaque photo à importer et cliquez sur **Importer la sélection.**

3 Une fois la copie terminée, cliquez sur **Supprimer les originaux** pour effacer la carte mémoire de votre appareil photo numérique.

NOTE : Vous pouvez aussi importer des photos dans iPhoto depuis n'importe quel dossier du disque dur de votre Mac, *via* le menu **Fichier ▸ Importer dans la Bibliothèque**. Ou par glisser-déposer sur l'élément **Photos** de la barre latérale d'iPhoto.

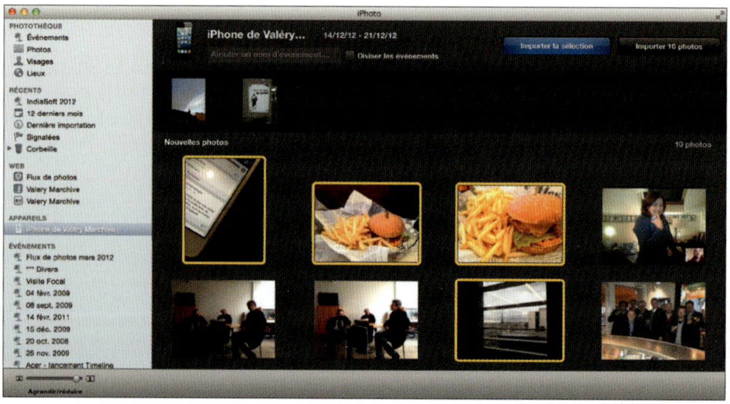

Vos photos numériques sont désormais accessibles dans iPhoto. Dans un premier temps, vous les trouverez dans la rubrique **Récents** de la barre latérale, sous l'étiquette **Dernière importation**. Mais elles sont aussi accessibles à la rubrique **Bibliothèque**, sous **Événements** et sous **Photos**.

4 Faites un clic droit sur le nom de votre appareil photo ou de sa carte mémoire, dans la barre latérale d'iPhoto, et sélectionnez **Éjecter** pour couper la connexion USB. Cela fait, vous pouvez débrancher le câble USB que vous avez branché à votre Mac.

NOTE

Ne vous inquiétez pas du risque d'importer des photos déjà présentes dans votre photothèque : iPhoto vous avertira s'il découvre des doublons lors de l'importation. Il vous proposera alors d'importer le doublon ou de vous contenter de l'élément déjà existant.

Regrouper des photos par événements

iPhoto organise les clichés par « événements », sans requérir votre intervention. Concrètement, le logiciel les regroupe par dates de prises de vue avec un réglage par défaut d'un événement par jour ou par séries de photos rapprochées à une même date. Ce réglage est susceptible de convenir à un grand nombre d'utilisateurs d'appareil photo numérique. Mais, ponctuellement, il peut manquer de pertinence. Qu'à cela ne tienne, il est facile de réorganiser ses photos selon la logique des événements :

1 Pour regrouper deux événements, glissez-déposez simplement un événement sur celui avec lequel vous souhaitez le fusionner.

Scinder des événements

Si iPhoto regroupe par erreur plusieurs photos au sein d'un même événement, vous pouvez simplement le corriger :

1 Double-cliquez sur l'événement concerné.

2 Cliquez sur la photo à partir de laquelle vous souhaitez créer un nouvel événement – toutes les photos suivantes y seront associées.

3 Déroulez le menu **Événement ▸ Scinder l'événement**.

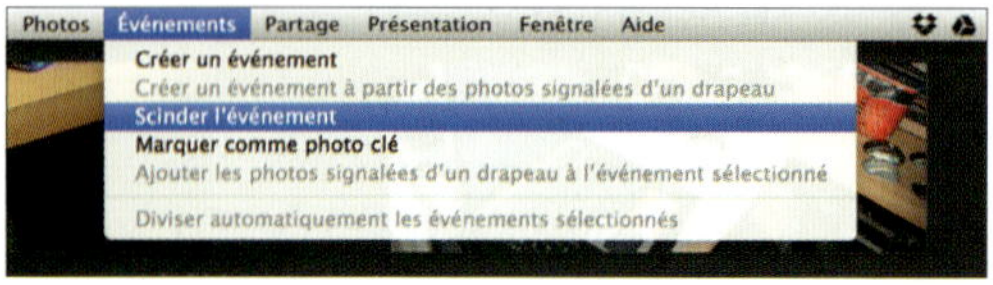

L'effet est immédiat : un nouvel événement est créé, regroupant toutes les photos à partir de la photo sélectionnée.

> NOTE
>
> Vous pouvez procéder à l'organisation de vos clichés à mesure que vous les importez dans iPhoto. Pour cela, effectuez des importations par sélections de photos et mentionnez à chaque fois le nom de l'événement correspondant et sa description dans les champs *ad hoc*.

Personnaliser la vignette d'un événement

iPhoto autorise la personnalisation des vignettes des événements. Cela signifie que vous pouvez choisir la photo qui devra illustrer l'événement correspondant. Pour cela :

1 Passez votre souris sur la vignette de l'événement et faites défiler les photos doucement jusqu'à trouver celle que vous voulez comme illustration. Vous pouvez aussi directement sélectionner une photo après avoir double-cliqué sur l'événement voulu.

2 Faites un clic droit et sélectionnez **Marquer comme photo clé**.

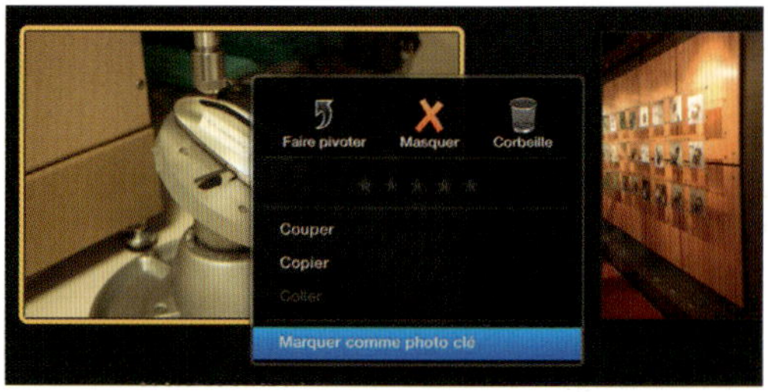

> NOTE
>
> Si la taille par défaut d'affichage des vignettes d'albums vous semble trop petite, ajustez-la en utilisant la glissière, en bas à gauche de la fenêtre d'iPhoto.

Associer un lieu à une photo

iPhoto vous permet de retrouver vos photos à partir du lieu où elles ont été prises. Le tout avec une présentation très graphique, sur une carte du monde. Mais, pour cela, encore faut-il que vous ayez indiqué à iPhoto où vous avez pris vos photos !

Pour ce faire :

1. Sélectionnez l'événement voulu et cliquez sur le bouton **i**, en bas à droite de la fenêtre d'iPhoto.

2. Cliquez dans le champ **Attribuer un lieu** et tapez le nom du lieu où s'est déroulé l'événement concerné.

3. Si aucun résultat ne vous est proposé, cliquez sur **Rechercher sur la carte**. Sélectionnez le lieu correct en cas de confusion de la part d'iPhoto puis cliquez sur **Attribuer à l'événement**.

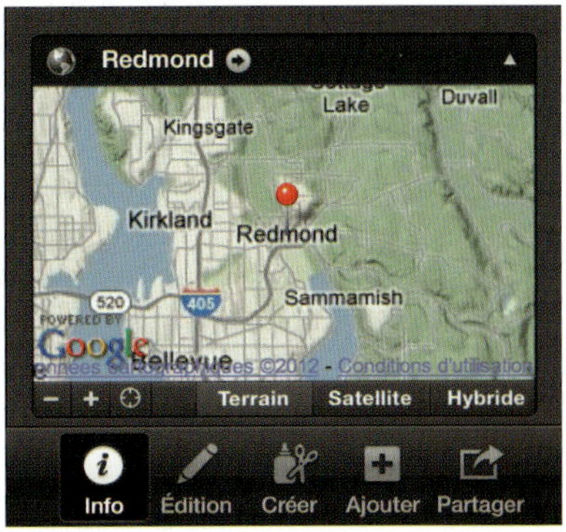

NOTE

Vous pouvez déclarer les lieux de prises de vue de plusieurs événements successivement, sans revenir à leur liste : utilisez les flèches en bas de la fenêtre pour passer d'un événement à l'autre. Notez que vous pouvez également localiser chaque photo individuellement, si vous le souhaitez.

4. Cliquez sur **OK** pour refermer la fenêtre.

Lorsque vous avez fini, vous pouvez consulter vos photos en fonction de leur lieu de prises de vue. Cela se passe dans **Lieux**, sous la rubrique **Bibliothèque**. Des marqueurs rouges sont épinglés sur la carte du monde pour indiquer les lieux où vous avez pris des photos. Il vous suffit de double-cliquer sur une épingle pour consulter les photos associées.

NOTE

Agrandissez et réduisez la carte à volonté avec votre trackpad multitouch.

Indiquer le nom d'un sujet

iPhoto est doté de fonctions de reconnaissance faciale. Encore imparfaites, elles s'avèrent pourtant efficaces et, surtout, très pratiques pour qui tient à jour un trombinoscope familial.

Reste qu'iPhoto n'a *a priori* aucun moyen de connaître les noms des personnes apparaissant sur vos photos. Pour cela, il va falloir l'aider :

❶ Sélectionnez l'une de vos photos contenant un ou plusieurs visages.

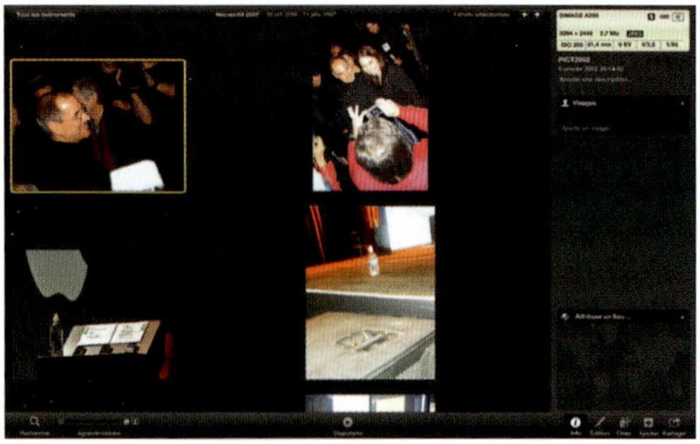

❷ Dans la barre d'outils d'iPhoto, cliquez sur le bouton **Info**.

❸ Double-cliquez sur le visage encadré de blanc et saisissez, dans le champ *ad hoc*, le nom de la personne correspondante. Notez qu'iPhoto formule des suggestions tirées du Carnet d'adresses, à mesure que vous tapez.

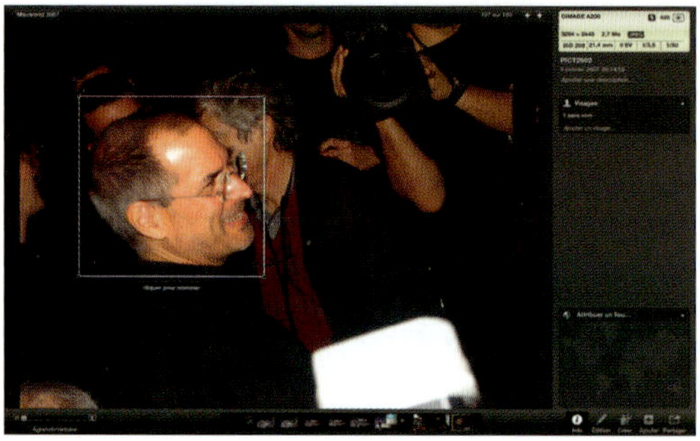

❹ Si d'autres personnes à identifier figurent dans la photo, déroulez la liste **Visages**, dans la barre latérale, et cliquez sur **Ajouter un visage**. Ajustez alors le cadre blanc pour indiquer le visage voulu et indiquez le nom correspondant dans le champ *ad hoc*.

5 Validez par **Entrée**.

Renouvelez l'opération au moins une fois pour chaque personne dont vous voulez pouvoir retrouver facilement les photos dans votre Bibliothèque.

Retrouver un visage

Cliquez maintenant sur l'élément **Visages** de la rubrique **Bibliothèque** pour accéder au trombinoscope. Les visages déjà identifiés sont affichés. Mais il reste probablement encore beaucoup de photos anonymes. Pour vous aider à corriger cela, iPhoto se propose de vous aider, notamment pour compléter l'inventaire des photos correspondant à chaque personne déjà déclarée :

1 Cliquez sur l'un des visages de vos sujets.

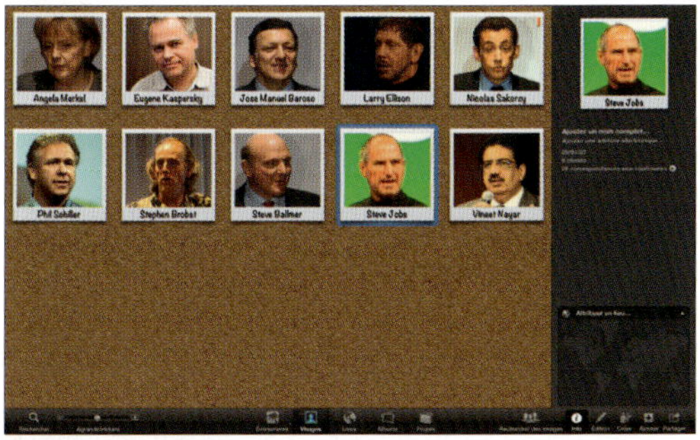

2 Cliquez sur le bouton **Confirmer d'autres visages**.

3 Pour chaque photo, cliquez une fois pour confirmer que le portrait trouvé par iPhoto se rapporte bien à la personne concernée ou deux fois pour détromper iPhoto (qui, au passage, apprendra de son erreur).

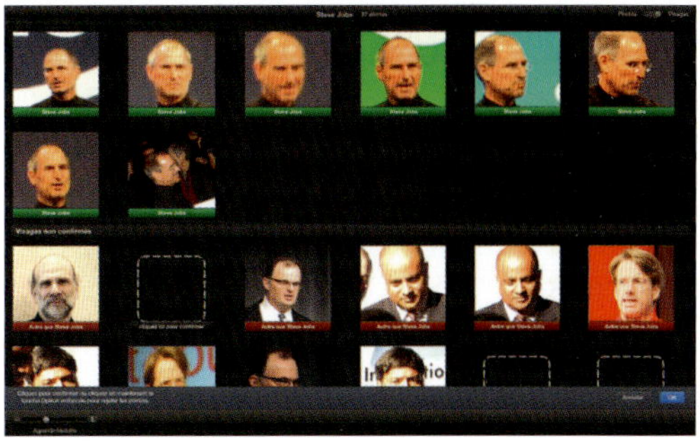

4 Cliquez sur **OK** lorsque vous avez fini. Et n'hésitez pas à y revenir régulièrement : à mesure que vous lui indiquez ses erreurs, iPhoto est susceptible de vous suggérer la présence de chaque personne dans de nouvelles photos.

NOTE

Cliquez sur le bouton **Info** en bas de la fenêtre d'iPhoto, lorsque vous avez sélectionné un visage, pour accéder aux détails spécifiques le concernant : nombre de photos, lieux des prises de vue… Vous pouvez alors indiquer un nom complet qui aidera le Carnet d'adresses à associer une photo à un contact enregistré. Et en jouant du pointeur de la souris sur la photo de la personne, dans la colonne de droite, vous pourrez définir l'image principale qui lui est associée.

Retoucher une photo

Vous avez joué de malchance : l'une de vos photos est terne, voilée de bleu même, et pour ne rien gâcher, mal cadrée ! Pas de panique, avec l'aide d'iPhoto, vous pouvez la sauver :

1. Double-cliquez sur la photo ratée puis cliquez sur bouton **Édition**.

2. Là, toute une palette d'outils de retouche s'offre à vous : cliquez sur **Améliorer** pour demander à iPhoto d'ajuster automatiquement, en un clic de souris, les couleurs de la photo.

Vous allez voir : c'est déjà beaucoup mieux !

Supprimer les yeux rouges

iPhoto propose aussi une aide si la photo que vous avez prise comporte un sujet aux yeux rougis par le flash :

1. Double-cliquez sur la photo voulue puis cliquez sur le bouton **Édition**.

2. Cliquez sur le bouton **Corriger les yeux rouges** de la barre d'outils. Le pointeur de la souris se transforme en croix.

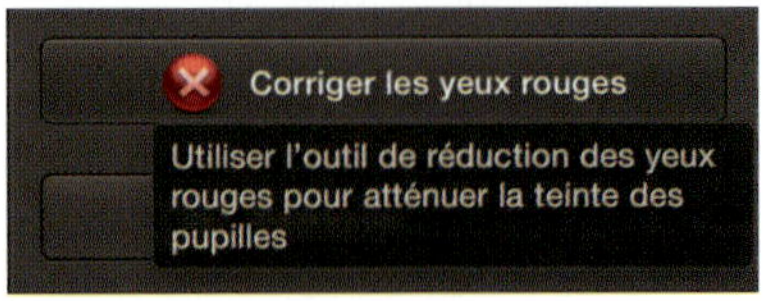

3. Placez la croix sur un premier œil rouge puis cliquez.

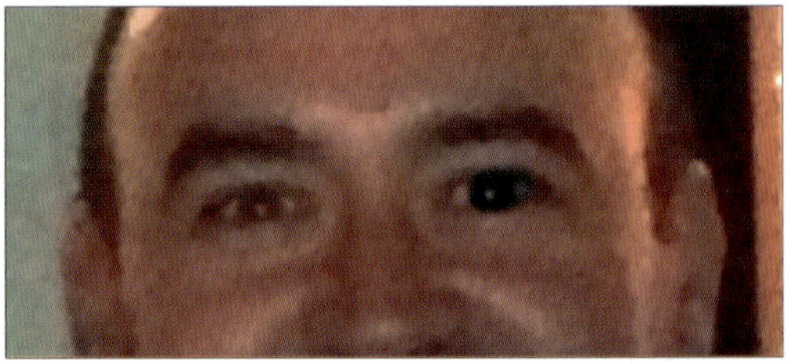

4. Recommencez avec chaque œil rouge de la photo.

5. Lorsque tous les yeux rouges ont été effacés, cliquez sur le bouton **Terminé**.

Redresser une photo

Si vous trouvez que votre photo n'est pas très « droite », vous pouvez la redresser de manière très précise :

❶ Double-cliquez sur la photo voulue puis cliquez sur le bouton **Édition**.

❷ Cliquez sur le bouton **Redresser**.

NOTE

Pour aller plus vite, cliquez directement sur le bouton **Correction automatique** de la barre de correction des yeux rouges : souvent, le résultat est impeccable.

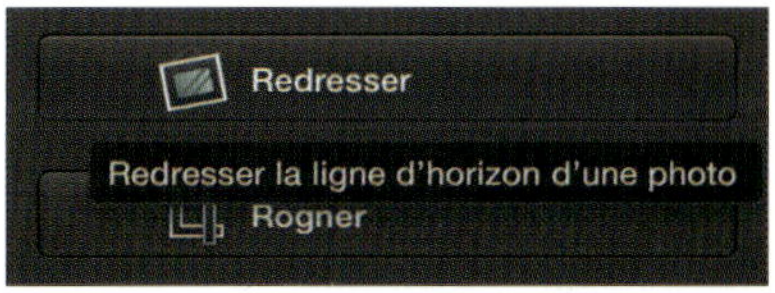

❸ Déplacez la glissière pour ajuster la rectitude de votre cliché. Une grille, en surimpression du cliché, vous aide en cela.

❹ Cliquez sur **Terminé** lorsque vous êtes satisfait du résultat.

Recadrer une photo

Le cadrage de votre cliché n'est pas des plus heureux ? Cela peut arriver avec les photos prises sur le vif. iPhoto propose un outil pour corriger cela :

❶ Double-cliquez sur la photo voulue puis cliquez sur le bouton **Édition**.

❷ Cliquez sur le bouton **Rogner**.

❸ Cochez la case **Contrainte** et déroulez la liste correspondante.

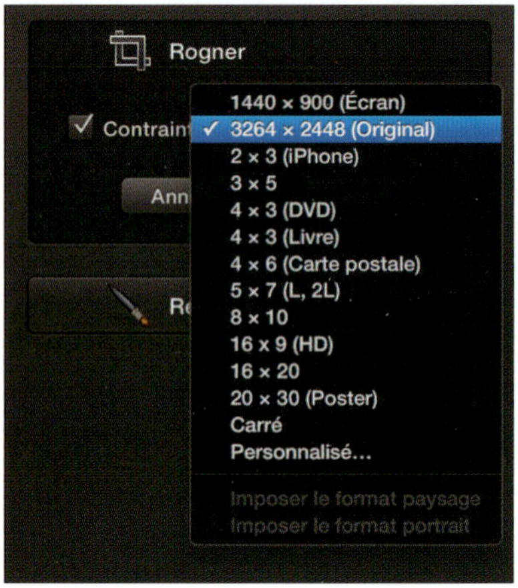

❹ Sélectionnez le format selon lequel vous souhaitez recadrer votre photo.

❺ Ajustez le nouveau cadrage à la souris, en déplaçant les bords, les coins et même le cadre blanc affiché en surimpression de la photo, lui-même.

❻ Cliquez sur le bouton **Terminé** lorsque vous êtes satisfait.

Appliquer des effets

iPhoto propose aussi des outils de retouche plus élaborés, et des effets visuels. Ces outils s'adressent à des amateurs éclairés, mais vous pouvez les essayer sans craindre pour vos photos : il est toujours possible de ne pas appliquer les modifications effectuées sur une photo.

❶ Double-cliquez sur la photo voulue puis cliquez sur le bouton **Édition**.

❷ Activez l'onglet **Effets**, en haut de la colonne d'outils de retouche.

❸ Cliquez sur l'effet que vous voulez appliquer.

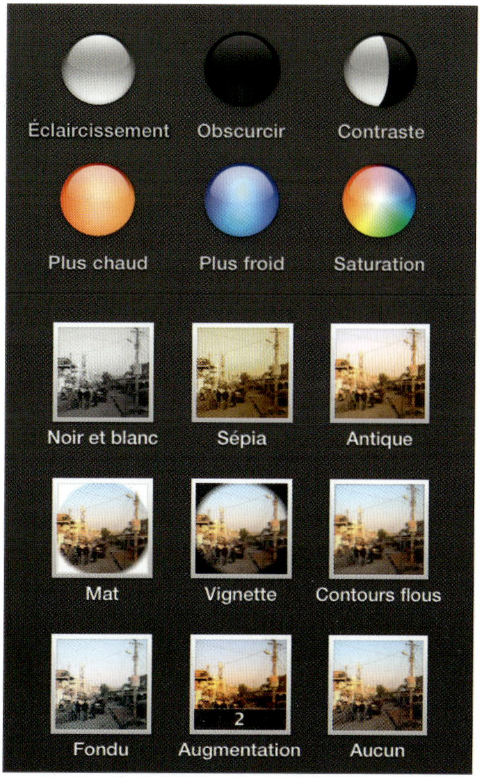

❹ Ajustez l'intensité de l'effet en cliquant sur les flèches autour du numéro qui apparaît en surimpression du bouton correspondant.

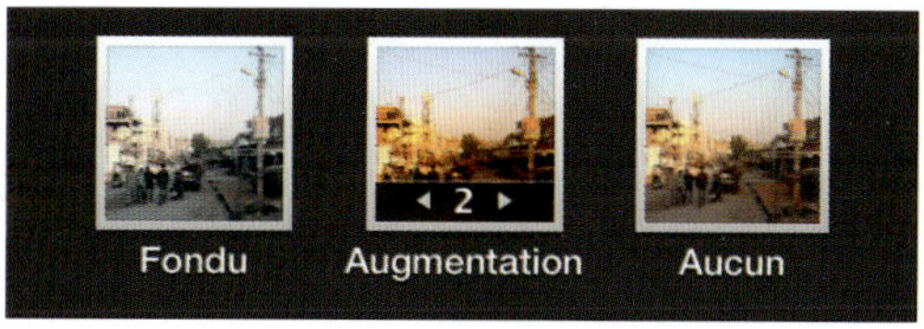

❺ Cliquez sur le bouton **Édition** pour quitter les outils de retouche. Vos modifications sont automatiquement enregistrées.

Partager ses photos sur Internet

Apple a, semble-t-il, bien compris que nos sociétés sont passées à l'heure d'Internet. Aussi, iPhoto intègre des fonctions de partage de photos en ligne pour des services Web très populaires : Facebook et Flickr.

Pour partager vos photos personnelles sur ces services, vous devez disposer de comptes d'utilisateurs appropriés.

1 Faites la sélection des photos que vous voulez publier sur Internet.

2 Cliquez, au choix, sur le bouton **Partager** ▸ **Facebook** ou **Flickr**.

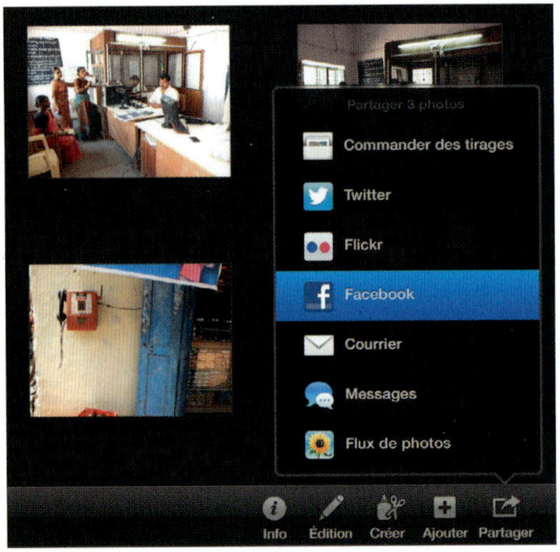

3 Si iPhoto n'a pas encore été configuré avec votre compte d'utilisateur Facebook ou Flickr, il va vous guider pas à pas pour ce faire. Configurez les options de publicité de vos photos, en suivant les indications d'iPhoto, et suivant les possibilités offertes par le service en ligne retenu.

4 Le cas échéant, sélectionnez un album dans lequel publier vos photos.

5 Cliquez sur le bouton **Publier**. Le téléchargement commence aussitôt.

Un peu de patience : vos photos seront rapidement accessibles à vos proches. Observez bien : les albums publiés en ligne sont regroupés sous une rubrique dédiée de la barre latérale d'iPhoto : Facebook ou Flickr selon les services Web utilisés.

> NOTE
>
> Bien sûr, vous pouvez envoyer vos photos par courrier électronique. Soit directement depuis Mail, soit en utilisant le bouton précisément illustré de l'icône de Mail, dans la barre d'outils d'iPhoto.

Partager avec ses proches via iCloud

Depuis iPhoto, vous pouvez sélectionner individuellement des photos et les partager avec des proches *via* le Flux de photos – votre flux principal, ou bien des flux différenciés.

1. Sélectionnez une ou plusieurs photos à partager, dans votre photothèque.

2. Cliquez sur le bouton **Partager**.

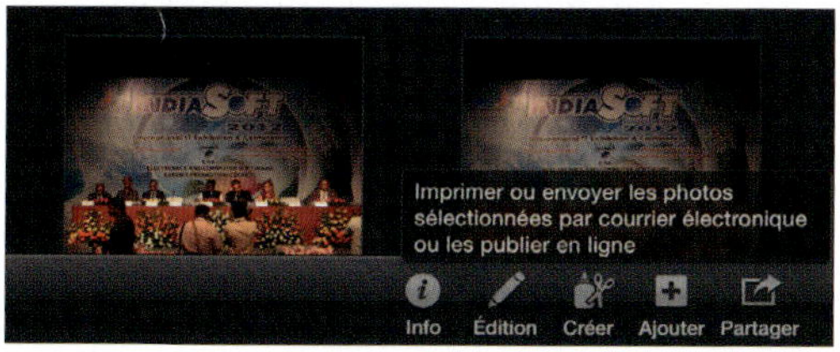

3. Sélectionnez **Flux de photos**.

4. Cliquez sur **Nouveau Flux** pour créer un nouveau flux dédié au partage de ces photos.

5. Dans le champ À, indiquez les adresses e-mail des personnes que vous voulez inviter à s'abonner à votre nouveau flux de photos partagées. Si vous le souhaitez, cochez la case **Site Web public** pour autoriser n'importe qui à consulter votre flux partagé. Cliquez ensuite sur **Partage.**

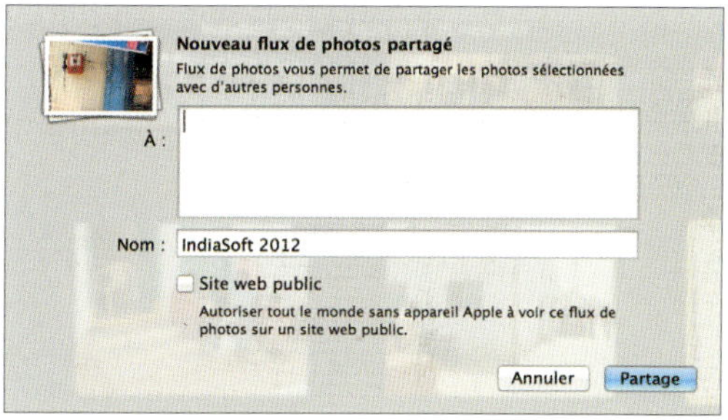

Vos invités vont recevoir un e-mail leur proposant de s'abonner à votre nouveau flux de photo, voire de le consulter directement sur Internet. Les flux de photos ainsi partagés se trouvent rangés aux côtés de votre flux de photos personnel. Et, de là, vous pouvez supprimer ces flux de photos partagés ou encore les renommer, quand bon vous semble. Et cela vaut pour chaque photo d'un flux, individuellement.

Chapitre 14

Rédiger et imprimer des documents

Dans ce chapitre :

- Rédiger un premier document avec TextEdit
- Enrichir l'habillage d'un texte
- Dicter un texte à son MacBook Pro Retina
- Profiter du correcteur d'orthographe de TextEdit
- Mettre en forme un document avec TextEdit
- Transformer un document en fichier PDF
- Consulter un fichier PDF
- Remplir un formulaire PDF
- Signer un fichier PDF
- Imprimer un document
- Afficher un aperçu avant impression
- Imprimer plusieurs copies
- Ajuster la mise en page

Votre MacBook Pro Retina est un puissant compagnon de vos loisirs, mais il vous accompagnera aussi dans vos tâches professionnelles et administratives. TextEdit peut paraître simple, mais c'est un éditeur de texte très suffisant pour de nombreuses tâches bureautiques.

L'application Aperçu et les puissantes capacités de production de fichiers PDF d'OS X Moutain Lion viennent compléter l'ensemble.

Rédiger un premier document avec TextEdit

Derrière une interface d'une modestie difficilement égalable, TextEdit cache des fonctions de traitement de texte susceptibles de satisfaire un grand nombre de besoins. Intégré à OS X, TextEdit présente en effet une solution simple d'usage pour rédiger courriers et documents courants, y compris avec des fonctions de mise en page, de mise en forme ou encore l'intégration de photos voire d'éléments multimédias.

Pour ne rien gâcher, TextEdit permet d'ouvrir, de modifier et d'enregistrer des fichiers texte dans de nombreux formats : texte brut (.txt), Rich Text (.rtf), RTFD (.rtfd), HTML (.html), archive Web (.webarchive), Open Document (.odt), Microsoft Word 97 (.doc), Microsoft Word 2003 XML (.xml) et même le récent Microsoft Word 2007 (.docx).

L'utilisation de TextEdit est globalement simple.

1. Lancez TextEdit.

2. Cliquez sur le bouton **Nouveau document**.

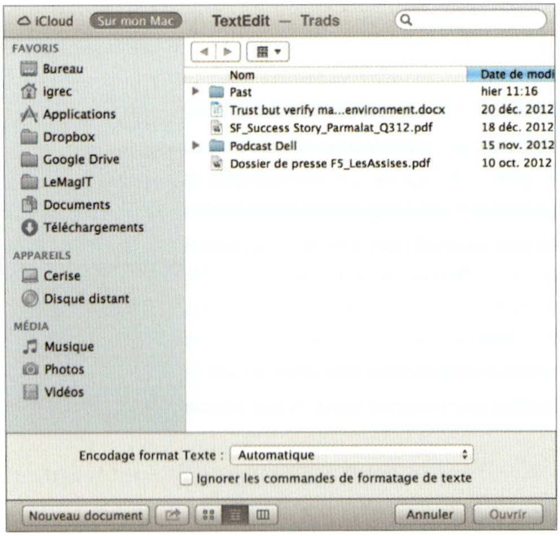

3. Commencez à taper !

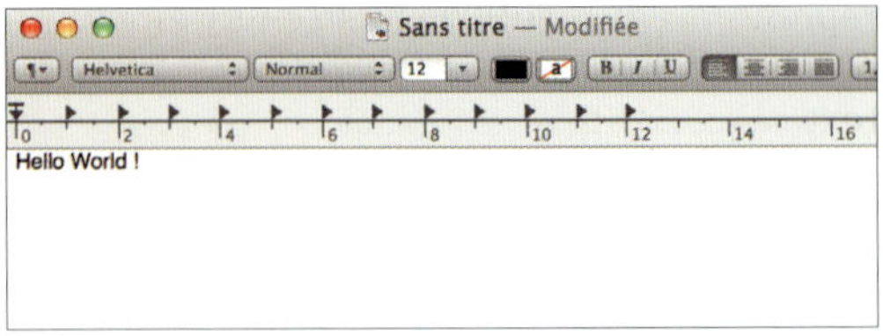

4. Lorsque vous avez fini, déroulez le menu **Fichier ▸ Enregistrer**.

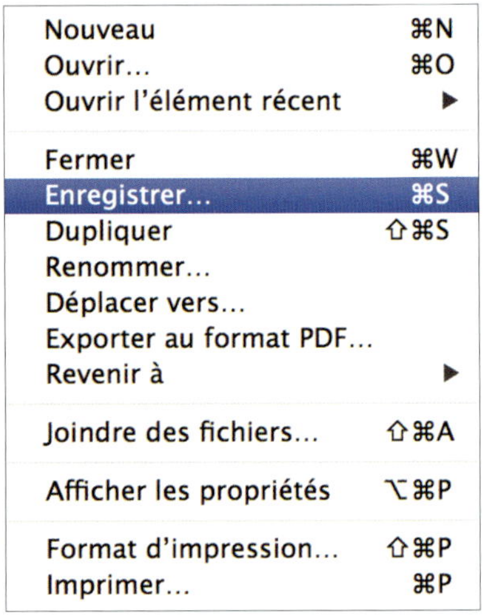

5. Enregistrez votre document là où vous le souhaitez, y compris dans iCloud.

Enrichir l'habillage d'un texte

La barre d'outils des fenêtres de TextEdit reprend les éléments de mise en forme classiques pour un logiciel de traitement de texte avec, de gauche à droite :

- La liste des polices ;
- La liste des casses ;
- La liste des tailles ;
- Les options de couleurs de police et de surlignage ;
- Les options de graisse ;
- Les options d'alignement ;
- Les options d'espacement ;
- Les options de mise en forme des listes.

Pour utiliser l'une de ces options, procédez comme suit :

1. Sélectionnez la partie du texte à laquelle appliquer un élément d'habillage.

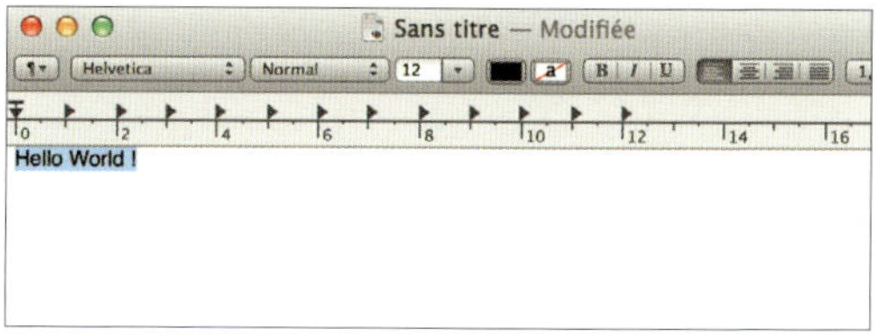

2. Déroulez la liste correspondant à l'habillage que vous voulez appliquer.

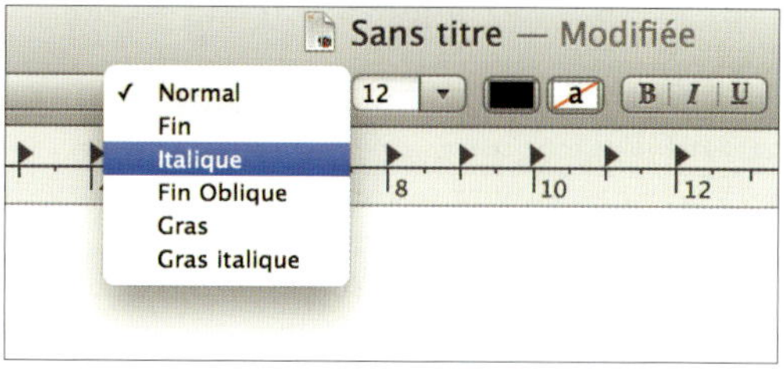

3. Sélectionnez l'habillage voulu.

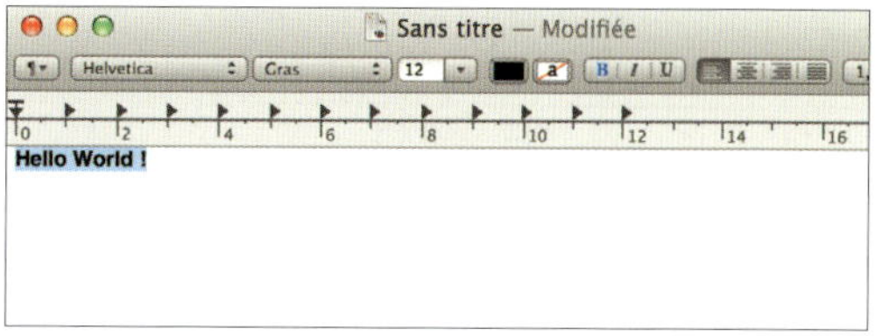

L'effet est immédiat.

> **NOTE** Ne cherchez pas de commande d'insertion dans les menus de TextEdit pour l'intégration de contenus multimédias dans un document : l'éditeur de texte de OS X Mountain Lion fonctionne entièrement par glisser-déposer et par copier-coller.

Dicter un texte à son MacBook Pro Retina

Comme pour donner au Mac le pendant de Siri, l'assistant vocal des iPhone et iPad, Apple a intégré à son nouveau système d'exploitation un dispositif de reconnaissance vocale particulièrement efficace. Ces quelques lignes ont été saisies avec son aide – moyennant quelques retouches, mais, globalement, pour un résultat étonnamment satisfaisant.

Pour votre premier essai de la dictée vocale d'OS X Moutain Lion, ouvrez TextEdit, par exemple, sur un document vierge :

1. Appuyez deux fois successivement sur la touche **fn** de votre clavier.

❷ Une petite bulle illustrée d'un microphone apparaît. Commencez à parler.

❸ Lorsque vous avez fini, cliquez sur le bouton **OK**.

L'enregistrement est alors transmis aux serveurs d'Apple pour *décodage* et reconnaissance vocale. C'est le texte reconnu qui est retransmis à votre Mac puis inséré automatiquement dans votre document. Il ne vous reste plus qu'à procéder aux retouches éventuellement nécessaires.

Profiter du correcteur d'orthographe de TextEdit

TextEdit applique les mécanismes de correction d'orthographe d'OS X aux documents qui sont ouverts ou créés avec lui : dès qu'un terme est mal orthographié, il apparaît souligné en rouge. Mieux : les erreurs les plus courantes sont corrigées automatiquement en cours de frappe. Pour les autres, vous pouvez procéder manuellement à la correction ou faire appel à TextEdit pour vous suggérer une orthographe correcte :

❶ Placez le pointeur de la souris au-dessus du terme litigieux.

❷ Cliquez sur l'un des termes suggérés s'il correspond à ce que vous vouliez écrire.

❸ Si aucun des termes suggérés ne correspond à ce que vous vouliez écrire, ou que vous êtes sûr de ne pas avoir commis d'erreur, cliquez sur la croix à l'extrémité droite de la liste des suggestions.

Mettre en forme un document avec TextEdit

Outre les commandes affichées dans la barre d'outils, TextEdit propose de nombreuses options de mise en forme, pour ne pas dire toutes celles que l'on attend légitimement d'un logiciel de traitement de texte.

❶ Pour accéder à ces fonctions, déroulez le menu **Format ▸ Police**.

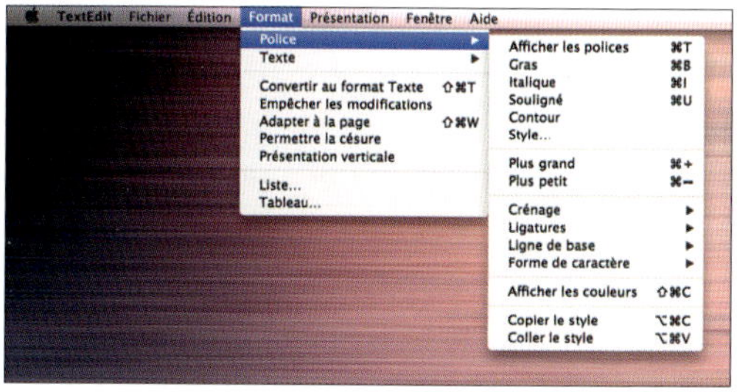

❷ Pour afficher une palette flottante de sélection des polices, de leur taille et de leur graisse, sélectionnez **Afficher les polices**.

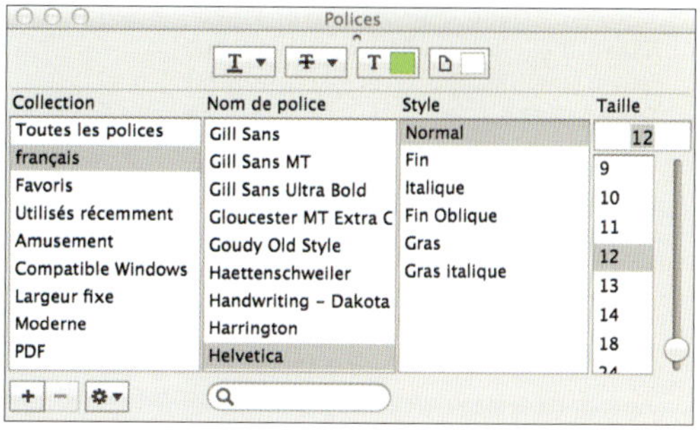

Les options de crénage, ligature, ligne de base et forme de caractères ne sont disponibles qu'à partir du menu.

> **NOTE** TextEdit ne permet pas de définir des marges de moins de 2,5 cm de chaque côté. L'échelle affichée en haut de la fenêtre de TextEdit, pour la définition des taquets de tabulation, des retraits de paragraphe et des marges, n'affiche pas cette information. Il est bon de la garder présente à l'esprit.

Transformer un document en fichier PDF

C'est probablement l'une des fonctions les plus pratiques d'OS X : la création de documents électroniques au format PDF, à partir de n'importe quelle application, *via* la commande d'impression.

Les fichiers PDF produits de la sorte sont enregistrés sur le disque dur, à l'instar des autres fichiers. Bien évidemment, ils peuvent être envoyés par courriel et sont lisibles comme n'importe quel document PDF, avec Acrobat Reader sous Windows, par exemple.

La création d'un document PDF est d'une grande simplicité. Jugez plutôt :

1. Dans n'importe quelle application, déroulez le menu **Fichier ▸ Imprimer**.

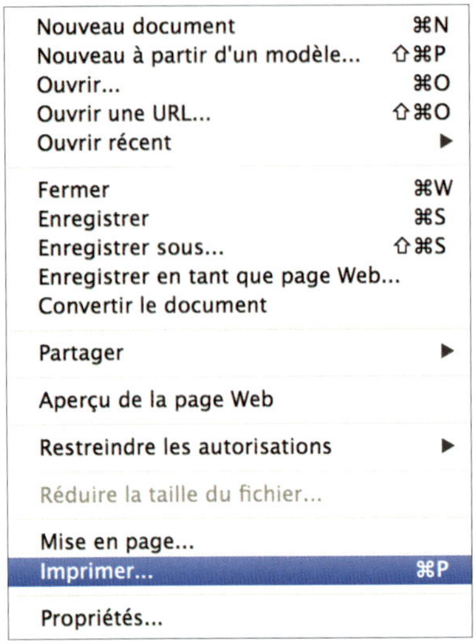

2. Cliquez sur le bouton **PDF**.

3. Sélectionnez **Enregistrer au format PDF…**.

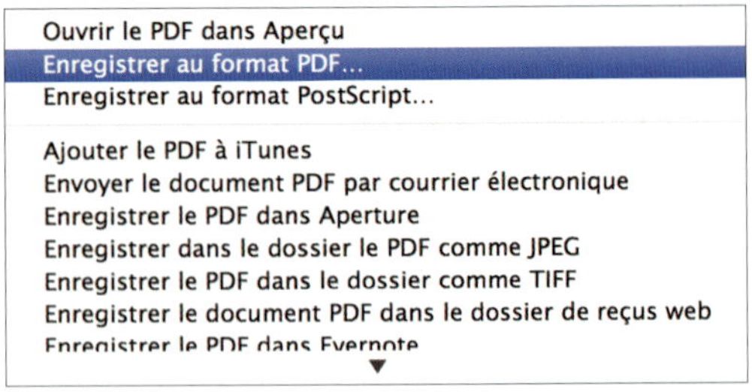

Poursuivez l'enregistrement comme pour n'importe quel autre fichier. Votre fichier PDF est aussitôt disponible, prêt à l'emploi.

> NOTE
>
> Pour aller plus vite, sélectionnez **Envoyer le document PDF par courrier électronique** : une fenêtre de nouveau courriel sera aussitôt ouverte pas Mail, avec le document PDF en pièce jointe.

Consulter un fichier PDF

Aperçu s'apparente à une visionneuse de fichiers graphiques : fourni avec Mountain Lion, ce logiciel permet d'afficher les fichiers dans un grand nombre de formats, du simple JPEG au PDF en passant par les formats RAW de certains appareils photo numériques ainsi que la plupart des documents bureautiques.

Mais ce n'est pas tout : en matière de photographie, Aperçu propose quelques fonctions de retouche et de recadrage ; pour les PDF, Aperçu autorise l'insertion d'annotations dans les documents de même que le remplissage de formulaires électroniques, jusqu'à l'incrustation d'une signature numérique capturée à la webcam. Visite guidée.

L'affichage de fichiers graphiques et PDF est la fonction première d'Aperçu. Pour l'utiliser :

1. Ouvrez le fichier voulu d'un double clic sur son icône.

2. Ou glissez-déposez l'icône du fichier sur celle d'Aperçu.

Aperçu se lance immédiatement et ouvre une fenêtre affichant le fichier. La barre d'outils d'Aperçu vous permet de profiter de votre fichier :

1. Utilisez les boutons + et – de la barre d'outils pour agrandir ou réduire l'affichage.

Si le fichier est trop agrandi pour la taille de la fenêtre, faites défiler l'affichage à la souris ou au trackpad.

2. Déroulez le menu **Présentation** et sélectionnez **Taille réelle** pour ramener le fichier à sa taille native.

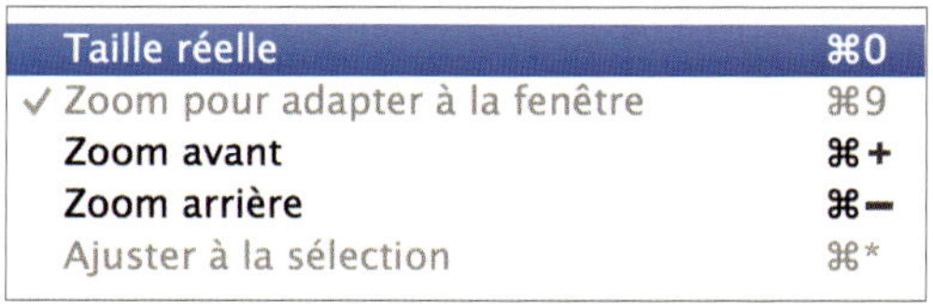

3. Déroulez le menu **Présentation** et sélectionnez **Zoom pour adapter à la fenêtre** pour adapter le niveau d'agrandissement de l'affichage à la taille de la fenêtre.

Avec un fichier PDF, des éléments de présentation spécifiques sont disponibles, toujours dans le menu **Présentation** :

4. **Page unique** : vous parcourez le fichier page par page. Chaque page est agrandie ou réduite pour occuper, au mieux, l'espace de la fenêtre. Si le fichier comporte plusieurs pages, utilisez les flèches **haut/bas** et **gauche/droite**, ou le défilement (vertical comme horizontal) de la souris, pour naviguer entre les pages.

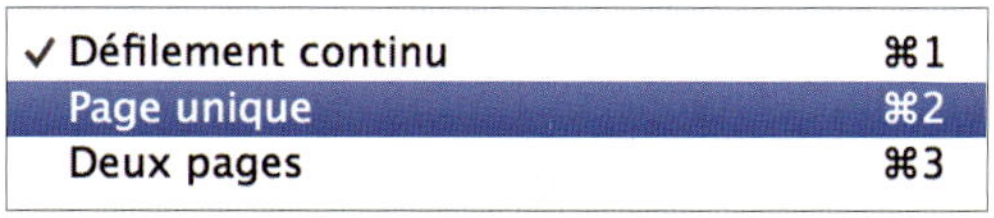

5. **Deux pages** : le principe est le même sinon que l'affichage est optimisé pour deux pages du document, dans une seule et même fenêtre.

6. **Défilement continu** : le document est agrandi pour utiliser au mieux l'espace de la fenêtre, mais plusieurs pages – ou moins d'une – peuvent apparaître dans la fenêtre.

Remplir un formulaire PDF

Certains documents disponibles sur Internet au format PDF, à l'instar des formulaires administratifs, peuvent être remplis à l'aide d'Aperçu : le résultat a le mérite de gagner en lisibilité.

1. Pour compléter un tel document avec Aperçu, commencez par demander son impression en déroulant le menu **Fichier ▸ Imprimer**.

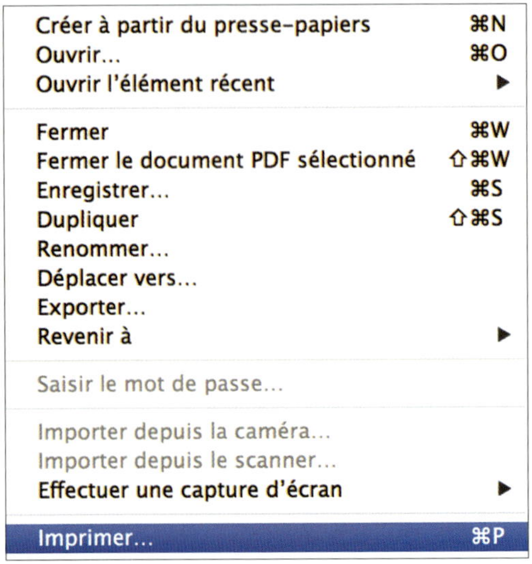

❷ Cliquez sur le bouton **PDF ▸ Ouvrir le PDF dans Aperçu**.

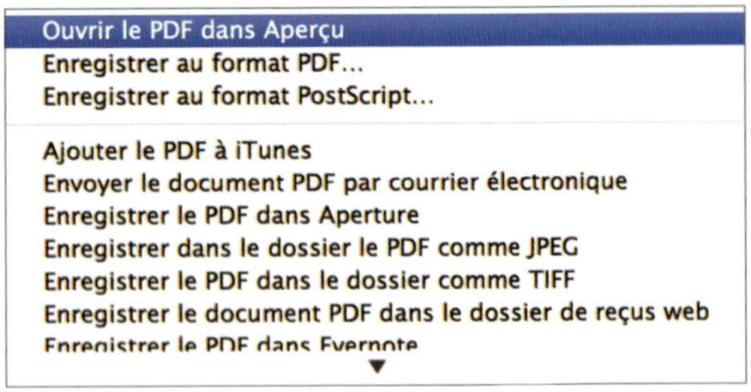

❸ Cliquez sur le bouton illustré d'un crayon dans la barre d'outils.

❹ Cliquez sur le champ du formulaire que vous voulez remplir et tapez votre texte.

❺ Une fois le remplissage terminé, lancez l'impression.

NOTE

Certains formulaires réalisés avec des versions particulièrement récentes des outils Adobe ou intégrant des fonctions spécifiques – de validation des informations saisies, dans leur forme – refusent d'être ouverts par Aperçu. Pour ceux-là, il vous faudra impérativement installer Adobe Reader, la liseuse PDF d'Adobe.

Signer un fichier PDF

Imaginons un instant que, bien que vos vacances en famille aient commencé, vous soyez dans l'attente d'une proposition urgente pour l'achat d'un appartement. Pas question de laisser courir les délais postaux pour recevoir le document d'engagement de l'agence immobilière et lui retourner votre réponse… Faites-vous plutôt envoyer le document par PDF et lancez Aperçu pour le signer !

❶ Faites apparaître la barre d'outils d'annotation d'Aperçu puis cliquez sur le bouton **Signature**.

❷ Sélectionnez **Créer une signature**.

❸ Munissez-vous d'un bout de papier blanc et signez dessus avec un stylo à bille noir, puis placez-le devant la webcam.

❹ Aperçu entame alors un processus de reconnaissance de formes. Et il est redoutablement efficace. Dès que vous êtes satisfait du résultat présenté à l'écran, cliquez sur le bouton **Accepter**. Avant cela, décochez la case **Enregistrer cette signature** si vous ne souhaitez pas qu'Aperçu la conserve pour une utilisation ultérieure.

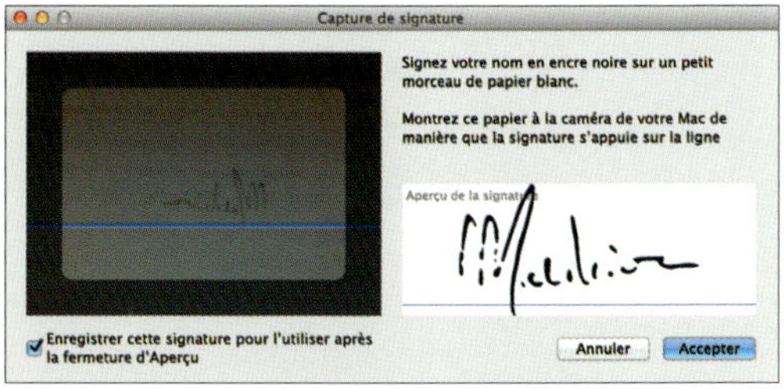

❺ Cliquez de nouveau sur le bouton **Signature** et, cette fois-ci, sélectionnez votre signature nouvellement enregistrée.

❻ Ajustez la taille de votre signature et son placement dans la page, à la souris. Une fois que vous avez fini, vous n'avez plus qu'à refermer le document et à le renvoyer, signé, donc, à votre correspondant !

Vous pouvez, par la suite, gérer vos signatures – eh oui, Aperçu peut en stocker plusieurs ! – *via* le menu **Aperçu ▸ Préférences ▸ Signatures**. De là, vous pouvez en supprimer et en ajouter. Mais jamais à partir d'un fichier numérique : toujours à partir d'un original manuscrit (ou imprimé).

NOTE

Les signatures sont enregistrées par Aperçu sous la forme de fichiers graphiques vectoriels : il ne s'agit pas de pixels comme en photo numérique, mais de formes enregistrées comme des formules mathématiques. Leur taille peut donc être ajustée à loisir. Raison de plus pour vous montrer prudent : évitez de confier à Aperçu un stock de signatures personnelles que des tiers pourraient utiliser à votre insu, et de laisser votre Mac sans protection ou accessible d'un simple mot de passe…

Installer une imprimante

Avant de pouvoir utiliser une imprimante, connectée à son Mac *via* un port USB, un réseau Ethernet ou même une connexion sans fil Bluetooth, il est nécessaire de la définir : cette phase de déclaration permet à OS X d'activer les composants logiciels nécessaires à l'utilisation de l'imprimante.

❶ Pour définir une nouvelle imprimante, déroulez le menu **Pomme ▸ Préférences Système**.

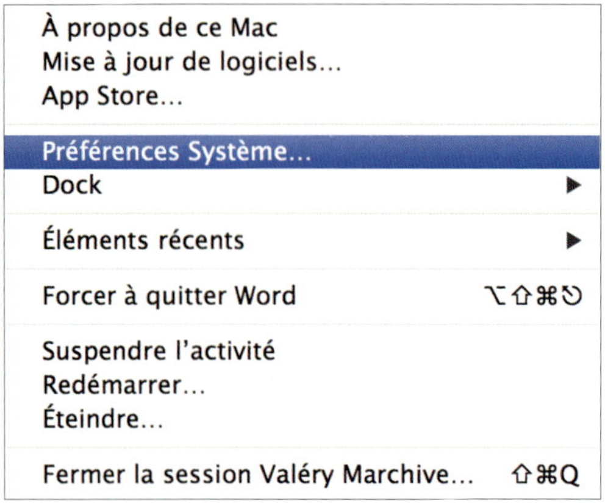

❷ Cliquez sur **Imprimantes et scanners**.

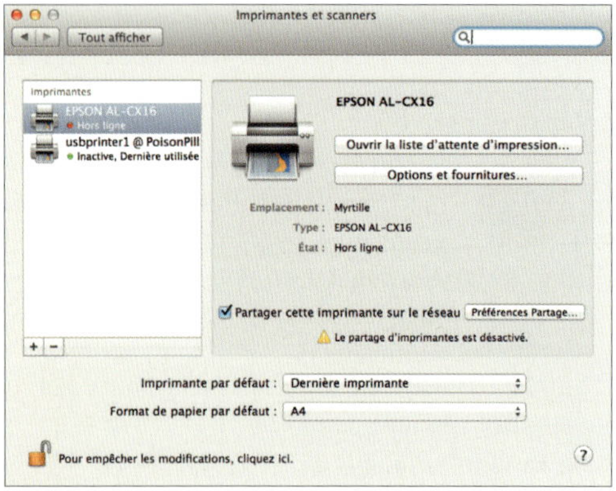

❸ Cliquez sur le bouton + en bas de la liste à gauche. Sélectionner **Ajouter une imprimante ou un scanner**.

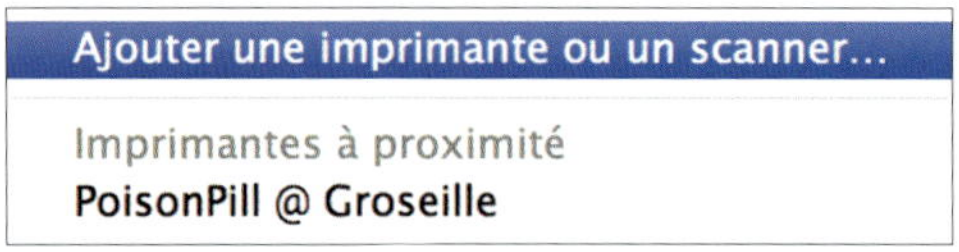

Si votre imprimante est allumée, OS X la détecte généralement automatiquement. Si votre imprimante n'apparaît pas dans la liste, activez l'onglet correspondant au mode de communication avec votre imprimante :

- **IP** pour une imprimante réseau exploitant un gestionnaire d'impression de type IPP, LPD ou HP Jetdirect ;
- **Windows** pour une imprimante partagée en réseau par un ordinateur selon le protocole SMB ;
- Ou **Par défaut** pour une imprimante partagée selon le protocole de communication sur le réseau local des Mac.

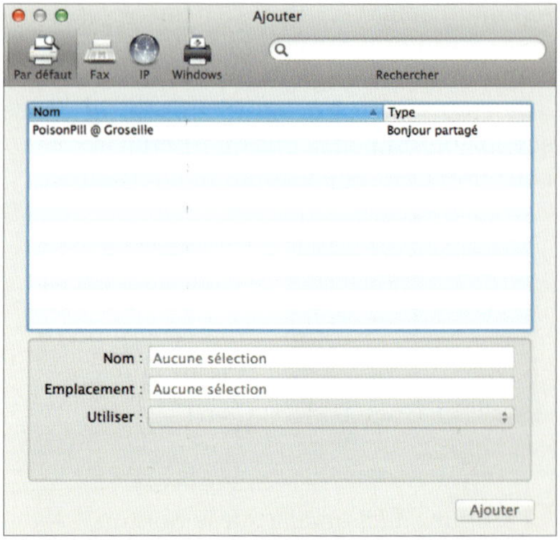

NOTE

Les imprimantes intégrant un gestionnaire d'impression de type IPP, LPD ou HP Jetdirect ne sont pas détectées automatiquement par OS X : il est nécessaire de les déclarer manuellement à partir des informations délivrées par l'administrateur du réseau informatique.

Une fois que l'imprimante que vous voulez déclarer apparaît, sélectionnez-la dans la liste. En principe, OS X identifie automatiquement le pilote le plus approprié à votre imprimante et celle-ci est immédiatement utilisable.

Imprimer un document

Demander l'impression d'un document ouvert dans une application s'effectue systématiquement de la même façon sous OS X, quelle que soit l'application concernée :

1. Déroulez le menu **Fichier ▸ Imprimer**.

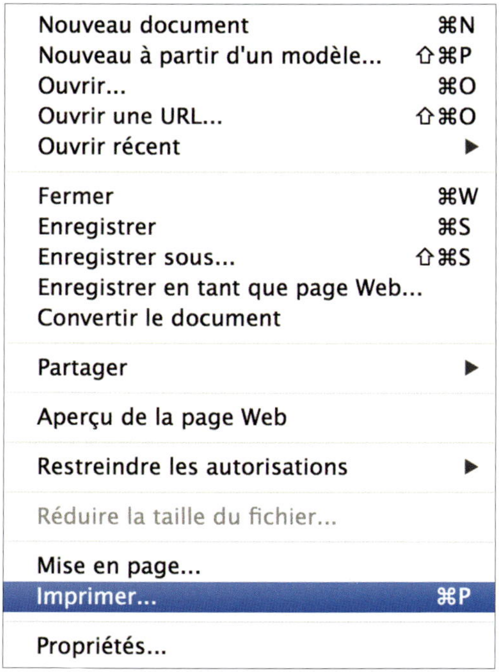

2. Déroulez la liste **Imprimante** et sélectionnez l'imprimante à utiliser.

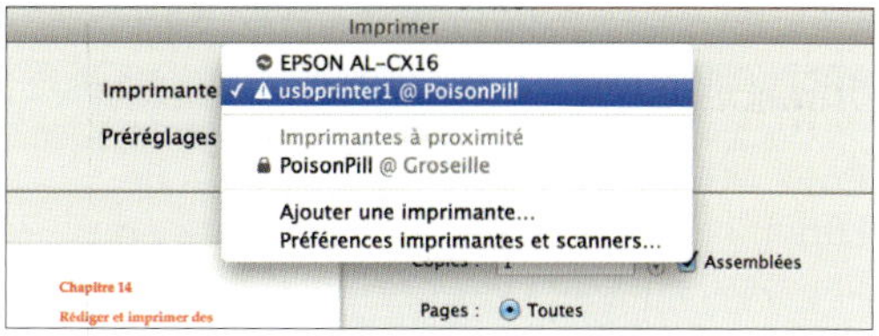

3. Cliquez sur **Imprimer**.

L'impression se lance aussitôt. Un petit délai peut néanmoins être nécessaire à votre Mac pour préparer les ordres d'impression dans le cas de fichiers particulièrement volumineux.

> **NOTE**
> Lorsque vous lancez une impression, une application spécifique s'ouvre aussitôt : elle porte le nom de votre imprimante et en reprend l'icône ; cette application affiche la liste des tâches d'impression que vous avez demandées sur l'imprimante en question. Par défaut, cette application reste active même après que toutes les tâches d'impression sont achevées : il faut la quitter manuellement. Pour éviter cela, cliquez sur l'icône de cette application dans le Dock, lorsqu'elle est ouverte, et déroulez le menu d'application pour y sélectionner **Préférences**. Cochez la case **Quitter automatiquement**. À compter du prochain lancement, cette application se refermera toute seule.

Aperçu

Vous disposez dans cette fenêtre d'un aperçu sommaire de l'impression, dans la partie gauche de la fenêtre d'impression. Pour parcourir les différentes pages de l'aperçu, utilisez les boutons fléchés sous l'aperçu. Lors de l'impression d'une photo ou d'un document graphique, vous disposez de quelques options très pratiques.

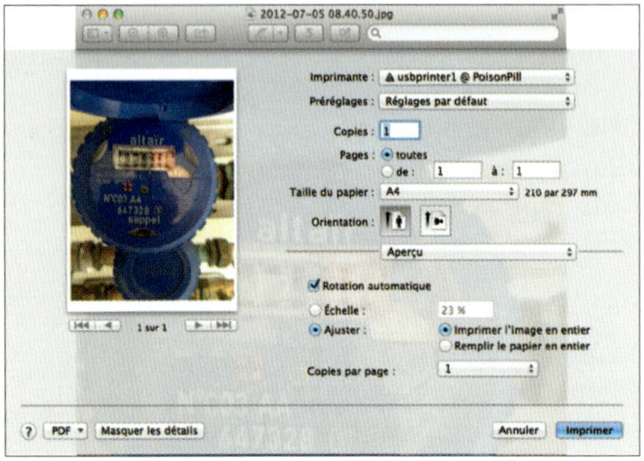

❶ Cliquez sur le bouton **Afficher les détails.**

❷ Cochez la case **Rotation automatique** pour que l'aperçu change automatiquement d'orientation lorsque vous cliquez sur le bouton portrait ou sur le bouton paysage.

❸ Validez l'option **Échelle** et indiquez la valeur voulue (en pourcentage) dans le champ correspondant pour ajuster manuellement les dimensions de l'aperçu par rapport à ce qui sera effectivement imprimé.

❹ Validez l'option **Ajuster** et validez, au choix, **Imprimer l'image en entier** si la préservation du document original vous paraît essentielle, ou **Remplir le papier** si exploiter au maximum l'espace disponible vous semble plus important.

Copies et pages

Avant de lancer effectivement une impression, vous pouvez définir le nombre d'exemplaires à imprimer et l'étendue du document concerné :

❶ Sous la liste **Préréglages**, déroulez la liste et sélectionnez **Copies et pages**.

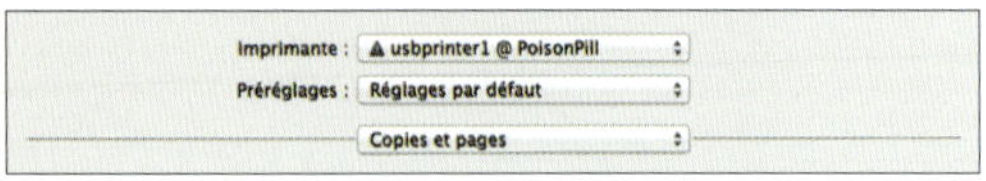

❷ Dans le champ **Copies**, indiquez le nombre d'exemplaires à imprimer.

❸ Cochez la case **Assemblées** si vous souhaitez que les différents exemplaires de votre document soient regroupés.

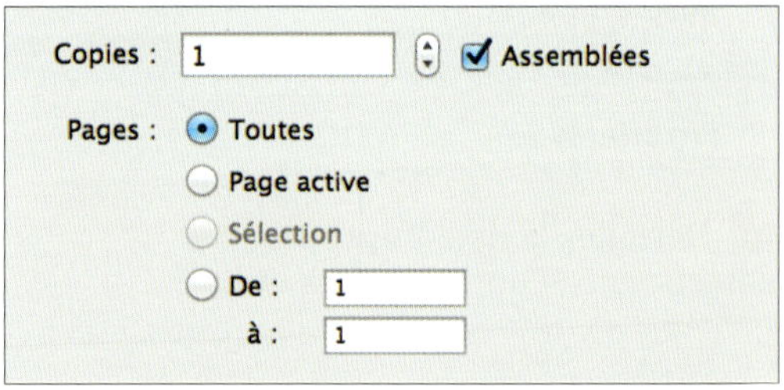

Pour déterminer l'étendue de l'impression, cliquez au choix sur :

- **Toutes** pour imprimer toutes les pages du document ;
- **De** pour indiquer les numéros des pages de début et de fin de l'impression dans les champs *ad hoc*.

Mise en page

Les options de ce cadre vous permettent de définir le nombre de pages à imprimer par feuille, notamment :

1. Déroulez la liste située sous la liste **Préréglages** et sélectionnez **Mise en page.**

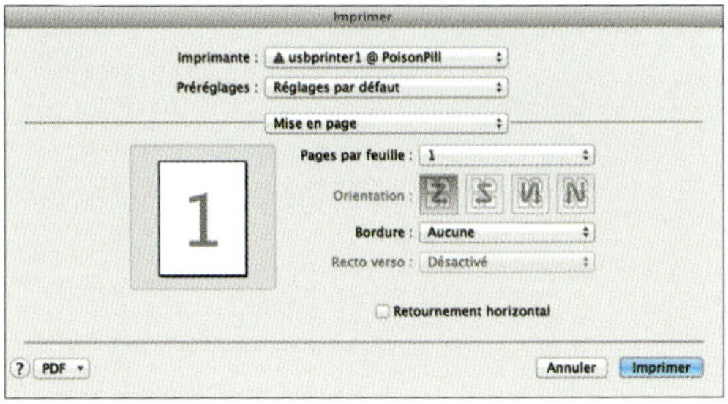

2. Sélectionnez le nombre de pages à imprimer par feuille de papier, de 1 à 16. Cliquez sur l'orientation voulue pour les impressions multiples.

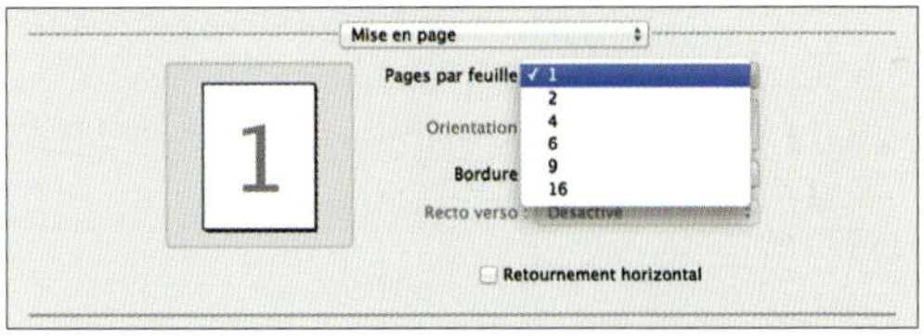

3. Déroulez la liste **Bordure** et sélectionnez l'épaisseur voulue.

4. Si votre imprimante propose cette option, déroulez la liste **Recto verso** et sélectionnez la valeur voulue.

NOTE

Jusqu'à quatre pages par feuille, l'impression est généralement tout à fait lisible, suffisamment du moins pour des documents que vous souhaitez simplement consulter sans pour autant leur attribuer une importance particulière.

Chapitre 15

Aller plus loin avec ses applications

Dans ce chapitre :

- Profiter de plusieurs écrans dans un seul
- Passer d'un écran virtuel à l'autre
- Réorganiser ses écrans virtuels
- Supprimer un écran virtuel
- Retrouver une fenêtre précise
- Affecter une application à un espace virtuel
- Profiter de ses applications en plein écran
- Retrouver une ancienne version d'un document
- Faire le ménage parmi les notifications
- Configurer les notifications

Force est de constater que l'espace de travail que représente l'écran d'un ordinateur s'encombre rapidement à mesure que l'on ouvre fenêtre après fenêtre. Cet encombrement, à peu près inévitable, se paie au prix fort de la lisibilité et du coup, de l'efficacité. Apple s'est penché sur ce problème et a doté OS X Moutain Lion de nombreuses fonctions permettant d'optimiser le travail avec les applications.

Profiter de plusieurs écrans dans un seul

Mission Control permet à la fois de jongler rapidement avec les fenêtres ouvertes et de profiter d'une surface d'affichage étendue par le biais d'écrans virtuels : des espaces d'affichage supplémentaires. Et l'on passe de l'un à l'autre successivement. Une sorte de polyaffichage séquentiel qui fonctionne aussi lorsque l'on utilise plusieurs écrans en même temps. Pour schématiser, c'est comme imaginer qu'au lieu d'un écran connecté à son Mac, il y en a potentiellement deux. Mais qu'il faut débrancher l'un pour profiter de l'autre et que, sur chacun des deux, on peut disposer spécifiquement les fenêtres de ses applications. Ainsi, les deux écrans n'affichent pas la même chose ; ils représentent chacun un environnement de travail différent. Mais avec Mission Control, on se contente d'un écran physique. Et l'opération de débranchement/rebranchement n'est pas matérielle : elle est effectuée par Mountain Lion automatiquement, que l'on ait invoqué le raccourci clavier adéquat ou que l'on ait sollicité une application dont les fenêtres se trouvent sur l'autre écran… virtuel.

Pour simplifier la gestion d'un grand nombre de fenêtres dans plusieurs écrans virtuels, Mission Control propose trois commandes :

❶ **Toutes les fenêtres** : accessible *via* la touche **F3** du clavier, par défaut, cette commande provoque la présentation de toutes les fenêtres ouvertes sous la forme de vignettes sans chevauchement. Cliquez sur l'une des fenêtres ainsi présentées pour la ramener au premier plan. Cette présentation rassemble également les écrans virtuels.

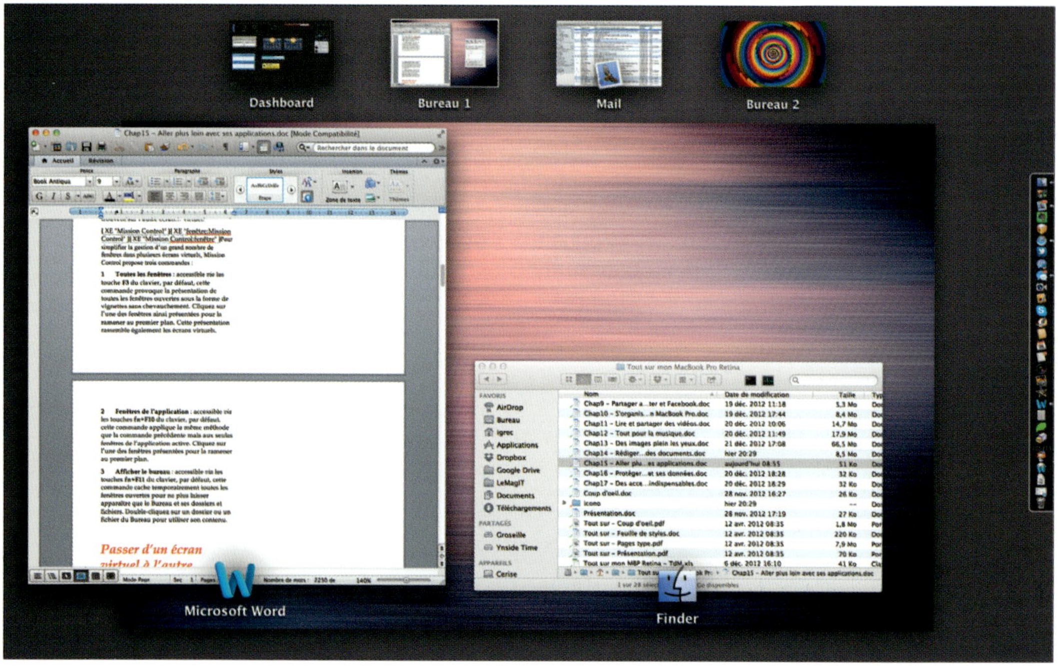

❷ **Fenêtres de l'application** : accessible *via* les touches **fn+F10** du clavier, par défaut, cette commande applique la même méthode que la commande précédente, mais aux seules fenêtres de l'application active. Cliquez sur l'une des fenêtres présentées pour la ramener au premier plan.

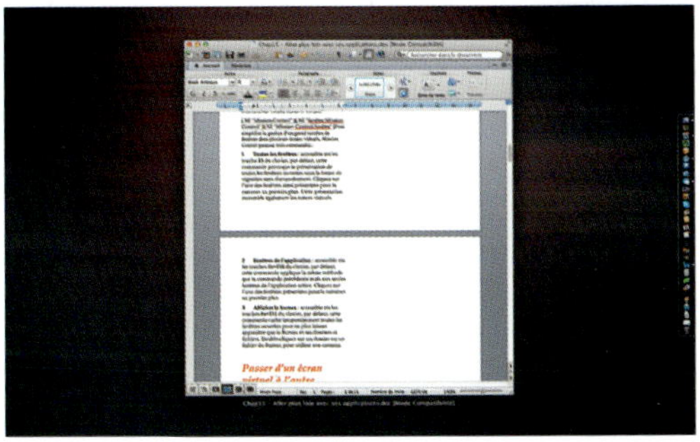

❸ **Afficher le bureau** : accessible *via* les touches **fn+F11** du clavier, par défaut, cette commande cache temporairement toutes les fenêtres ouvertes pour ne plus laisser apparaître que le Bureau et ses dossiers et fichiers. Double-cliquez sur un dossier ou un fichier du Bureau pour utiliser son contenu.

Passer d'un écran virtuel à l'autre

Le passage d'un espace virtuel à l'autre est très rapide. Il se fait automatiquement lorsque vous lancez ou ramenez au premier plan une application affectée à un espace virtuel.

Manuellement, vous avez plusieurs options :

❶ Maintenez la touche **ctrl** enfoncée et appuyez sur la flèche gauche ou la flèche droite du pavé directionnel.

❷ Appuyez sur la touche **F3** pour afficher l'ensemble des espaces virtuels et cliquez sur l'espace à afficher.

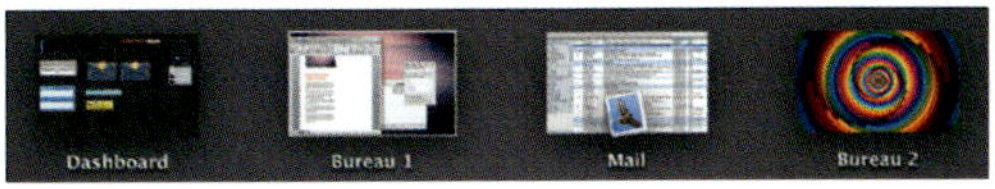

❸ Au trackpad, glissez trois doigts vers le haut pour afficher Mission Control, ou vers la gauche ou la droite pour passer d'un écran virtuel à l'autre.

❹ Avec la souris sans fil d'Apple, glissez deux doigts vers le haut sur la zone tactile pour afficher Mission, ou deux doigts vers la gauche ou la droite pour passer d'un écran virtuel à l'autre.

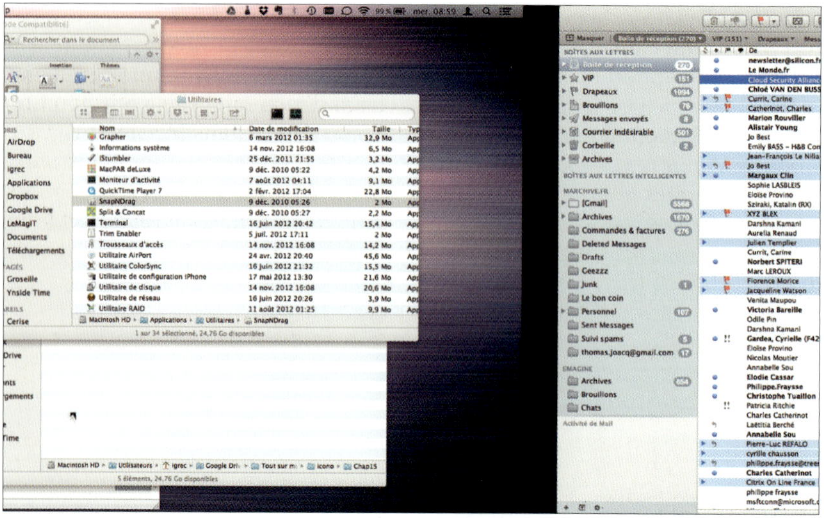

Réorganiser ses écrans virtuels

Contrairement à ce que pouvait permettre Spaces, l'un des ancêtres de Mission Control, la nouvelle fonction de Mountain Lion ne permet pas de réorganiser manuellement les écrans virtuels. Tout au plus permet-il d'en créer et d'en détruire d'un clic de souris.

❶ Affichez Mission Control.

❷ Pour ajouter un bureau virtuel, cliquez sur le bouton + en haut à gauche de l'écran. Votre nouveau bureau virtuel est automatiquement ajouté à la fin de vos bureaux virtuels.

Supprimer un écran virtuel

Vous pouvez également supprimer rapidement un bureau virtuel :

❶ Affichez Mission Control.

❷ Glissez le pointeur de la souris sur le bureau virtuel à supprimer, dans la liste des bureaux virtuels, en haut de l'écran.

3 Une vignette circulaire marquée d'un **X** apparaît dans le coin supérieur gauche du bureau virtuel visé : cliquez dessus pour fermer l'écran en question. Les fenêtres qu'il contenait sont automatiquement déplacées dans le premier bureau. Attention : vous ne pouvez pas non plus fermer l'écran virtuel d'une application en plein écran.

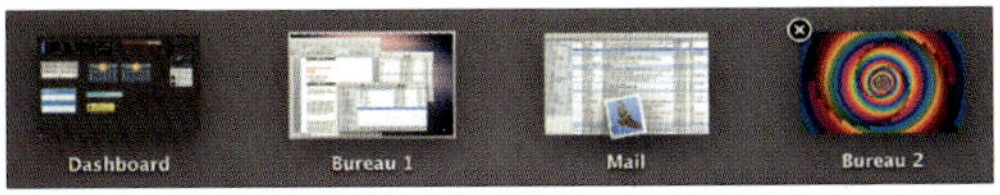

Vous ne pouvez pas fermer le bureau virtuel actif au moment d'invoquer Mission Control. Ou plutôt le bureau virtuel que vous êtes en train d'inspecter dans Mission Control. Mais, directement dans Mission Control, vous pouvez passer d'un écran virtuel à l'autre par un défilement horizontal, à la souris comme au trackpad (avec deux doigts).

Retrouver une fenêtre précise

L'organisation graphique de Mission Control n'est peut-être pas un modèle de confort : les fenêtres apparaissent dans une taille réduite, par rapport à leur taille normale, et la consultation de leur contenu n'est pas forcément très aisée, du moins sur un petit écran. Heureusement, Apple a prévu une solution :

1 Affichez Mission Control.

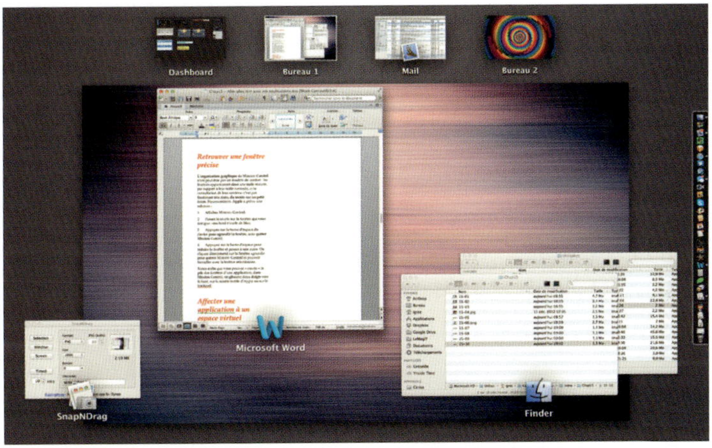

2 Passez la souris sur la fenêtre qui vous intrigue : son bord s'ourle de bleu.

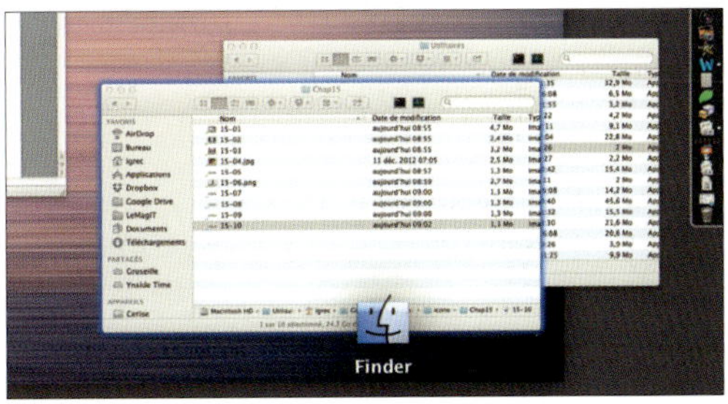

❸ Appuyez sur la barre d'espace du clavier pour agrandir la fenêtre, sans quitter Mission Control.

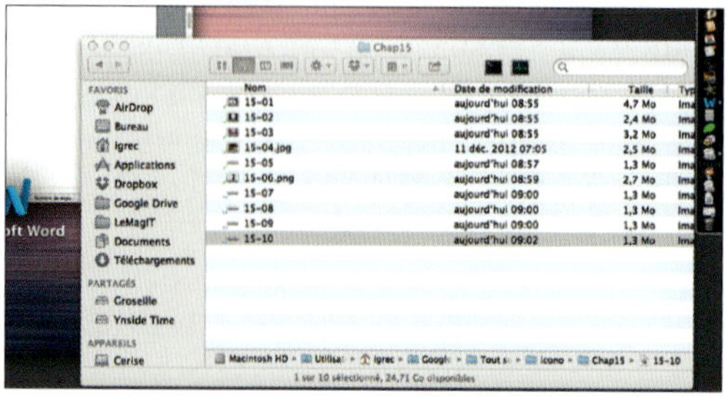

❹ Appuyez sur la barre d'espace pour réduire la fenêtre et passer à une autre. Ou cliquez directement sur la fenêtre agrandie pour quitter Mission Control et pouvoir travailler avec la fenêtre sélectionnée.

Notez enfin que vous pouvez « ouvrir » la pile des fenêtres d'une application, dans Mission Control, en glissant deux doigts vers le haut, sur la souris tactile d'Apple ou sur le trackpad.

Affecter une application à un espace virtuel

Les fenêtres des applications ouvertes peuvent être librement déplacées d'un espace à l'autre à l'aide de la souris, directement dans Mission Control. Mais il est possible d'obliger une application à systématiquement ouvrir ses fenêtres dans un espace précis.

❶ Pour cela, faites un clic droit sur l'icône de l'application visée, dans le Dock.

❷ Sélectionnez **Options ▸ Attribuer à**.

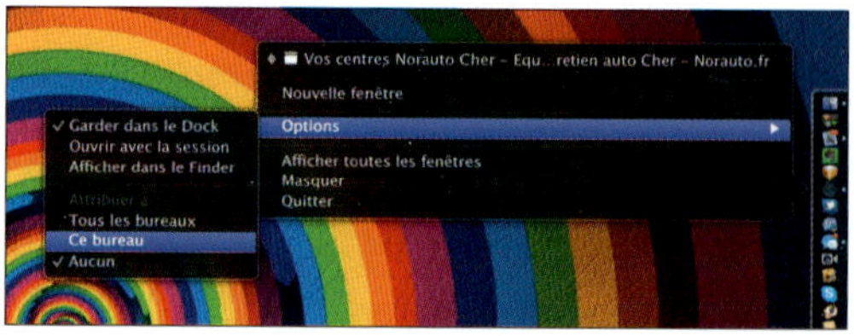

❸ Dans la liste, sélectionnez le bureau virtuel auquel affecter cette application. Si vous sélectionnez l'élément **Tous les bureaux**, les fenêtres de cette application seront visibles dans tous les écrans virtuels.

Lorsque vous lancerez cette application, ses fenêtres s'ouvriront automatiquement dans l'espace prédéfini et celui-ci sera affiché.

NOTE

Vous ne voulez pas quitter des yeux les fenêtres du Finder ? C'est bien compréhensible. Alors, utilisez la méthode décrite ci-dessus pour affecter à **Tous les bureaux** les fenêtres du Finder : elles vous suivront en toutes circonstances !

Déplacer une application sur un autre espace virtuel

Vous pouvez également déplacer ponctuellement les fenêtres d'une application dans un autre bureau virtuel :

❶ Lancez Mission Control.

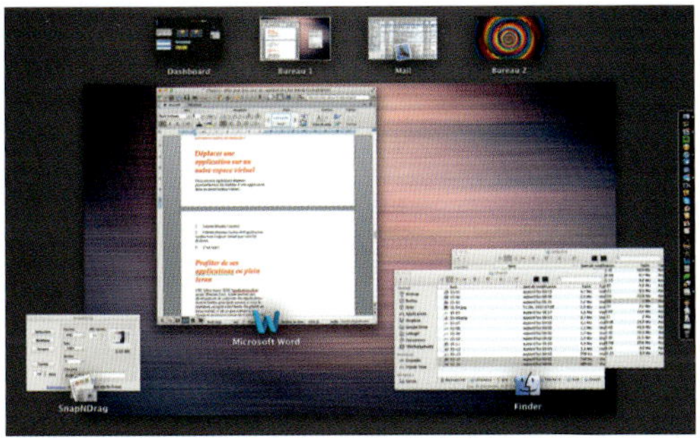

❷ Glissez-déposez l'icône de l'application voulue vers l'espace virtuel que vous lui destinez.

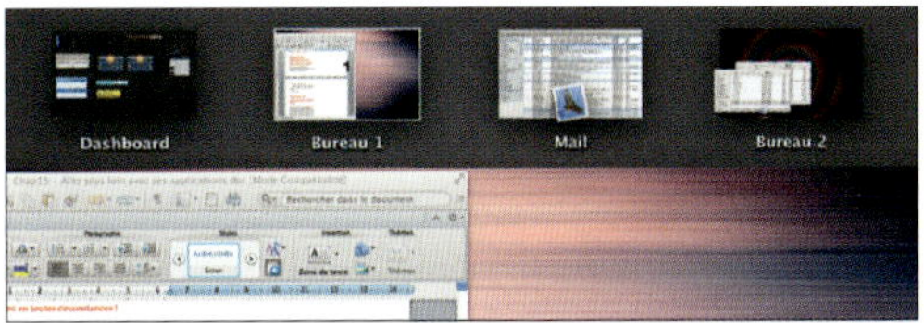

❸ C'est tout !

Profiter de ses applications en plein écran

Depuis Lion, Apple permet aux développeurs de concevoir des applications dont la fenêtre principale pourra, si vous le souhaitez, occuper tout l'écran. Ou plutôt un écran virtuel : c'est un peu comme avoir plusieurs moniteurs connectés à votre Mac et en attribuer un à chacune de vos applications favorites. En utilisant chaque moniteur successivement, s'entend : puisque, en réalité, vous n'avez qu'un moniteur, vous passez d'une application et d'un écran *virtuel* à l'autre, par un raccourci clavier ou geste sur le trackpad.

Les fenêtres qui peuvent être affichées en plein écran se distinguent par un bouton illustré de deux flèches en diagonale, dans leur coin supérieur droit.

❶ Cliquez sur ce bouton pour provoquer un effet immédiat : la fenêtre est agrandie jusqu'à occuper tout l'écran tandis qu'elle semble glisser vers la droite. Ou plutôt que le reste de l'affichage principal semble glisser vers la gauche.

❷ La barre des menus disparaît lors du passage en plein écran. Ou presque : pour la retrouver, glissez simplement le pointeur de la souris vers le haut de l'écran. C'est ainsi, d'ailleurs, que vous accédez à l'icône qui vous permettra de quitter le mode Plein écran : elle se trouve à l'extrémité droite de la barre des menus.

Mais faut-il jongler constamment avec ces deux icônes pour profiter du plein écran, le quitter, y revenir ? Non, bien heureusement. Vous pouvez passer d'un écran virtuel à l'autre en faisant glisser trois doigts horizontalement, sur le trackpad. Et si vous n'en avez pas, vous pouvez utiliser les flèches gauche et droite du clavier, tout en maintenant enfoncée la touche **ctrl** du clavier. Un peu comme pour passer d'un écran virtuel à l'autre avec Mission Control.

Retrouver une ancienne version d'un document

La sauvegarde automatique n'est que la face apparente d'une fonction bien plus ambitieuse d'OS X : Versions. En fait, OS X, depuis Lion, ne se contente pas de sauvegarder automatiquement la dernière version du document sur lequel vous êtes en train de travailler, à votre insu. Il va plus loin et en conserve plusieurs versions : chaque fois que vous ouvrez un document, ou une fois par heure, il capture une version du document ouvert. Vous pouvez même le lui demander de manière explicite en déroulant le menu **Fichier ▸ Enregistrer une version**. Ou en tapant **cmd+s**.

Les versions horaires d'un document sont conservées durant 24 heures. Des versions sur base quotidienne sont conservées durant un mois. Au-delà, ce sont des versions sur base hebdomadaire qui sont disponibles. Et lorsque vous supprimez un document, toutes ses versions sont également supprimées.

❶ Pour consulter toutes les versions enregistrées d'un document *via* le menu caché derrière son nom, dans la barre de titre de la fenêtre correspondante, avec l'élément **Parcourir toutes les versions**.

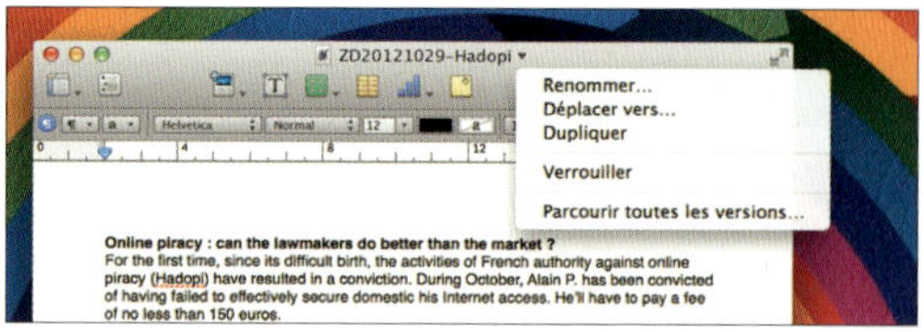

❷ De là, vous accédez à un affichage qui rappelle fortement celui de Time Machine : à gauche se trouve le document actuel et, à droite, une version antérieure du document. Vous pouvez parcourir l'historique des versions antérieures en jouant sur l'échelle de temps à l'extrémité droite de l'écran.

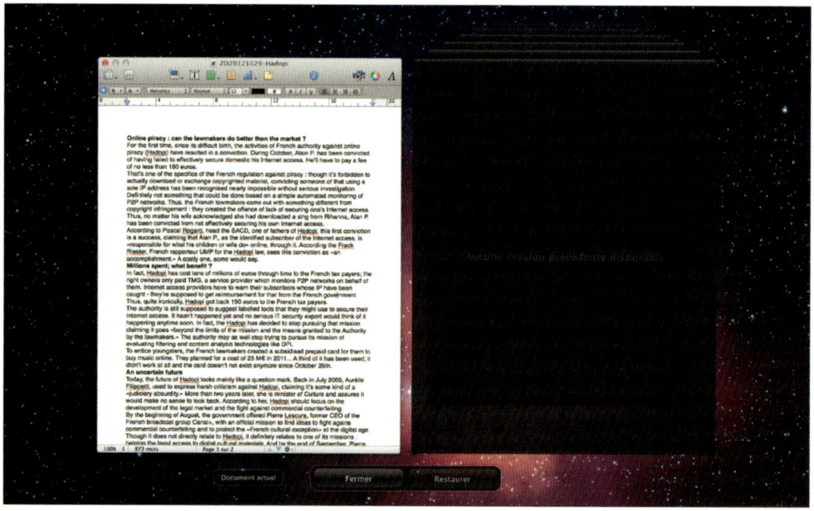

3 À tout moment, vous pouvez choisir de restaurer une version antérieure, en cliquant sur le bouton **Restaurer**. Ce qui induit la destruction complète de la version actuelle au profit de la version antérieure sélectionnée. Mais vous pouvez également sélectionner une partie de la version antérieure du document, la copier dans le presse-papiers puis la coller dans le document actuel…

4 Enfin, cliquez sur le bouton **Fermer** pour revenir au document actuel, dans votre environnement de travail.

Faire le ménage parmi les notifications

Encore un héritage des iPhone et autres iPad : les notifications, ces petites alertes que les applications sont susceptibles de faire apparaître sur l'écran de l'appareil mobile pour vous communiquer au plus vite une nouvelle information, arrivent sur Mac avec OS X Mountain Lion. Relativement discrètes, elles apparaissent durant quelques secondes en haut à droite de l'écran. C'est par exemple le logiciel de messagerie Mail qui vous prévient de l'arrivée d'un nouveau courriel, ou encore un ami qui a mis à jour son statut sur Facebook… Toutes ces notifications sont regroupées dans un panneau dédié appelé Centre de notifications.

Pour l'afficher, rien de plus simple :

1 Cliquez sur l'icône représentant une liste à l'extrémité droite de la barre des menus.

2 Le bureau se décale alors vers la gauche pour laisser apparaître le Centre de notifications. Trois possibilités s'offrent à vous.

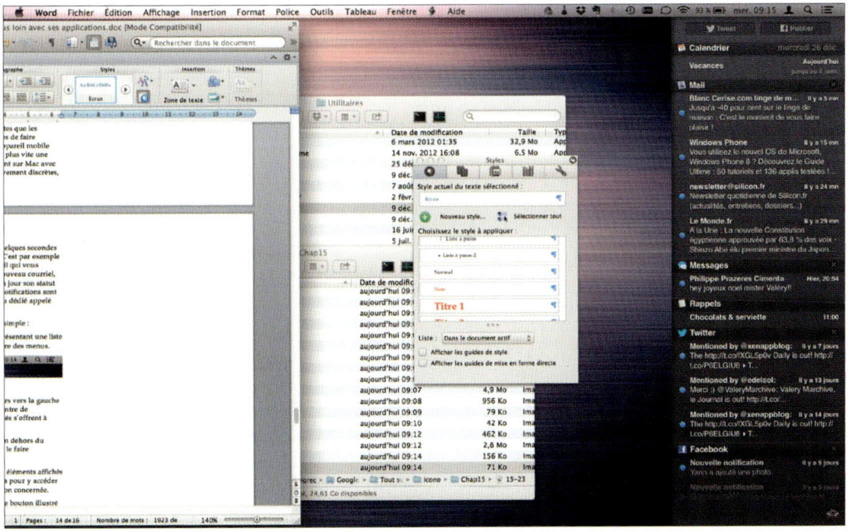

❸ Cliquez n'importe où en dehors du Centre de notifications pour le faire disparaître.

❹ Ou cliquez sur l'un des éléments affichés par le Centre de notifications pour y accéder directement dans l'application concernée.

❺ Ou encore, cliquez sur le bouton illustré d'une croix à droite du nom d'une application pour effacer toutes les notifications correspondantes. Bien sûr, seules les notifications sont effacées ; pas les courriels ou rendez-vous correspondants.

Configurer les notifications

Bien sûr, il ne serait pas acceptable que n'importe quelle application se permette d'afficher des notifications régulièrement, sans votre assentiment. Chaque application utilisant cette fonctionnalité propose donc des réglages, dans le panneau des Préférences Système intitulé Notifications. Pour y accéder, deux possibilités :

❶ Déroulez le menu **Pomme ▸ Préférences Système.**

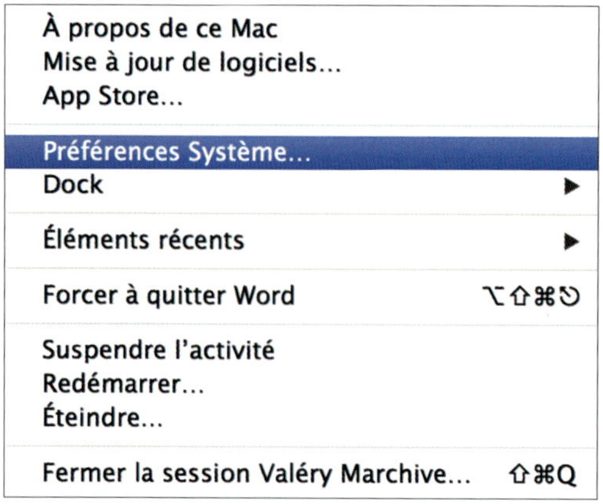

❷ Cliquez sur l'icône **Notifications**.

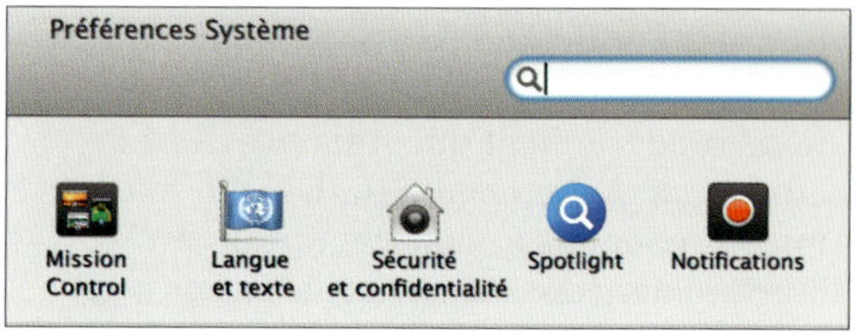

❸ Ou cliquez sur l'icône illustrée d'une roue dentée tout en bas du Centre de notifications. Là, vous trouverez une liste d'applications utilisant le Centre de notifications. Sélectionnez l'une d'elles pour accéder aux options qu'elle propose.

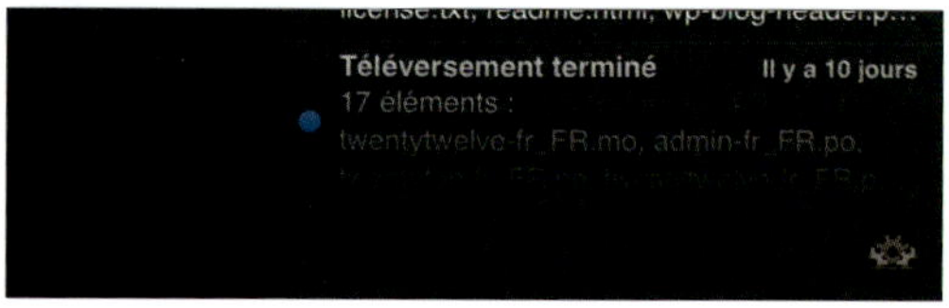

4 Commencez par choisir le style d'alerte entre **Aucune**, **Bannières**, et **Alertes**. Comme l'indique le panneau de préférences, les bannières disparaissent automatiquement au bout de quelques secondes. Les alertes, en revanche, restent affichées jusqu'à ce que vous ayez cliqué sur leur bouton **Fermer**.

5 Cochez la case **Afficher dans Centre de notifications** si vous souhaitez que les notifications de l'application sélectionnée soient consolidées dans le Centre de notifications. Déroulez la liste correspondante pour définir le nombre de notifications de l'application sélectionnée à afficher dans le Centre de notifications.

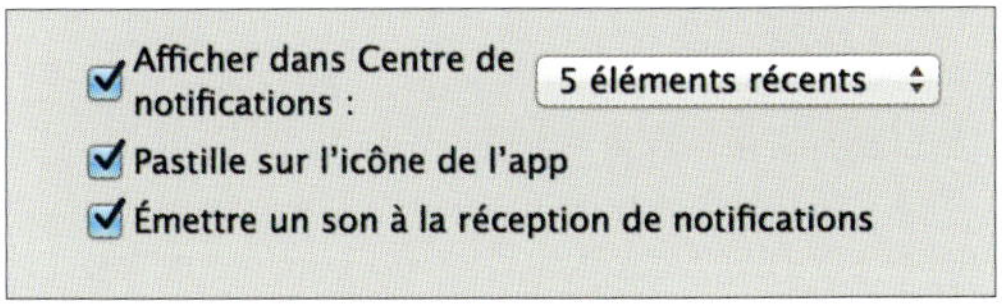

6 Cochez la case **Pastille sur l'icône de l'app** pour qu'une pastille numérique indique le nombre de notifications en attente pour l'application concernée, dans le Dock ou LaunchPad.

7 Cochez la case **Émettre un son à la réception de notifications** pour que les alertes ou bannières soient assorties d'un signal sonore. Signal qui sera joué y compris si vous avez demandé à ce que ni bannière ni alerte ne soit associée une notification.

8 Lorsque vous avez fini, refermez simplement la fenêtre des réglages des notifications : vos préférences seront immédiatement appliquées.

NOTE

Vous ne voulez pas voir apparaître à tout bout de champ des bulles de notification à l'écran ? Rien de plus simple : faites glisser vers le bas le Centre de notifications pour dévoiler un bouton de réglage intitulé **Afficher les alertes et les bannières**. Avec lui, vous pouvez activer et désactiver à volonté l'affichage des alertes. Les notifications continueront d'être consolidées dans le Centre de notifications.

Chapitre 16

Protéger son Mac et ses données

Dans ce chapitre :

- Configurer l'ouverture de session
- Verrouiller son Mac
- Veiller au respect de sa vie privée
- Sécuriser ses données
- Empêcher la mise en route
- Utiliser les sauvegardes Time Machine
- Configurer un disque pour Time Machine
- Exclure des éléments des sauvegardes Time Machine
- Remonter le temps

Vous pensez que vos données sont à l'abri des indiscrets parce que vous utilisez un Mac et que peu de logiciels malveillants sont à ce jour connus pour OS X ? Autant le dire sans détour : vous êtes dans l'erreur. Pour protéger vos données, vous avez intérêt à limiter les capacités d'autrui à accéder à vos données. Et votre MacBook Pro Retina est doté de nombreuses fonctions pour cela. De même, il embarque de quoi limiter les risques associés à d'éventuelles pertes de données.

Configurer l'ouverture de session

La première précaution consiste bien sûr à interdire l'utilisation de votre compte d'utilisateur à toute personne non autorisée. Pour cela, il faut commencer par protéger l'ouverture de session avec un mot de passe :

1. Déroulez le menu **Pomme ▸ Préférences Système**.

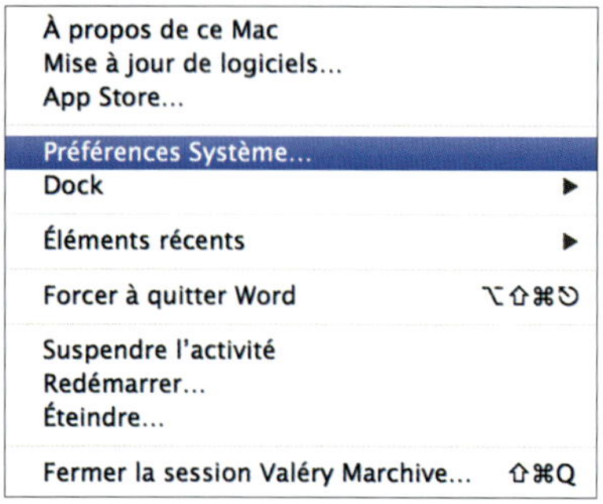

2. Cliquez sur **Utilisateurs et groupes**.

3. Dans la liste, sélectionnez votre compte d'utilisateur.

4. Cliquez sur le bouton **Modifier le mot de passe**.

5. Dans l'ordre, indiquez votre mot de passe actuel puis votre nouveau mot de passe, deux fois de suite, dans les champs *ad hoc*.

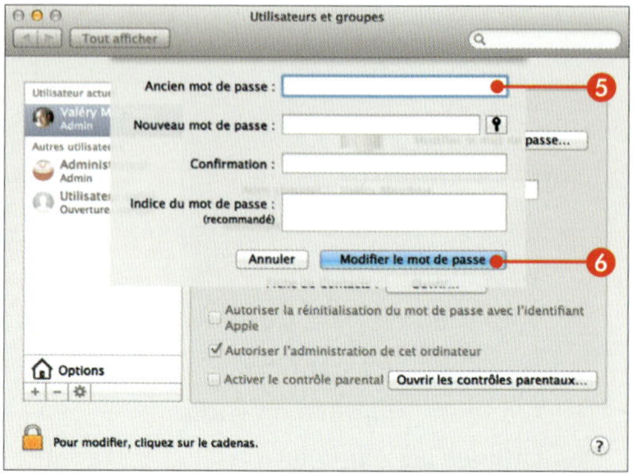

6. Cliquez sur le bouton **Modifier le mot de passe**.

7. Cliquez sur le cadenas en bas à gauche de la fenêtre.

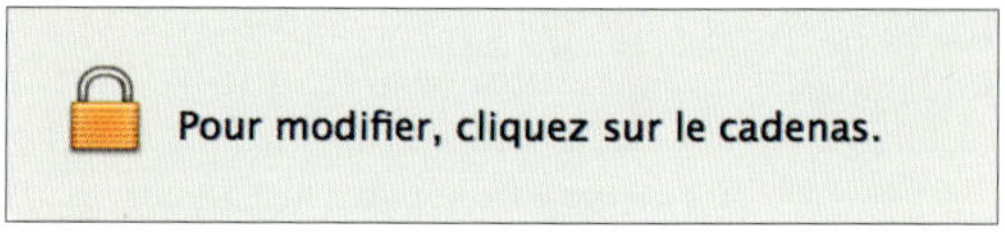

8. Indiquez votre mot de passe et cliquez sur le bouton **Déverrouiller**.

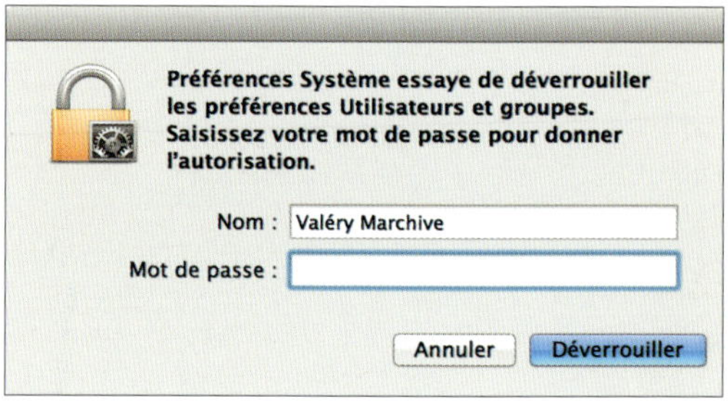

9 Cliquez sur **Options**.

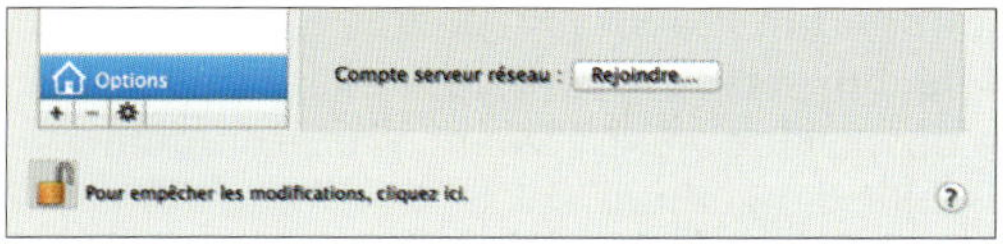

10 Déroulez la liste **Ouverture de session automatique** et sélectionnez **Désactivé**. Votre mot de passe vous sera systématiquement demandé au démarrage de votre Mac pour accéder à votre compte d'utilisateur.

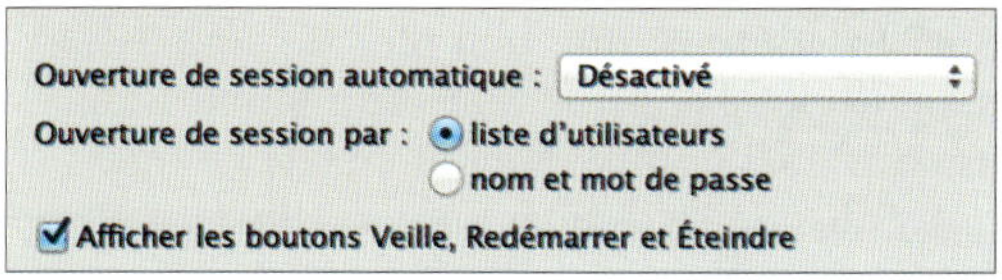

11 Refermez la fenêtre.

NOTE

Vous voulez gagner un petit degré de sécurité supplémentaire ? Validez l'option **Ouverture de session par ▸ nom et mot de passe** : une personne mal intentionnée qui chercherait à ouvrir une session sur votre Mac devra non seulement découvrir votre mot de passe, mais aussi votre nom d'utilisateur précis. Et rien ne vous interdit d'utiliser un nom d'utilisateur fantaisiste, différent de votre véritable nom… De la même manière, si vous souhaitez que l'**indice de mot de passe** soit affiché, pensez à fournir à OS X un indice qui ne soit compréhensible que de vous…

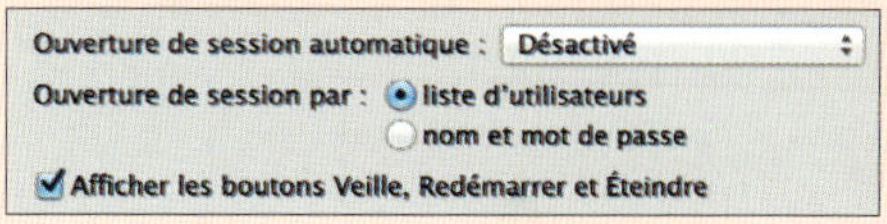

Verrouiller son Mac

En désactivant l'ouverture automatique de session, vous avez protégé l'accès non autorisé à votre compte d'utilisateur au démarrage. Mais vos données ne sont pas protégées contre les indélicats qui voudraient accéder à votre compte alors que vous avez laissé votre Mac sans surveillance.

1 Pour empêcher l'accès frauduleux à vos données en votre absence, déroulez le menu **Pomme ▸ Préférences Système**.

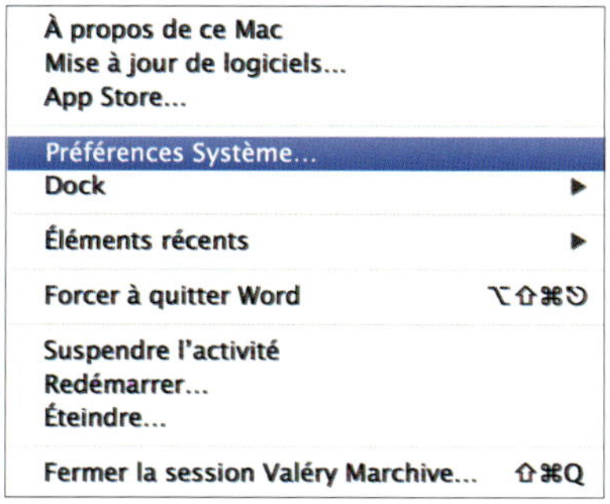

2 Cliquez sur **Sécurité et confidentialité**.

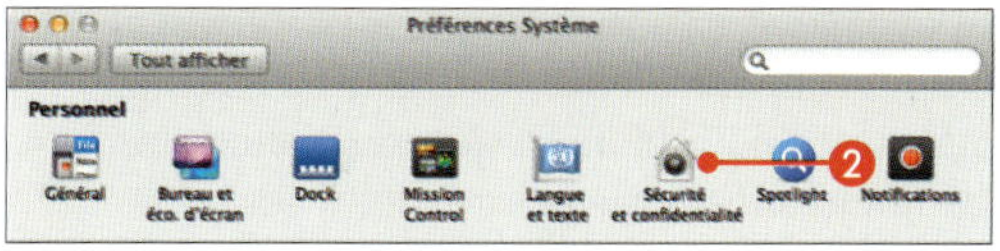

3 Activez l'onglet **Général**.

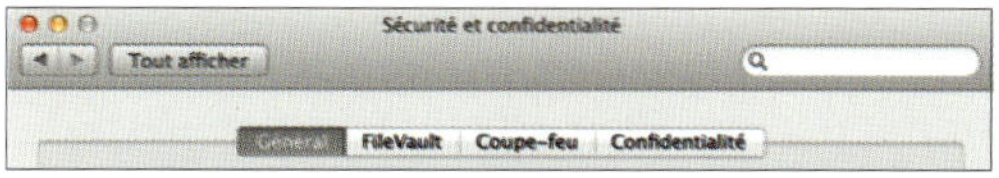

4 Cochez la case **Exiger le mot de passe après la suspension d'activité ou au lancement de l'économiseur d'écran** et déroulez le menu correspondant pour définir le délai d'inactivité après lequel OS X vous demandera votre mot de passe pour vous rendre la main : cela permet d'améliorer la sécurité de votre Mac lorsque vous vous en absentez, sans être trop envahissant ni systématique non plus.

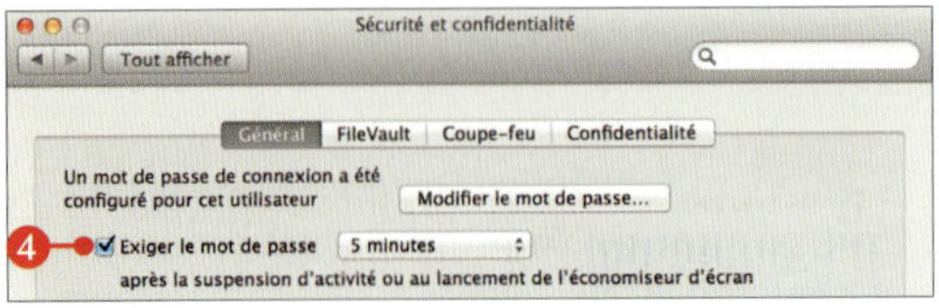

5 Cliquez sur le bouton **Avancé**.

6 Cochez la case **Déconnexion automatique après** et indiquez un délai d'inactivité passé lequel vous devrez rouvrir une session – et donc, vous authentifier avec nom d'utilisateur et mot de passe au lieu d'un mot de passe seulement.

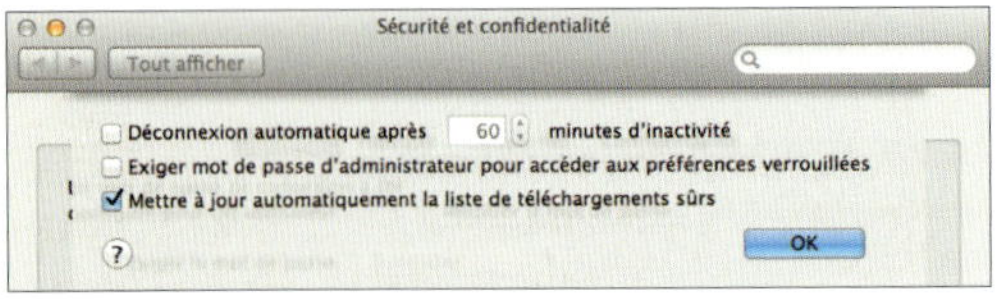

7 Cochez la case **Mettre à jour automatiquement la liste des téléchargements sûrs** pour éviter que Safari n'ouvre automatiquement, par erreur, un fichier dangereux.

8 Cliquez sur **OK** lorsque vous avez fini.

9 Si vous voulez être sûr que votre Mac ne lancera pas d'application potentiellement dangereuse, cliquez **Mac App Store et développeurs identifiés** à la rubrique **Autoriser les applications téléchargées de**. Si vous souhaitez un peu plus de souplesse, sélectionnez l'option **Mac App Store**. Enfin, si vous êtes complètement sûr de ce que vous allez faire et télécharger, cliquez sur **N'importe où**.

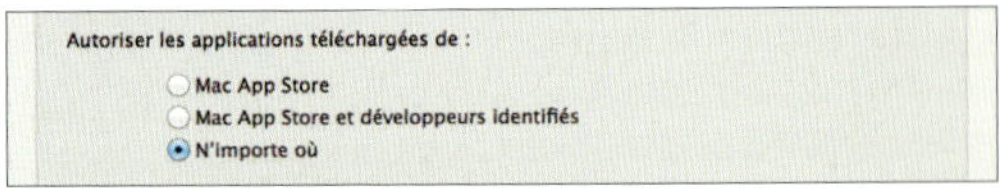

Veiller au respect de sa vie privée

L'intégration de Twitter et de Facebook à Mountain Lion, ainsi qu'un service de géolocalisation, peut interpeler les plus sensibles au respect de leur vie privée. Cela vaut pour ces services, mais d'autres applications peuvent être concernées. Aussi, Apple a centralisé les réglages liés à la protection de la vie privée dans une partie du panneau de préférences Sécurité :

1 Pour accéder à ces réglages, déroulez le menu **Pomme ▸ Préférences Système**.

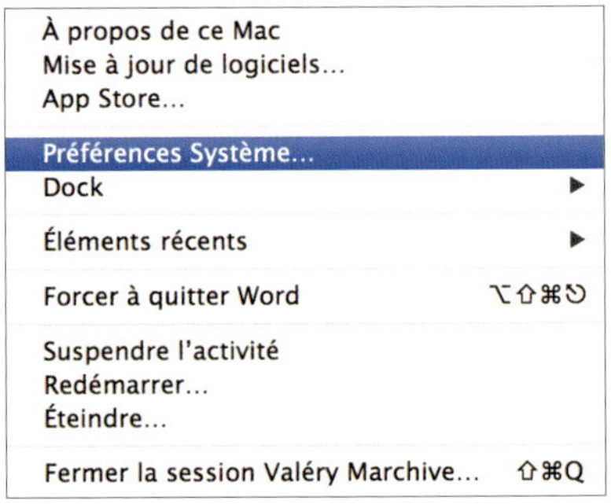

2 Cliquez sur **Sécurité et confidentialité**.

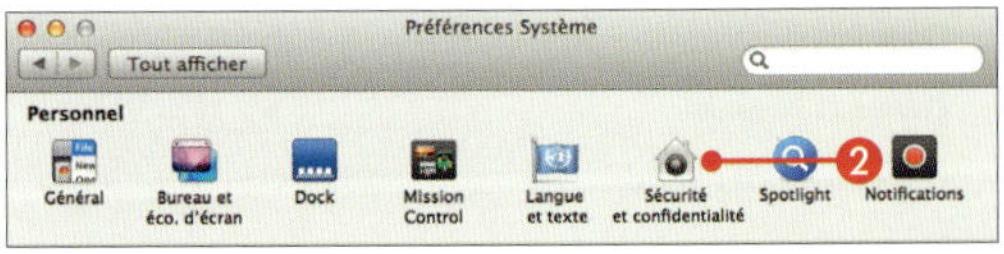

❸ Activez l'onglet **Confidentialité**.

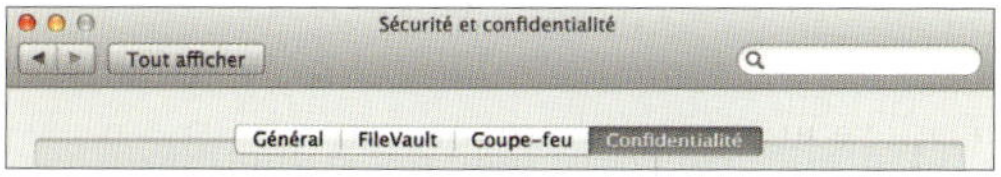

❹ Ce panneau rassemble, dans sa colonne latérale, la liste des services et applications susceptibles d'accéder à des données personnelles considérées comme sensibles pour la vie privée.

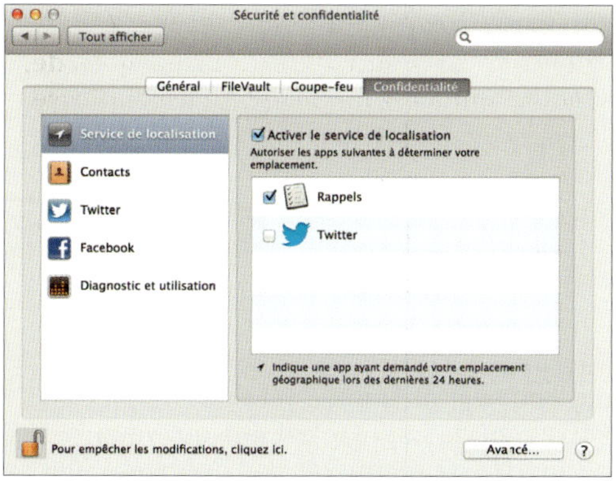

❺ Cliquez sur le nom de l'un de ces services ou applications dans la liste, pour accéder aux réglages spécifiques associés.

Sous **Contacts**, par exemple, vous trouverez la liste des applications ayant requis votre autorisation d'accéder à la liste de vos contacts. Celles dont la case est cochée ont reçu votre approbation, les autres non. Cochez ou décochez les cases des applications suivant qui nécessitent selon vous qu'elles puissent accéder à vos contacts.

❻ Renouvelez l'opération pour chaque application ou service de la liste puis refermez la fenêtre.

> NOTE
>
> Mais au fait, comment votre Mac fait-il pour vous localiser ? En s'appuyant sur des bases de données qui recensent les coordonnées géographiques approximatives des points d'accès Wi-Fi – entre autres données issues des équipements réseau utilisés pour vous connecter à Internet. Et ces bases de données, à votre avis, comment Apple est-il parvenu à les constituer ? Grâce aux millions d'iPhone vendus à travers le monde. Mais attention : Apple n'utilise pas ces données pour surveiller ses clients ni même s'immiscer dans leur vie privée.

Sécuriser ses données

Contrairement à ce que vous pourriez penser, vos données ne sont pas encore en sécurité : un autre utilisateur de votre Mac, ouvrant une session avec son mot de passe, pourrait tout à fait accéder à vos données à votre insu. Pour éviter cela, Apple a conçu FileVault 2, un système de chiffrement très puissant qui s'applique à l'ensemble du disque dur de votre Mac.

1 Pour profiter de FileVault, déroulez le menu **Pomme ▸ Préférences Système**.

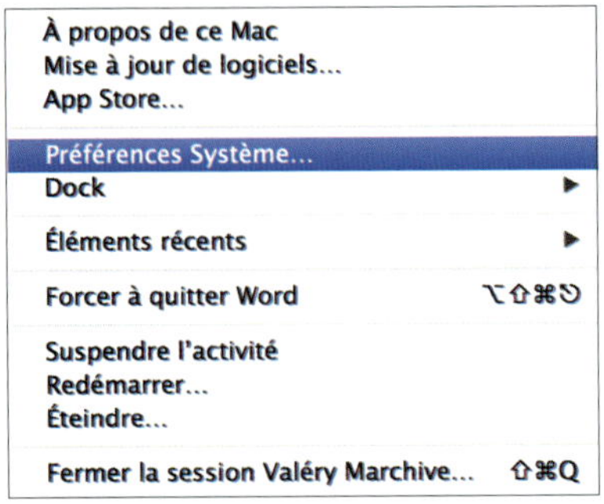

2 Cliquez sur **Sécurité et confidentialité**.

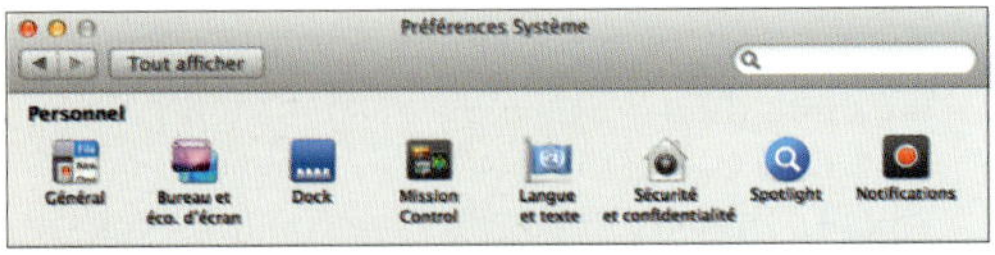

3 Activez l'onglet **FileVault**.

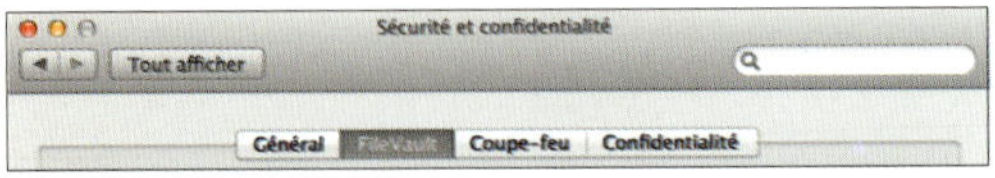

4 Cliquez sur le bouton **Activer FileVault**.

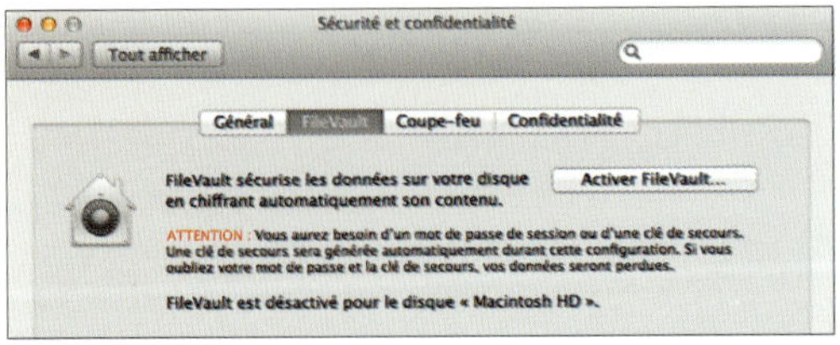

5 Si nécessaire, invitez les autres utilisateurs de votre Mac à s'authentifier puis cliquez sur **Continuer**.

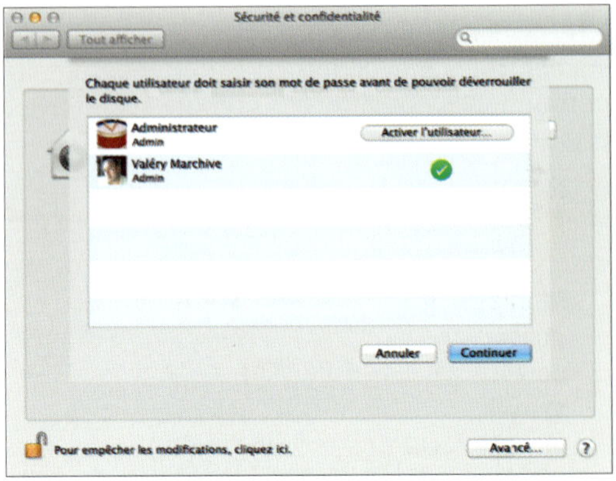

6 Notez soigneusement la clé de secours qui vous est présentée : si vous oubliez votre mot de passe, c'est elle qui vous permettra de récupérer vos données. Et si vous l'avez perdue, vous avez aussi perdu vos données.

7 Cliquez sur le bouton **Continuer**.

8 Si vous le souhaitez, vous pouvez stocker la clé de secours auprès d'Apple, sur ses serveurs, sous forme chiffrée. Pour cela, indiquez trois questions et les trois réponses correspondantes : Apple s'en servira pour vous authentifier et vous fournir, si besoin, la clé de secours. Lorsque vous êtes prêt, cliquez sur le bouton **Continuer**.

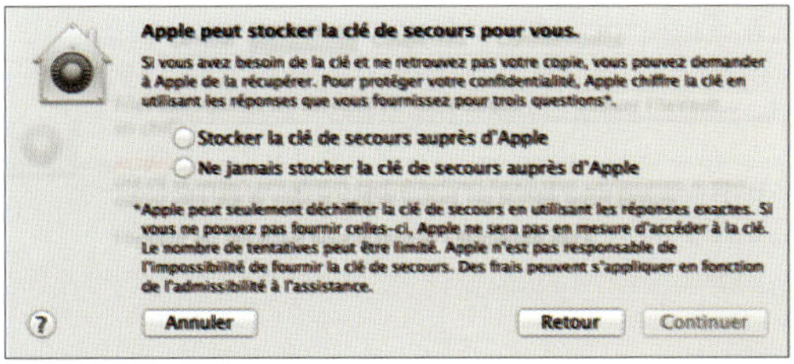

❾ Cliquez sur bouton **Redémarrer** pour lancer le processus de chiffrement. Celui-ci commencera dès le rédémarrage, mais vous pourrez continuer d'utiliser votre Mac pendant ce temps-là.

❿ Périodiquement, suivez l'avancement du processus de chiffrement dans le panneau de préférences **Sécurité et confidentialité**.

NOTE

FileVault 2 utilise l'algorithme de chiffrement XTS-AES 128 bits. C'est l'un des plus efficaces du moment et, pour le casser sans connaître votre mot de passe utilisé pour le chiffrement des données, il faudrait compter plusieurs millions d'années de calcul avec les ordinateurs les plus puissants de la planète… FileVault 2 permet en outre un chiffrement intégral du disque dur de votre Mac – et pas seulement de vos données personnelles. Enfin, il permet de procéder à un effacement des données à distance : un effacement redoutablement efficace puisqu'il consiste à supprimer toute trace de la clé de chiffrement du disque dur, dans un premier temps, avant de commencer à effacer effectivement, une à une, vos données. Cet effacement peut être commandé par le service Back to My Mac d'iCloud, en cas de vol, par exemple : si vous ordonnez l'effacement, il sera enclenché dès la première connexion à Internet de votre ordinateur. Une bonne raison de plus de prévoir de bonnes sauvegardes…

Empêcher la mise en route

Si toutes ces précautions vous semblent insuffisantes, votre Mac peut vous offrir un dernier rempart contre les importuns : un mot de passe exigé pour la mise sous tension. Avec cette protection, il est impossible de démarrer le Mac sans le mot de passe adéquat, y compris à partir d'un disque dur externe.

❶ Pour définir un mot de passe à la mise sous tension, redémarrez votre Mac avec sa partition de restauration : redémarrez votre machine en maintenant enfoncée la touche **alt** du clavier puis sélectionnez la partition de restauration.

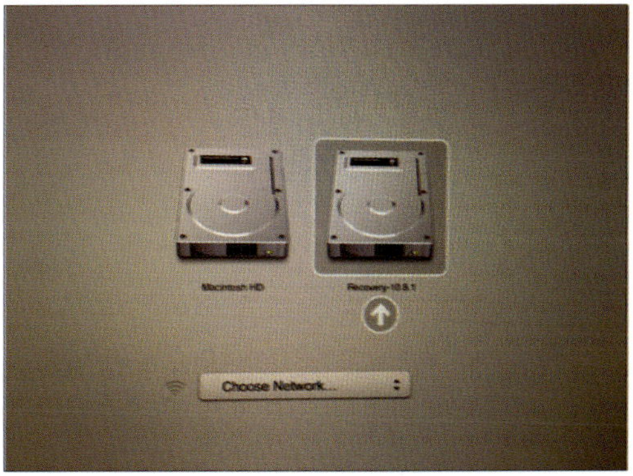

> **NOTE** Si vous avez activé FileVault 2, la partition de restauration apparaît comme inaccessible. Mais c'est faux : vous pouvez démarrer dessus en maintenant enfoncées les touches **cmd** et **R** lors de la mise sous tension. Vous pouvez aussi démarrer votre Mac sur un disque d'installation d'OS X Mountain Lion, tel qu'une clé USB.

2 Dans la liste qui s'affiche, sélectionnez **Utiliser le français comme langue principale**.

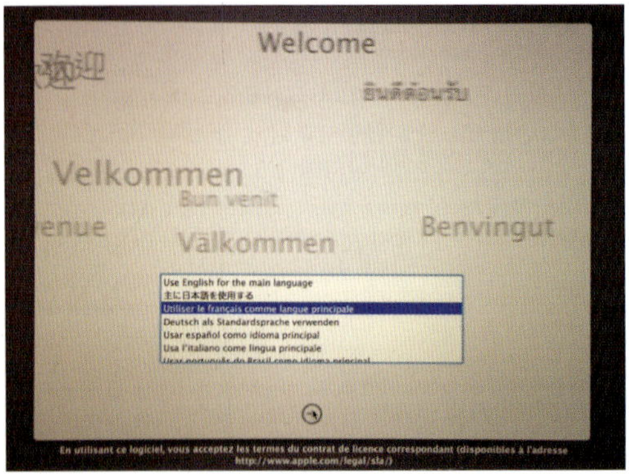

3 Une fois l'installeur chargé, déroulez le menu **Utilitaires ▸ Utilitaire de mot de passe du programme interne**.

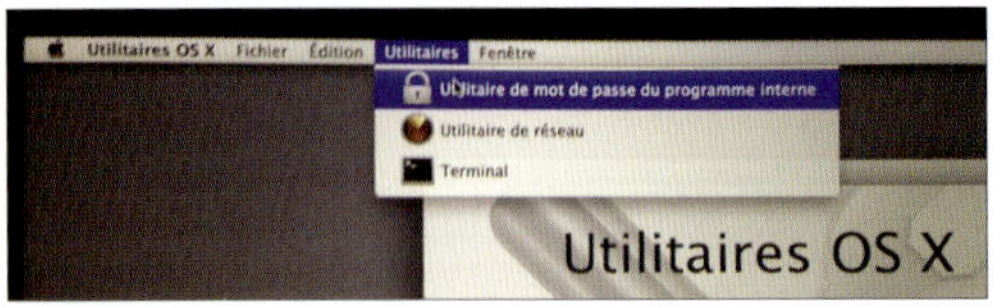

4 Cliquez sur le bouton **Activer le mot de passe du programme interne**.

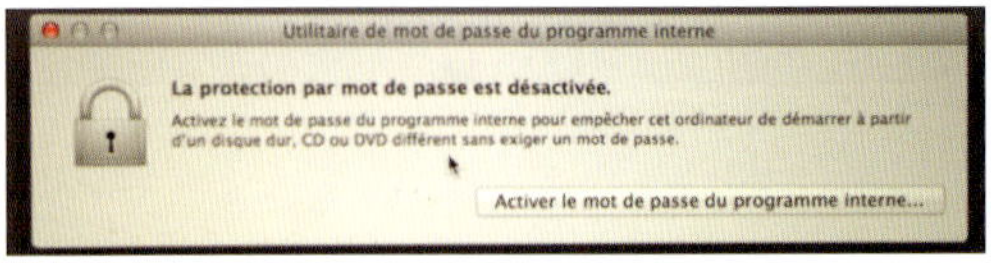

5 Tapez le mot de passe que vous avez choisi pour protéger votre Mac à la mise sous tension, dans les champs *ad hoc*.

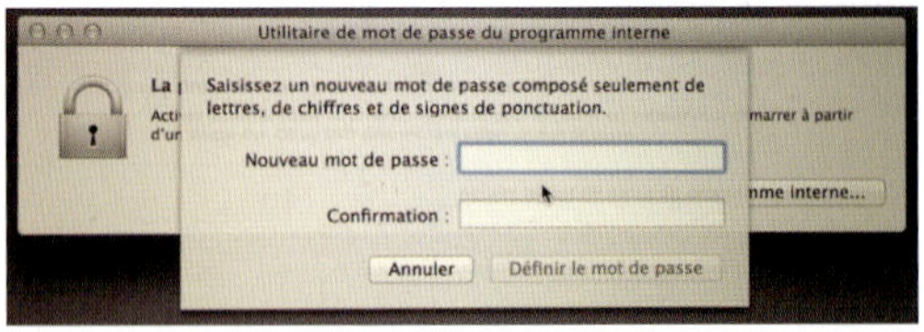

6 Cliquez sur le bouton **Définir le mot de passe**.

7 Le mot de passe est désormais défini ; votre Mac est protégé. Cliquez sur le bouton **Quitter** puis déroulez le menu **Pomme ▸ Redémarrer**.

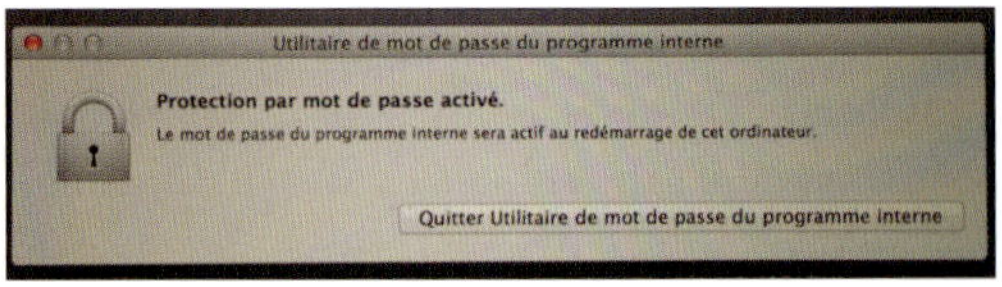

8 Votre Mac est protégé : votre mot de passe vous sera demandé à chaque redémarrage ou sortie de veille.

> **NOTE** Attention : avec votre MacBook Pro Retina, toute perte du mot de passe du programme interne oblige à passer par le service après-vente d'Apple ou par un centre de support agréé Apple.

Utiliser les sauvegardes de Time Machine

Time Machine est un dispositif de sauvegarde de données intégré à OS X Mountain Lion. Sa mission de base est simple : copier les données du disque dur de démarrage du Mac en lieu sûr, de préférence sur un disque dur externe ou partagé en réseau.

> **NOTE**
>
> Si d'aventure votre Mac est endommagé, matériellement ou logiciellement, au point que vous deviez réinstaller OS X Mountain Lion, vous pouvez, au moment de configurer l'installation, imposer l'utilisation d'une sauvegarde Time Machine afin de restaurer la configuration logicielle de votre Mac. Vous retrouverez ainsi vos fichiers dans un état aussi récent que possible.

Intégré à OS X Mountain Lion, Time Machine réagit automatiquement dès qu'il détecte un disque dur externe, interne ou partagé en réseau, offrant une capacité suffisante pour ses besoins. Un message vous alerte de cette situation :

❶ Cliquez sur **Utiliser comme disque de sauvegarde** si le disque identifié par Time Machine est bien celui que vous vouliez lui dédier.

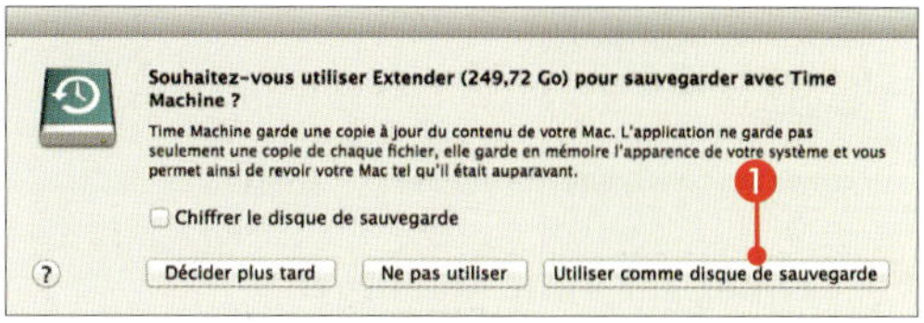

❷ Cliquez sur **Ne pas utiliser** dans le cas contraire.

Si vous avez autorisé Time Machine à utiliser le disque dur qu'il vous indiquait, le panneau de réglages de Time Machine s'ouvre aussitôt.

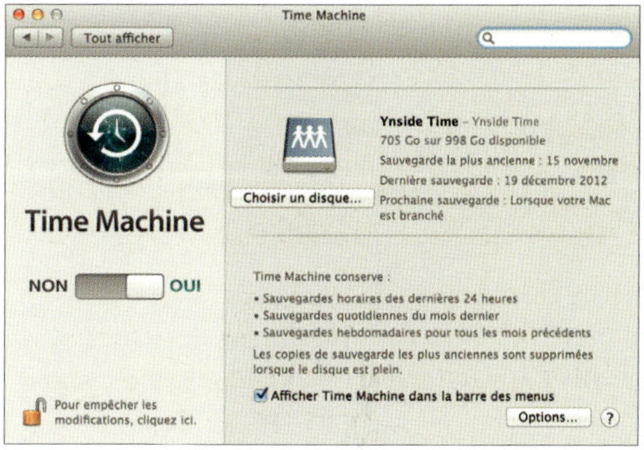

Configurer un disque pour Time Machine

Pour désigner manuellement un autre disque, vous devrez vous-même ouvrir le panneau de réglages de Time Machine :

❶ Déroulez le menu **Pomme ▸ Préférences Système**.

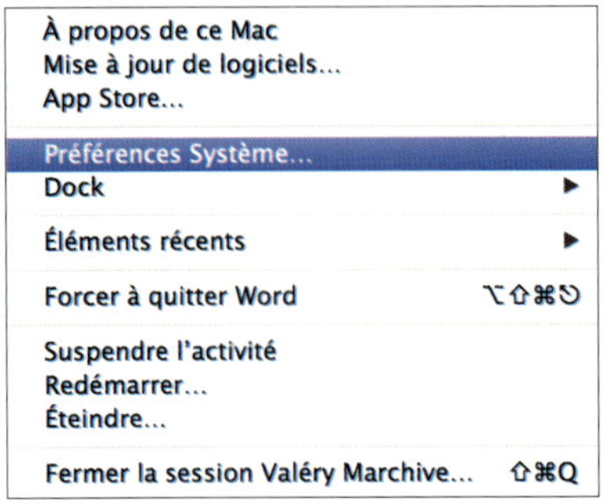

❷ Cliquez sur **Time Machine**.

❸ Cliquez sur le bouton **Choisir un disque de sauvegarde**.

❹ Sélectionnez le disque à utiliser pour les sauvegardes et validez en cliquant sur le bouton **Utiliser le disque**.

Malheureusement, tous les disques durs en réseau ne sont pas compatibles avec Time Machine. L'administrateur d'un serveur OS X peut configurer certains disques du serveur en ce sens ; vous pouvez utiliser une borne Time Capsule. Certains constructeurs de disques durs partagés en réseau commencent à intégrer le support de Time Machine.

Exclure des éléments des sauvegardes Time Machine

Si vous ne disposez que d'un espace de stockage limité à proposer à Time Machine, vous voudrez peut-être que celui-ci concentre toute son attention sur vos données les plus précieuses, quitte à ce que cela se fasse au détriment des autres.

❶ Pour cela, déroulez le menu **Pomme** ▸ **Préférences Système**.

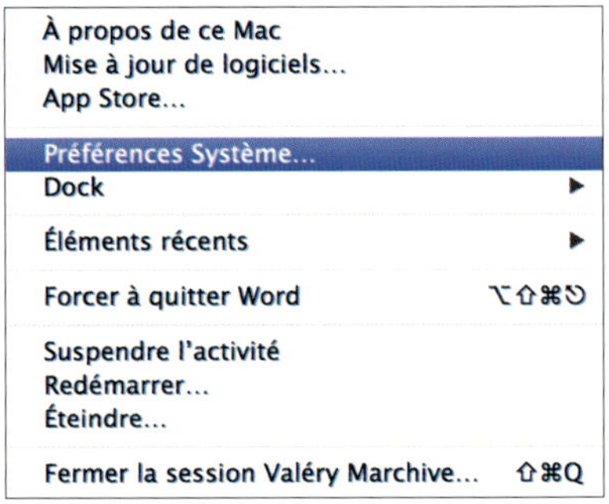

2 Cliquez sur **Time Machine**.

3 Cliquez sur le bouton **Options**.

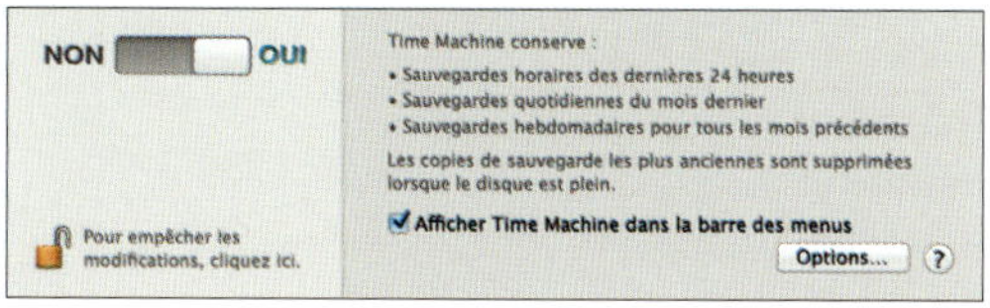

4 Cliquez sur le bouton + en bas de la fenêtre.

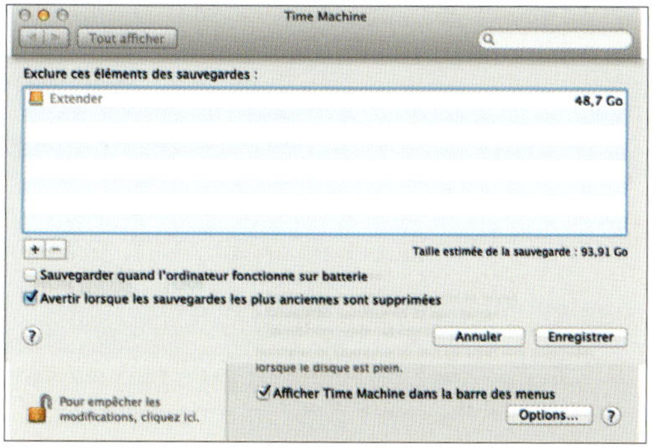

5 Sélectionnez un dossier du disque dur de démarrage de votre Mac que vous voulez exclure.

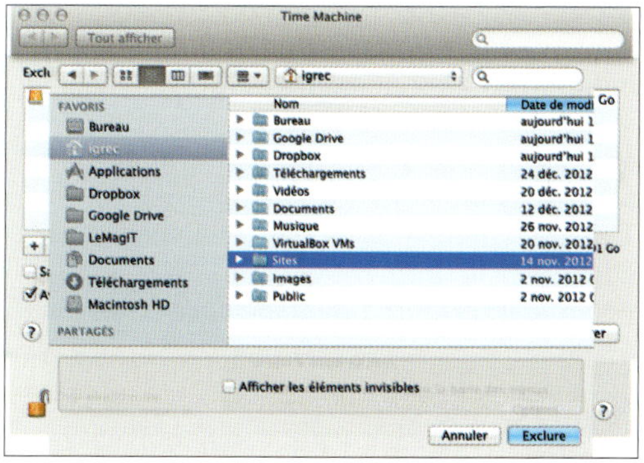

6 Cliquez sur le bouton **Exclure**.

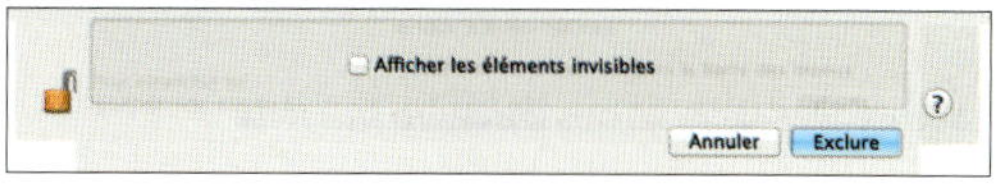

7 Renouvelez l'opération pour tous les dossiers à exclure des sauvegardes Time Machine.

8 Cliquez sur **Enregistrer** lorsque vous avez fini.

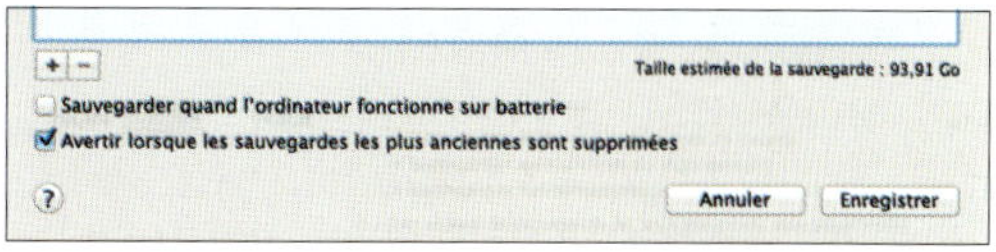

9 Refermez le panneau de préférences de Time Machine.

> NOTE
>
> Vous êtes parfois en déplacement et votre MacBook Pro se trouve alors dans l'incapacité de poursuivre ses sauvegardes sur votre Time Capsule ou sur votre NAS compatible Time Machine ? Attribuez alors à Time Machine un disque dur externe : lorsque vous serez en déplacement, il y fera les sauvegardes. Et lorsque vous serez à votre bureau, il utilisera spontanément votre NAS ou votre Time Capsule. Pas mal, n'est-ce pas ?

Remonter le temps

À tout instant, vous pouvez invoquer Time Machine et accéder à ses sauvegardes :

1. Cliquez sur l'icône **Time Machine** dans le Dock.

Si vous invoquez Time Machine alors que l'application active est optimisée pour Time Machine, comme Mail et Carnet d'adresses, ce sont les sauvegardes du contenu de cette application qui apparaissent. Sinon, ce sont celles des fichiers et dossiers du disque dur de démarrage de votre Mac, en partant du Bureau.

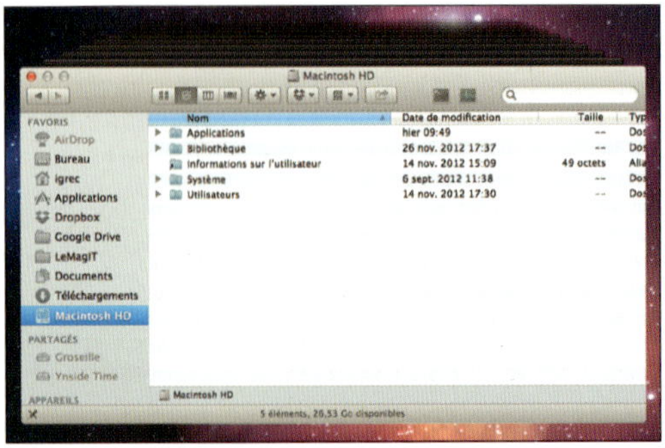

Les contrôles de l'interface graphique de Time Machine sont très simples :

1. Cliquez sur le bouton **Annuler** pour quitter Time Machine.

2. Cliquez sur les flèches à droite pour naviguer au sein des sauvegardes.

3. Utilisez la barre chronologique le long du côté droit de l'écran pour accéder rapidement à une archive précise.

4. Sélectionnez un élément puis cliquez sur le bouton **Restaurer** pour le récupérer dans son état précédent.

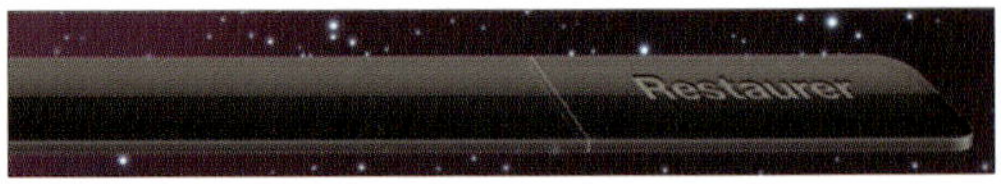

Vous pouvez restaurer des éléments individuels, des éléments multiples, mais aussi des dossiers et des disques durs entiers. Si vous voulez restaurer un élément sous le même nom que sa copie actuelle, Time Machine vous demande si vous voulez conserver la dernière version, revenir à la version antérieure ou même conserver les deux.

NOTE — Lorsque vous parcourez les archives de Time Machine, toutes les fonctions de l'application utilisée (Mail, Contacts, *etc.*) sont disponibles, à l'instar de l'aperçu du Finder.

Chapitre 17

Des accessoires indispensables

Dans ce chapitre :

- Lire des DVD
- Disposer de plus d'espace disque
- Protéger son clavier
- Protéger son MacBook Pro Retina
- Transporter son MacBook Pro Retina
- Diffuser ses vidéos sur grand écran
- Envoyer le son partout, sans fil
- Brancher un écran externe
- Se connecter à un réseau filaire
- Utiliser une souris
- Imprimer photos et documents

Votre MacBook Pro Retina est déjà largement équipé pour répondre à la plupart de vos besoins. Ses deux ports USB, sa sortie HDMI, et son lecteur de cartes SD vous permettent de connecter des périphériques, un téléviseur ou un vidéo projecteur, ou encore de charger les clichés pris avec votre appareil photo numérique. Et c'est sans compter sur le module Bluetooth qui permet d'aller encore plus loin. Mais, justement, ces possibilités d'extension peuvent rendre bien des services et méritent d'être mises à profit.

Lire des DVD

Votre MacBook Pro Retina embarque un logiciel baptisé Lecteur DVD. Mais pas de lecteur de disque optique… Cela peut paraître un peu contradictoire. En fait, Apple a choisi de supprimer le lecteur/graveur de CD et DVD afin de pouvoir réduire l'épaisseur des MacBook Pro Retina, ainsi que leur poids, et sans sacrifier l'autonomie. Ceci exposé, on comprend mieux le choix du constructeur. Reste que, pour certains, l'absence de lecteur optique peut être rédhibitoire. Heureusement, il existe de nombreux lecteurs/graveurs de disques optiques sur le marché.

Apple en propose un pour moins de 80 €, externe, et à connecter à un port USB : le SuperDrive.

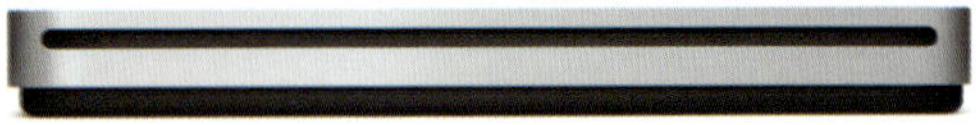

(photo © Apple, Inc.)

Ce n'est pas la seule option : Storeva propose pour une trentaine d'euros de plus un lecteur/graveur optique externe compatible Blu-Ray. Avec lui, vous pourrez non seulement lire des DVD vidéo, mais également graver des disques Blu-Ray pour réaliser des sauvegardes de données durables.

Disposer de plus d'espace disque

Avec seulement 128 Go d'espace de stockage interne dans la version de base du MacBook Pro Retina 13 pouces, vous risquez de vous sentir rapidement un peu à l'étroit, ne serait-ce que pour stocker votre photothèque Aperture ou iPhoto, par exemple, voire encore vos musiques et vidéos iTunes.

Heureusement, vous pouvez compléter l'espace de stockage interne de votre MacBook Pro Retina avec un disque dur externe – moins rapide par nature que la mémoire Flash utilisée par le disque interne de votre ordinateur, mais plus volumineux. On trouve aujourd'hui sans peine des disques durs USB 3.0 de 500 Go à moins de 70 €, voire de 1 To à moins de 150 €.

(photo © Buffalo Technology)

Et si les performances sont un point clé pour vos besoins, sachez qu'il est possible de trouver des disques externes à mémoire Flash de 256 Go, sinon plus. Mais là, les prix s'envolent.

Protéger son clavier

C'est triste à dire, mais il est presque certain que le clavier de votre MacBook Pro Retina peinera à rester longtemps immaculé… De fins – 0,1 mm d'épaisseur - films protecteurs en silicone évitent que des poussières ne viennent s'immiscer entre les touches, ou encore même entre les touches et la coque en aluminium. Des poussières, mais aussi des liquides, comme du café (et l'auteur parle là de sa propre expérience…).

Comptez 25 € environ pour cet accessoire totalement indispensable et qui ne pénalise en rien le confort d'utilisation du clavier de votre MacBook Pro Retina. Notez que les modèles conçus pour les MacBook Pro « standard » sont parfaitement compatibles avec le clavier de votre MacBook Pro Retina – 13 et 15 pouces.

(photo © Moshi)

Protéger son MacBook Pro Retina

À force d'être utilisé, déplacé, transbahuté d'un endroit à l'autre, votre MacBook Pro Retina risque de se rayer. Ce n'est pas bien gênant tant que vous seul l'utilisez, mais cela peut être handicapant pour sa revente, dans un an ou deux, lorsque vous voudrez passer à un modèle mis à niveau et plus performant.

Des équipementiers comme Speck proposent des coques externes légères et assez fines qui se chargeront d'endurer les outrages du temps à la place de la coque en aluminium de votre MacBook Pro Retina. Un investissement d'une cinquantaine d'euros susceptible de faire une différence plus importante à la revente. Pourquoi, alors, s'en priver ?

(photo © Speck)

Transporter son MacBook Pro Retina

Votre MacBook Pro Retina vous a coûté suffisamment cher pour ne pas risquer de l'endommager dans son transport – par un choc accidentel ou du fait d'une pluie trop intense…

Les accessoiristes proposent de vastes gammes de sacoches, de housses, ou encore de sacs à dos, dans différentes matières, et à l'esthétique recherchée. On est loin, désormais, des historiques mallettes noires ou bleues de la fin des années 1990…

Les premiers modèles s'affichent à partir d'une cinquantaine d'euros et sont généralement bien étudiés pour protéger votre ordinateur portable. Les modèles pour MacBook Pro classique peuvent généralement convenir à votre MacBook Pro Retina ; plus fin, il y sera souvent très à l'aise.

(photo © Incase)

Notez également l'existence de nombreux sacs spécialisés, notamment pour la photographie et le transport conjoint d'un ordinateur portable et de plusieurs boîtiers et objectifs. Plus chers, ils sont très bien conçus.

Diffuser ses vidéos sur grand écran

Votre MacBook Pro Retina est doté d'une fonction logicielle très puissante : AirPlay. Dans ces pages, vous avez découvert ses possibilités pour la musique, notamment. Mais cette fonction est également adaptée à la diffusion d'images, sans fil et sur grand écran, *via* un boîtier Apple TV connecté à un téléviseur ou à un vidéo projecteur doté d'une entrée HDMI.

Lorsque votre MacBook Pro détecte une Apple TV sur le réseau auquel il est connecté, une icône AirPlay s'ajoute notamment à la barre des menus d'OS X pour vous proposer d'activer la recopie vidéo : tout l'affichage de l'écran de votre MacBook Pro est alors recopié sur votre téléviseur, sans fil, *via* l'Apple TV. Votre téléviseur peut aussi faire office de second écran pour vos présentations ou d'écran de diffusion de vos vidéos. Mieux : si cela fonctionne depuis votre MacBook Pro Retina, cela fonctionne aussi depuis un iPhone ou un iPad. De quoi faire de l'Apple TV un accessoire totalement indispensable.

(photo © Apple, Inc.)

Envoyer le son partout, sans fil

Pour envoyer sans fil le son de votre MacBook Pro Retina – comme la musique de votre discothèque iTunes –, vous avez besoin d'un ensemble audio compatible AirPlay. Le boîtier Server de la Freebox Révolution de Free est compatible. Certaines chaînes Hi-Fi le sont également. Mais pas les modèles les plus anciens. Et quand un couple ampli/haut-parleurs donne entière satisfaction, pourquoi le changer ? Mieux vaut alors le compléter avec un boîtier externe comme l'AirPort Express d'Apple. Cette borne réseau sans fil peut en outre être utilisée pour étendre ou relayer un réseau Wi-Fi existant, voire en créer un nouveau – à 5 GHz, par exemple, une bande de fréquences beaucoup moins encombrée que la traditionnelle bande des 2,4 GHz…

Pour profiter d'AirPlay avec votre ancienne chaîne Hi-Fi, il vous suffira d'un câble stéréo jack 3,5 mm/RCA ou double jack mâle si votre amplificateur n'est pas équipé d'entrées RCA, mais d'une simple prise micro.

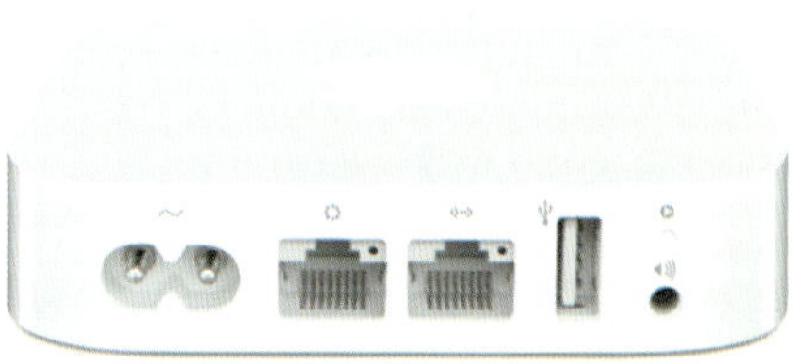

(photo © Apple, Inc.)

Brancher un écran externe

L'espace fourni par l'écran intégré à votre MacBook Pro Retina ne vous suffit pas ? Vous avez besoin d'un espace de travail plus vaste ? Profitez de la prise Thunderbolt de votre MacBook Pro Retina. Celle-ci peut servir à brancher un voire deux écrans externes – et même un disque dur externe en plus… Avec le MacBook Pro Retina 13 pouces, contentez-vous peut-être d'un seul écran : sa puce graphique pourrait s'avérer limitée pour supporter deux écrans. Mais avec le modèle 15 pouces, n'hésitez pas !

(photo © Apple, Inc.)

Notez que si un seul écran externe vous suffit, vous aurez peut-être intérêt à opter pour un modèle à entrée HDMI – souvenez-vous, votre MacBook Pro Retina embarque une prise HDMI ! – ou DVI : Apple propose des adaptateurs Thunderbolt/DVI qui fonctionnent très bien.

Se connecter à un réseau filaire

Toujours dans un souci de réduction de l'encombrement, Apple a sacrifié le port réseau filaire Ethernet sur ses MacBook Pro Retina. Dans la plupart des cas, ce n'est pas bien grave. Mais parfois, cela peut s'avérer sévèrement handicapant…

Heureusement, pour moins de 30 €, Apple propose un adaptateur Ethernet USB très pratique. Un accessoirement que les nomades veilleront à toujours conserver avec eux, dans leur sac, pour faire face aux imprévus.

(photo © Apple, Inc.)

Utiliser une souris

Vous avez du mal à vous faire au trackpad ? Vous préférez utiliser une souris, lorsque vous êtes confortablement installé sur un bureau ?

Même si le trackpad peut, avec un peu d'habitude, s'avérer aussi agréable, voire plus pratique que la souris, il faut reconnaître que vous n'êtes pas seul à préférer les habitudes prises à la souris.

Apple propose une excellente souris sans fil tout à fait adaptée à OS X Mountain Lion et exploitant la connectivité sans fil Bluetooth de votre MacBook Pro Retina.

Un très bon complément, en somme.

(photo © Apple, Inc.)

Imprimer photos et documents

Le monde tout numérique et sans papier relève encore de la science-fiction, voire du fantasme. Après tout, il est tout de même bien agréable de pouvoir partager ses photos souvenirs avec des proches pas encore passés à la révolution numérique ou… sans avoir besoin de recourir à des équipements consommateurs d'électricité.

Votre MacBook Pro Retina est compatible avec un très grand nombre d'imprimantes à jet d'encre ou laser. Vérifiez simplement leur compatibilité avec OS X avant achat.

Toutefois, vous préfèrerez peut-être des modèles sans fil ? Il est aisé de les partager entre plusieurs Mac et PC sans avoir besoin, à chaque fois, de débrancher/rebrancher un câble USB ou de transférer sur clé USB les fichiers à imprimer…

Si c'est le cas, penchez-vous sur les modèles compatibles AirPrint : ceux-ci permettent d'imprimer sans fil directement depuis un iPad, un iPhone ou un iPod touch, sans passer par un Mac comme intermédiaire. Pratique, n'est-ce pas ?

(photo © Hewlett-Packard.)

Glossaire

AirPlay

Technologie logicielle permettant de diffuser, sans fil, audio et vidéo depuis un Mac, un iPad, un iPhone ou un iPod Touch vers un récepteur numérique compatible – boîtier Apple TV ou chaîne Hi-Fi, par exemple.

AirPrint

Technologie logicielle permettant d'imprimer sans fil vers des imprimantes compatibles, à partir d'un iPod Touch, d'un iPhone ou d'un iPad.

AirPort

Nom longtemps donné par Apple à son implémentation de la technologie de réseau sans fil Wi-Fi. Encore utilisé pour les bornes Wi-Fi du groupe.

App Store

Boutique d'applications disponible sur le Mac, à partir du menu Pomme.

Bibliothèque iTunes

Collection de musiques ou de vidéos importée depuis votre ordinateur dans iTunes.

Bureau

Environnement de travail affiché à l'écran.

Bureau virtuel

Environnement de travail affiché à l'écran. S'ajoute au bureau principal.

Centre de notification

Espace du bureau dédié à la consolidation des notifications émises par les applications.

Défiler

Voir Glisser.

Dock

Zone regroupant les icônes de différentes applications, placée par défaut en bas de l'écran et toujours visible. Cette zone est personnalisable et permet un accès rapide aux applications choisies.

Écarter

Voir Zoomer.

FaceTime

Nom de l'application de visiophonie d'Apple, ainsi que de la webcam intégrée à l'écran du MacBook Pro Retina.

FileVault

Dispositif de chiffrement complet du disque dur du Mac. Chiffrement dit fort et difficile à casser. Permet de disposer d'un niveau de protection satisfaisant pour la confidentialité de ses données.

Genius

Outil proposant des suggestions de téléchargement ou de création de listes dans iTunes en fonction du contenu de vos bibliothèques.

Géolocalisation

Fonction permettant de positionner le MacBook Pro Retina géographiquement.

Glisser

Mode d'interaction avec l'affichage du MacBook Pro Retina, consistant à toucher le trackpad puis à faire glisser le doigt sans relâcher.

iCloud

Nom du système de stockage distant (dans le « nuage ») d'Apple.

iTunes

Logiciel « compagnon » du MacBook Pro Retina et de ses périphériques pour les loisirs numériques, permettant notamment de transférer musique, films, et sonneries vers un iPad, un iPhone, ou un iPod Touch.

iTunes Store

Boutique de contenus numériques d'iTunes.

Messages

Logiciel de messagerie instantanée d'OS X. Compatible avec la messagerie instantanée de Facebook et avec celle de Gmail, notamment.

Mission Control

Dispositif logiciel permettant de définir et de manipuler plusieurs bureaux virtuels.

Notification

Message d'information émis par une application à la suite d'un événement.

PDF

Format de fichiers largement reconnus par les Mac, les PC, et les ordinateurs sous Linux, notamment. Utilisé de ce fait pour l'échange de documents non modifiables.

Pincer

Voir Zoomer.

QuickTime Player

Logiciel de lecture, capture, et montage vidéo intégré à OS X.

Recherche Spotlight

Outil de recherche textuelle dans tout le MacBook Pro Retina.

Saisie vocale

Saisie de texte à l'aide de la reconnaissance vocale.

Session

Accès à l'environnement de travail personnalisé d'un Mac, propre à un seul utilisateur, et susceptible d'être protégé par un mot de passe.

Time Machine

Dispositif logiciel de sauvegarde périodique des données sur un support de stockage externe, de manière transparente pour l'utilisateur. Peut-être utiliser pour restaurer un Mac après une panne ou pour retrouver une version antérieure d'un document.

Toucher

Mode d'interaction avec le trackpad, consistant à appuyer sur sa surface.

Versions

Technologie logicielle d'OS X permettant de retrouver une version antérieure d'un document. S'appuie sur le dispositif de sauvegarde périodique Time Machine.

Wi-Fi

Réseau sans fil permettant notamment l'accès à Internet.

Zoomer

Mode d'interaction avec le MacBook Pro Retina, consistant à agrandir (zoom avant) ou réduire (zoom arrière) une partie de l'affichage en touchant le trackpad avec deux doigts puis en écartant ou en rapprochant les doigts (comme si l'on « pinçait » la surface du trackpad).

Index

A

B

C

J

L

M

R

S

T

U

V

W

Y

Z